Rainer Zitelmann

Reich werden und bleiben

Rainer Zitelmann

Reich werden und bleiben

Ihr Wegweiser zur finanziellen Freiheit

FBV

Bibliografische Information der Deutschen Nationalbibliothek
Die Deutsche Nationalbibliothek verzeichnet diese Publikation in der Deutschen Nationalbibliografie. Detaillierte bibliografische Daten sind im Internet über https://dnb.de abrufbar.

Für Fragen und Anregungen
info@m-vg.de

9. Auflage 2025

Türkenstraße 89
80799 München
Tel.: 089 651285-0

Redaktion: Ulrike Kroneck
Korrektorat: Sonja Rose
Umschlaggestaltung: Kristin Hoffmann, München
Bildquelle und -bearbeitung: Shutterstock, Pamela Machleidt
Satz: Daniel Förster, Belgern; Andreas Linnemann, Oberhaching
Druck: CPI
Printed in the EU

ISBN Print 978-3-89879-920-1
ISBN E-Book (EPUB, Mobi) 978-3-86248-752-3

Inhalt

»Ein gesunder Mensch ohne Geld ist halb krank.«

Johann Wolfgang von Goethe

Vorwort zur 9. Auflage (2025)

Herzlichen Glückwunsch zum Kauf dieses Buches, das jetzt in Deutschland in der 9. Auflage erscheint und in China seit Jahren ein Bestseller ist. Viele Menschen, die ein Buch zur Geldanlage kaufen, erwarten Tipps, was sie tun sollen. Wenn Sie auch dazugehören, muss ich Sie enttäuschen: Sie gehören zu den Menschen, die mit Sicherheit nie reich werden. Die Botschaft in diesem Buch lautet: Übernehmen Sie die Verantwortung für Ihre Geldanlage selbst! Es ist wichtig, die Grundsätze richtiger Investitionen kennenzulernen – und dann selbst daraus Folgerungen abzuleiten.

Das Buch räumt im ersten Teil mit der Legende auf, dass Sie durch Aktien reich werden. Ich bin ein großer Aktienfan, aber zum »Reich-Bleiben«, nicht zum »Reich-Werden«. Statt Ihre Zeit und Ihr Geld mit »heißen Aktientipps« zu vergeuden, machen Sie sich lieber Gedanken darüber, wie Sie Unternehmer werden können. Denn fast alle Reichen sind – wenn sie nicht geerbt haben – durch Unternehmertum reich geworden. Das trifft auch auf mich zu. Die Basis für mein Vermögen waren mein eigenes Unternehmen und die hohen Gewinne, die ich damit gemacht habe. Später habe ich es dann durch Investitionen ausgebaut und gesichert.

Im zweiten Teil des Buches geht es um das »Reich-Bleiben«, also um Investitionen. Wer Geld anlegt, muss eine Meinung über die Zukunft haben. Jede Geldanlage beinhaltet, ob man sich dessen nun bewusst ist oder nicht, eine Prognose. Natürlich kennt niemand die Zukunft, aber es ist sinnvoll, in wahrscheinlichen Szenarien zu denken. Ein Beispiel: Vor 25 Jahren empfahl ich, Geld in Berliner Wohnimmobilien anzulegen. Außerdem kaufte ich Gold. Beides war damals unpopulär. Gold kaufte ich vor etwa 20 Jahren für 10.000 bis 14.000 Euro das Kilo, heute (August 2025) kostet es etwa 92.000 Euro. Viele der Immobilien in Berlin habe ich auf dem Höhepunkt des Berlin-Booms wieder verkauft, mindestens zum Vierfachen des Kaufpreises. Das waren großartige Investments!

Ich war zu Recht optimistisch für Wohnimmobilien und Gold, aber ich war pessimistisch für den Euro und fürchtete auch eine Inflation. Natürlich wusste ich nicht, wann der Euro in massive Probleme kommen und wann es eine Inflation geben würde. Ich denke bei allen Investitionen stets langfristig, was heißt: in Zeiträumen von mindestens zehn Jahren. Es ist schwer oder unmöglich, kurzfristig Marktentwicklungen vorherzusehen. Ich habe auch Anleihen im Depot. Warum? Weil es nicht sinnvoll ist, zu 100 Prozent im Aktien- oder Immobilienmarkt investiert zu sein. Zwar können Sie damit am meisten verdienen, haben aber auch das größte Risiko. Und Sie haben dann keine Liquidität, um bei einem Crash nachzukaufen. Im Crash nachkaufen ist eine gute Strategie. Ich habe in diesem Buch erklärt, warum es sinnvoll ist, antizyklisch zu investieren. Und ich habe selbst danach gehandelt.

Im März 2020, als wegen der Corona-Krise die Aktienmärkte einbrachen, habe ich einen erheblichen Betrag in einen weltweit anlegenden Aktien-ETF investiert. Heute, im August 2025, steht dieser ETF 65 Prozent höher als im März 2020. Nachkaufen konnte ich nur, weil ich genügend Liquidität hatte. Diese Liquidität müssen Sie ja irgendwo parken. Natürlich würde ich nicht auf die Idee kommen, mehrere Millionen einer Bank zu leihen – daher kommt ein Bankkonto für mich nicht infrage, zumindest nicht für Millionenbeträge. Ich habe mein Geld in kurz laufenden Staatsanleihen von Ländern bester Bonität (z. B. Deutschland, Österreich, USA) geparkt. Kurzlaufend, weil mir das Kursrisiko bei lang laufenden Anleihen zu groß ist. Zudem habe ich auf inflationsindexierte Anleihen gesetzt, also auf Anleihen, deren Wert sich parallel mit der Inflationsrate entwickelt.

Der Schwerpunkt in meinem Depot sind natürlich nicht solche Anleihen, sondern Aktien und Immobilien, die ich auch in turbulenten Zeiten halte. Allerdings habe ich schon vor einigen Jahren teilweise von deutschen in amerikanische Immobilien umgeschichtet. Das waren in den letzten Jahren keine guten Investitionen für mich. Durch steigende Zinsen, geringere Multiplikatoren und die Krise am US-Büromarkt habe ich damit Geld verloren und kann nur hoffen, dass sich der Markt wieder erholt. Auch solche Erfahrungen macht jeder Investor. Keiner behält immer recht, aber es ist wichtig, dass Sie am Ende häufiger mit Ihren Entscheidungen richtig liegen als daneben.

Denken Sie in Szenarien, die eine gewisse Wahrscheinlichkeit haben, und vor allem: Denken Sie langfristig. Die meisten meiner Investitionsentscheidungen haben sich erst nach fünf bis 15 Jahren ausgezahlt. Wenn Sie die Geduld dafür nicht haben, zocken Sie weiter – aber Sie werden damit weder reich werden noch reich bleiben.

Dieses Buch ist der erste Baustein zum Reich-Werden für Sie (wenn Sie es nicht schon sind). Wenn Sie auf dem Wissen aufbauen und stärker in die Tiefe gehen wollen, empfehle ich Ihnen meine beiden Bücher *Setze dir größere Ziele!* und *Die Psychologie der Superreichen*. Auch dort werden Sie keine »heißen Tipps« finden, sondern Grundsätze, die Sie zum Nachdenken anregen.

Die *Psychologie der Superreichen* basiert auf meiner zweiten Dissertation, ich habe dafür ausführliche Interviews geführt mit 45 sehr vermögenden Menschen. Dieses Buch hat inzwischen international große Beachtung gefunden – es ist nicht nur in den USA erschienen, sondern u. a. in China, Vietnam und Südkorea, wo die Menschen besonders ehrgeizig sind. *Setze dir größere Ziele!* ist sogar bereits in 18 Ländern erschienen, u. a. in den USA, Indien, Japan, China, Vietnam, Polen und Brasilien unter dem Titel *Dare to be Different and Grow Rich*.

Nur Menschen, die selbstständig denken, haben eine Chance, reich zu werden. Genug Material für Ihre eigene »Gedankenarbeit« finden Sie in diesem und meinen beiden anderen Büchern zum Thema. Vor allem empfehle ich Ihnen als Ergänzung zu diesem Buch meine Master-Class »Finanzielle Freiheit« (www.zitelmann-freiheit.de), die neben vier Stunden Video viele Arbeitsblätter und ein Arbeitsbuch enthält. In diesem Kurs werden einerseits Dinge, die Sie in diesem Buch finden, wiederholt, andererseits auch viele neue Aspekte besprochen. Vielen Menschen hat dieser Kurs schon weitergeholfen.

Dr. Dr. Rainer Zitelmann, September 2025

Einleitung:

Vom Millionär zum Tellerwäscher

40 Millionen verkaufte Schallplatten, mehrere Grammy-Auszeichnungen und weltweite Erfolge – Toni Braxton war eine der erfolgreichsten amerikanischen Sängerinnen. Doch 2010 musste sie bereits zum zweiten Mal Privatinsolvenz anmelden. Ihre Schulden beliefen sich auf bis zu 50 Millionen Dollar.[1] Nur einen kleinen Teil der Schulden konnte sie zurückzahlen, der Rest wurde ihr von den Gläubigern erlassen. Mitte 2013 galt sie als schuldenfrei, und ihre Reality-Show »Braxton Family Values« spülte wieder Geld in ihre Kassen. Offenbar fühlte sie sich wieder reich genug, um damit gleich ein luxuriöses Anwesen für 3 Millionen Dollar zu kaufen.[2] Ob sie aus ihren Fehlern gelernt hat?

Der – bisher – glückliche Ausgang ist eher untypisch, aber die vorangegangene Insolvenz des Popstars ist kein Einzelfall. Zahlreiche Sänger und Popstars teilten und teilen dieses Schicksal. Michael Jackson, der »King of Pop«, stand am Ende seiner Karriere mit 400 Millionen Dollar in der Kreide, die legendäre Sängerin Dionne Warwick musste Insolvenz anmelden, und die weltberühmte Soul-Diva Whitney Houston hinterließ bei ihrem Tod im Jahr 2012 4 Millionen Dollar Schulden.

Die deutsche Schlagersängerin Michele verdiente auf dem Höhepunkt ihrer Karriere 50.000 Euro im Monat, kaufte Designermode, Nobelkarossen und Immobilien. Doch viele ihrer Investitionen gingen schief. Zwei Eigentumswohnungen in Pirmasens wurden bereits 2007 zwangsversteigert. Statt der Kaufsumme von 135.000 Euro wurde eine der beiden für nur 5538 Euro versteigert. Bereits 2006 wurde ihre Luxus-Villa in Köln für 1,35 Millionen Euro versteigert – sie hatte dafür einmal 1,8 Millionen Euro bezahlt. Nach ihrer Privatinsolvenz im Jahre 2008 musste sie von 989 Euro im Monat leben, zuzüglich Kindergeld.[3] Heute, so schrieb der *Stern* im November 2014, ist Michele wieder schuldenfrei.

Ähnlich wie ihr erging es vielen anderen Prominenten, so etwa den Schlagersängern Matthias Reim und Roberto Blanco, der Bestseller-Autorin Hera Lind, der ehemaligen Tagesschau-Sprecherin Eva Herman oder dem »Wetten, dass«-Moderator Wolfgang Lippert.[4]

Auch viele Profisportler, die in ihrer Karriere oft Millionen verdienten, mussten einige Jahre nach dem Ende ihrer Karriere Insolvenz anmelden. Drei von fünf Profis der NBA (National Basketball League der USA) sind fünf Jahre nach ihrem Karriereende pleite. Und das trotz eines Durchschnittsverdienstes von 5 Millionen Dollar jährlich![5] Mike Tyson, einst einer der erfolgreichsten Profiboxer der Welt, hatte sich durch einen exzessiven Lebensstil und Drogenkonsum ruiniert. Seine Schulden wurden im Jahr 2012 auf rund 30 Millionen Dollar geschätzt.[6]

Claudia Kohde-Kilsch war neben Steffi Graf der deutsche Tennisstar der 80er-Jahre bei den Frauen und gewann 1987 in Wimbledon im Doppel. Sie verdiente rund 2 Millionen Euro an Preisgeldern, die ihr Stiefvater verwaltete. Als ihre Karriere zu Ende ging, musste sie 1999 erkennen, dass nichts mehr davon übrig war. Sie prozessierte jahrelang gegen ihren Stiefvater, der jedoch 2004 verstarb. Danach scheiterte sie geschäftlich mit einem Musikverlag, und 2011 meldete sie Privatinsolvenz an. In einem Zeitungsinterview sagte sie: »Ich bekomme Kindergeld und Unterhalt und arbeite seit einigen Monaten für eine Immobilienfirma. Für die Miete reicht es, und ich hoffe, dass ich so wieder auf die Beine komme, langsam.«[7]

Auch der Fall des Tennisstars ist keine Ausnahme. In den 1980er-Jahren verhob sich die halbe Mannschaft von Eintracht Frankfurt mit Steuersparmodellen im Immobiliensegment.[8] Dass sich Prominente mit Fehlinvestitionen in geschlossene Fonds oder in Steuersparmodelle verkalkulierten, ist keine Seltenheit.

Der ehemalige Fußball-Bundesligatrainer Werner Lorant ging pleite, weil er Immobilien in Ostdeutschland kaufte, mit denen er zwar zunächst Steuern sparen konnte, die sich aber am Ende als Fehlinvestitionen erwiesen. Die *Augsburger Allgemeine* berichtete am 25. November 2011: »Lorant, der in seiner Karriere als Profi (u.a. 1981 Uefa-Pokalsieger mit Eintracht Frankfurt) und hinterher als Trainer Millionen verdient haben muss, ist ruiniert. Sein luxuriöses Haus in Oberdorfen bei München wurde zwangsversteigert.« Heute lebt er Zeitungsberichten zufolge abgeschieden auf einem Campingplatz am Waginger See in Oberbayern. »Der Inhaber, ein bekennender Löwen-Fan, hatte Lorant kostenlos Asyl gegeben.«[9]

Diese Geschichten sind keine Ausnahmen; sie sind nur die Spitze des Eisbergs. Bekannt wurden sie, weil die Betroffenen als Prominente im Blickfeld der Medien standen. Ihr Schicksal steht jedoch für Abertausende andere Menschen, die beispielsweise durch Erbschaften, einen Lottogewinn oder vorübergehende berufliche Erfolge zu viel Geld kamen und es dann wieder verloren.

Viele Lottogewinner verloren ihr Geld nur wenige Jahre, nachdem sie es gewonnen hatten – egal, wie hoch der Gewinn ausfiel. Ein Beispiel ist der Arbeitslose David Lee Edwards aus Kentucky, der im August 2001 den Lotto-Jackpot des »Powerball« knackte und 41 Millionen Dollar gewann.[10] Knapp zwölf Jahre nach dem Lottogewinn starb er einsam in seiner Heimatstadt Ashland, zweieinhalb Autostunden von Cincinnati. Nach dem Lottogewinn hatte er noch gesagt: »Ich werde jetzt nicht anfangen, mir eine Villa zu kaufen oder teure Autos. Ich werde das Geld in großer Demut annehmen und empfinde es als Zeichen Gottes.« So oder ähnlich sprechen die meisten Lottogewinner unmittelbar nach ihrem Gewinn. Doch viele handeln schon bald ganz anders.

Von dem Gewinn, von dem nach Steuern 27 Millionen Dollar übrig blieben, kaufte der damals 46-jährige Edwards für sich und seine 19-jährige Verlobte eine 556 qm große Villa in Florida zum Preis von 1,5 Millionen Dollar. Vor seiner Villa parkten so viele teure Autos – beispielsweise ein Lamborghini –, dass die Nachbarn glaubten, er betreibe illegal einen Autohandel. Kurz darauf kaufte er eine zweite Villa in Kalifornien, wo er dann einige seiner Luxuskarossen parkte.

Wenige Monate nach dem Lottogewinn lud der Lottokönig Edwards einen Fernsehsender zu sich nach Hause ein und zeigte stolz einen Fernseher für 30.000 Dollar, einen Gold- und Diamantenring für 78.000 Dollar sowie eine Sammlung von 200 Schwertern, Ritterrüstungen und Waffen, die er für 150.000 Dollar gekauft hatte. Es folgten Rennpferde, Privatflugzeuge und Drogen. Nach zwölf Monaten hatte er mit 12 Millionen Dollar schon die Hälfte seines Gewinnes verprasst. Als das Geld dann ganz ausging, konfiszierte die Bank das Haus, und er zog in eine Lagerhalle. Schließlich starb er verarmt. Seine Tochter, der er ein sorgenfreies Leben versprochen hatte, postete auf Facebook: »Es gibt kein Geld mehr. Alles ist weg.«

Ein prominenter Fall aus Deutschland war der von der Presse »Lotto-Lothar« getaufte arbeitslose Teppichleger Lothar Kuzydlowski aus Hannover, der 1994 3,9 Millionen DM (= 2 Millionen Euro) gewann.[11] Auch er kaufte sich einen Lamborghini und verprasste sein Geld für Alkohol, Partys und schöne Frauen. An einer Goldkette baumelte das Kürzel LLL für Lotto, Lothar, Lamborghini. Fünf Jahre nach dem Lottogewinn starb er an Leberzirrhose. Seine Witwe und seine Geliebte stritten jahrelang um das Erbe.

Ein 49-jähriger Bauarbeiter aus Effelder in Thüringen hatte 1997 1,57 Millionen DM (= 803.000 Euro) gewonnen.[12] Nach dem Lottogewinn arbeitete er nicht mehr. Er schenkte seinen beiden Geschwistern etwas von dem Geld, den Großteil verzockte er bei Glücksspielen und bei Immobiliengeschäften. Er hatte sich jedoch schon an das große Geld gewöhnt, und als der Lottogewinn verbraucht war, fing er mit Einbrüchen an, um seinen Lebensstandard aufrechterhalten zu können. Vom Herbst 2003 bis zum Dezember 2004 brach er insgesamt 69-mal in Häuser und Autos ein. Nachdem ihn die Polizei bei einem seiner Diebeszüge schnappte, fand sie im Keller des Hauses seiner Mutter Diebesgut für 100.000 Euro.

Der Lagerarbeiter Günther Scherthaner aus Österreich gewann im Lotto 10 Millionen Schilling, als er am 24. Juni 2001 den Jackpot knackte.[13] Ein Finanzberater erklärte ihm, er habe einen genialen Finanzplan, wie er aus den 10 Millionen mehr als 20 Millionen Schilling machen könnte. Doch 10 Millionen wollte Scherthaner nicht anlegen, sondern kaufte sich erst einmal ein Haus mit Heimkino für 3 Millionen Schilling. Die anderen

7 Millionen legte er nach den Ratschlägen seines »Beraters« an, einem Vertreter einer angesehenen Versicherung in Österreich. Spekulationen mit Aktien und Währungsspekulationen mit dem Schweizer Franken führten jedoch dazu, dass nach zehn Jahren von diesen 7 Millionen nichts mehr übrig war und er sogar fast 100.000 Euro Schulden hatte.

Wenn Sie bei Google Begriffe wie »Lottogewinn verzockt« eingeben, finden Sie Hunderte ähnliche Berichte aus aller Welt. Die Boulevardmedien berichten gerne über solche Fälle, meist mit dem Tenor, Geld mache vielleicht doch nicht glücklich. Die finanziell nicht so gut betuchten Leser können sich entspannen und mit dem Gedanken trösten, dass ein Leben mit einem Nettoeinkommen von 1500 Euro und einem Sparguthaben von 15.000 Euro vielleicht doch angenehmer sei als der offenbar schwierige Umgang mit den Millionen, die ins Unglück führten. Ähnliche Gedanken haben viele Leser sicherlich auch, wenn sie die Berichte über Sportler, Popstars und Schauspieler lesen, die völlig überschuldet Insolvenz anmelden müssen.

Die vielen Millionen Lottospieler, die jede Woche auf »Sechs Richtige« hoffen, sind sich selbst natürlich ganz sicher, dass sie es anders machen und das Geld nicht so verrückt ausgeben würden. Sie würden sich keine Luxuskarossen kaufen und das Geld nicht auf wilden Partys oder im Spielkasino verzocken, sondern klug anlegen.

Tatsache ist jedoch, dass schon wenige Jahre nach einem Lottohauptgewinn die meisten Spieler schlechter dastehen als zuvor. Denn, was die meisten Menschen nicht wissen: Eine Million zu erhalten oder gar zu vermehren, ist schwieriger, als eine Million zu verdienen. Die meisten Menschen denken, wenn sie eine oder gar zehn Millionen Euro hätten, dann könnten sie ein sorgenfreies Leben führen. Das dachten auch all die Lottogewinner, Schauspieler, Popsänger und Sportler, die entweder über Nacht oder in einigen erfolgreichen Jahren ihrer Karriere mehrere Millionen machten.

Ich will nicht behaupten, es sei einfach, eine Million zu verdienen. Aber ich will Ihnen bewusst machen, dass Ihnen diese Million nichts nützt, wenn Sie nicht verstehen, wie man dieses Geld sinnvoll investiert, damit es sich vermehrt. Umgang mit Geld ist etwas, was man lernen muss, aber auch lernen kann. Wer ihn nicht gelernt hat, verliert das Geld schneller als gedacht. Wer nicht über die mentalen Voraussetzungen verfügt, um Geld zu erhalten und zu vermehren, und wem auch das Wissen über Investitionen fehlt, der wird unweigerlich das Geld wieder verlieren. Gleichgültig, ob es eine, zehn oder 100 Millionen Euro sind.

Vielen Menschen ist die Welt des Geldes suspekt. Sie haben das Gefühl, dies sei ein sehr komplexes Thema, das nur Experten verstehen könnten. Obwohl sie wissen, dass es wichtig ist, haben sie keine Lust, sich damit zu beschäftigen. Und dann vertrauen sie auf andere Menschen, die sie – oft fälschlicherweise – für Experten halten. Zu oft werden sie enttäuscht, und irgendwann kapitulieren sie vor dem Thema »Finanzen«. Ist es Ihnen auch so ergangen?

Die Folge ist, dass das Thema Geld Ihr Leben zu kontrollieren beginnt, statt dass Sie es unter Kontrolle bringen. Und genau darum geht es in diesem Buch. Was unterscheidet es von anderen Büchern über Geldanlage und finanziellen Erfolg?

In diesem Buch fasse ich die wichtigsten neuen Erkenntnisse der »Reichtumsforschung« zusammen. Reichtumsforschung ist in Deutschland eine relativ junge wissenschaftliche Disziplin, deren Ergebnisse Sie in Doktorarbeiten, Aufsätzen und wissenschaftlichen Studien lesen können, aber kaum in weit verbreiteten Medien. Ähnlich verhält es sich mit der Investmenttheorie, einer wissenschaftlichen Disziplin, die sich mit den Gesetzmäßigkeiten des erfolgreichen Investierens befasst.

Diese Theorien haben, wie alle Wissenschaften, ihre eigene Sprache. Im Inhaltsverzeichnis einer der interessantesten aktuellen Doktorarbeiten, über deren Ergebnisse ich hier berichte, finden Sie Begriffe wie »Equilibrium Accounting«, »Recency Bias«, »Overconfidence«, »Emerging Market Premium«, »Return Reversal«, »Portfolio Rebalancing« usw. Wohlgemerkt, dies ist eine Doktorarbeit in deutscher Sprache. Aber diese Sprache schreckt den normalen Anleger ab.

Ich habe mich nicht nur eingehend mit der wissenschaftlichen Forschung zum Thema »Reichtum« und »Investment« befasst, sondern auch viele

Menschen aus der Nähe beobachtet, die zwei- oder dreistellige Millionenbeträge oder sogar Milliarden gemacht haben, und zwar mit so unterschiedlichen Dingen wie Immobilien, Hotels, öffentlichen Toilettenhäuschen, Aktien, Rohstoffen – oder auch mit Buttermilch und Joghurt. Ich habe die Erkenntnisse, die ich aus der Beobachtung und den Gesprächen mit diesen Menschen und aus der Reichtumsforschung sowie der Investmenttheorie gewonnen habe, zusammengefasst und so niedergeschrieben, dass es – so hoffe ich – jeder verstehen kann. Warren Buffett, der legendäre Investor, meinte: »Wenn Sie eine Idee verstehen, dann können Sie sie auch so ausdrücken, dass andere sie auch verstehen.«[14]

Im ersten Teil dieses Buches erfahren Sie, wie Sie ein Vermögen aufbauen. Im zweiten Teil geht es darum, wie Sie mit dem einmal erarbeiteten Grundstock an Vermögen so arbeiten, dass es sich vermehrt – statt dass es Ihnen unter den Händen zerrinnt. Ich werde Ihnen zeigen, welche Anlegerfallen Sie unbedingt meiden müssen, auf welche Berater Sie nicht hören sollten, wie Sie Risiken begrenzen und wie Sie Ihr Geld durch kluge Investitionen vermehren, damit Sie Ihre finanzielle Freiheit genießen können.

Teil I
Reich werden

Kapitel 1

Macht Geld glücklich?

Nach den Berichten über all die Menschen, die durch plötzlichen Reichtum unglücklich geworden sind, fragen Sie sich vielleicht: Lohnt es sich überhaupt, reich zu werden? Der ägyptische Pharao Echnaton sagte dazu: »Wer seinen Reichtum vermehrt, vermehrt seine Sorgen.« Beim Thema Geld scheiden sich die Geister. »Geld macht nicht glücklich« oder »Geld verdirbt den Charakter« – solche und ähnliche Sprichwörter kennt jeder.

Dichter, Sänger und Philosophen haben immer wieder Aphorismen geprägt, die den Wert des Geldes relativieren und das Streben nach Reichtum verurteilen. »Genug zu haben ist Glück, mehr als genug zu haben ist unheilvoll. Das gilt von allen Dingen, aber besonders vom Geld«, sagte der chinesische Philosoph Lao-tse. Der Sänger Bob Dylan fragte: »Was bedeutet Geld? Ein Mensch ist erfolgreich, wenn er zwischen Aufstehen und Schlafengehen das tut, was ihm gefällt.« Und Albert Einstein meinte: »Das Geld zieht nur den Eigennutz an und verführt stets unwiderstehlich zum Missbrauch.«

Schon bei den antiken Philosophen finden sich häufig kritische Äußerungen über den Reichtum. Platon fragt in seiner *Politeia*: »Steht es mit dem Unterschied von Reichtum und Tugend nicht so, dass die gleichsam auf die Schalen einer Waage gelegt sind, von denen die eine steigt, während die andere sinkt?«[15]

»Ein gesunder Mensch ohne Geld ist halb krank«

Auf der anderen Seite gab es immer auch Dichter und Philosophen, die das ganz anders sahen. »Ein gesunder Mensch ohne Geld ist halb krank« – dieser Satz stammt von Johann Wolfgang von Goethe. Und der niederländische Philosoph Benedictus de Spinoza brachte seine Skepsis gegenüber Reichtumskritikern zum Ausdruck: »Der Arme, der gern reich sein möchte, redet unaufhörlich vom Missbrauch des Geldes und den Lastern der Reichen, wodurch er aber nichts anderes erzielt, als dass er sich ärgert und anderen zeigt, wie er nicht bloß über seine eigene Armut, sondern auch über der anderen Reichtum Unmut hegt.«

Die Dichterin Gertrude Stein meinte: »Ich war reich und ich war arm. Es ist besser, reich zu sein.« Und der Schriftsteller Oscar Wilde, der es stets liebte, durch übertriebene Aussagen Widerspruch zu provozieren und Wahrheiten ans Tageslicht zu bringen, schrieb: »Als ich klein war, glaubte ich, Geld sei das Wichtigste im Leben. Heute, da ich alt bin, weiß ich: Es stimmt.«

Macht Geld unglücklich, oder macht eher der Mangel an Geld unglücklich? Bei jeder Ehescheidung spielt der Streit um das Geld eine zentrale Rolle, doch Wissenschaftler fanden heraus, dass Geld auch ein Hauptstreitpunkt während der Beziehungen ist.

Lauren Papp von der University of Wisconsin ließ 100 Paare mit Kindern über zwei Wochen hinweg ein Tagebuch führen. Darin sollten Männer und Frauen getrennt voneinander notieren, welche Streitthemen im Laufe eines Tages auftauchten, wie lange die jeweilige Auseinandersetzung dauerte und woran sie sich entzündete. Ergebnis: Die Paare stritten über kein Thema so zäh und ausdauernd wie über Geld. Die Mehrzahl der Paare empfand den Streit um das Geld als bedrohlich für die gemeinsame Zukunft. Bei keinem anderen Konfliktthema fiel es den Eheleuten so schwer, eine Lösung zu finden.[16]

Der Wirtschaftspsychologe Erich Kirchler von der Universität Wien ging der Frage nach, worüber sich Ehepaare unterhalten und worüber sie streiten. Dazu ließ er 40 Paare ein Jahr lang Tagebuch führen. Wirtschaftliche Themen waren die konfliktträchtigsten von allen. Die Paare stritten immer wieder darüber, für welche Dinge wie viel Geld ausgegeben werden solle.[17]

Machen Sie selbst einmal ein Experiment: Schreiben Sie einen Monat lang auf, worüber Sie sich Sorgen machen. Das können alle Bereiche sein: der Beruf, die Gesundheit, die Kindererziehung, die Finanzen, die Partnerschaft, das Körpergewicht usw. Nach einem Monat werten Sie aus: Wie viele dieser Probleme wären nicht aufgetreten, wenn Sie Geld im Überfluss hätten? Sie werden sehen, dass es eine ganze Reihe von Sorgen gab, die Sie nicht gehabt hätten, wenn Sie genug Geld hätten. Sie werden aber auch sehen, dass es viele Sorgen gibt, die Sie auch mit genügend Geld gehabt hätten. Bei diesen Sorgen schreiben Sie bitte auf, ob sie leichter zu ertragen gewesen wären oder ob die damit verbundenen Schwierigkeiten besser hätten gelöst werden können, wenn Sie deutlich mehr Geld besäßen.

Die Sozialwissenschaftlerin Dorothee Spannagel ist in ihrer 2013 erschienenen Dissertation zum Thema »Reichtum in Deutschland« auch der Frage nachgegangen, worüber sich Menschen Sorgen machen. Verglichen wurde dabei die Gesamtbevölkerung mit »Reichen«, also mit Menschen, die mindestens das Doppelte und Dreifache des Durchschnittsbürgers verdienen. Die Befragung wurde im Jahre 2005 durchgeführt.[18] 25 Prozent der Gesamtbevölkerung, aber nur 6 Prozent der Reichen machten sich »große Sorgen« über ihre eigene wirtschaftliche Lage. Und 54 Prozent der Reichen machten sich darüber keinerlei Sorgen, aber nur 27 Prozent der Gesamtbevölkerung gaben an, sich über die eigene wirtschaftliche Lage keine Sorgen zu machen.

Über die Sicherheit ihres Arbeitsplatzes machten sich in der Gesamtbevölkerung 23 Prozent der Menschen große Sorgen, aber nur 5 Prozent der Reichen. Dagegen sagten 60 Prozent der Reichen (aber nur 39 Prozent der Gesamtbevölkerung), dass sie sich über die Arbeitsplatzsicherheit keine Sorgen machten.

Auch bei Themen, die nicht unmittelbar etwas mit dem Beruf oder den Finanzen zu tun hatten, waren die Reichen sehr viel sorgenfreier als der Bevölkerungsdurchschnitt. 23 Prozent der Gesamtbevölkerung machten sich »große Sorgen« um die eigene Gesundheit, aber nur 10 Prozent der Reichen. Und mehr als die Hälfte der Gesamtbevölkerung (51 Prozent) war sehr besorgt über die Kriminalitätsentwicklung, aber nur 36 Prozent der Reichen. 41 Prozent der Gesamtbevölkerung sorgten sich sehr um die Zuwanderung, aber nur 24 Prozent der Reichen. Und während in der Gesamtbevölkerung 60 Prozent der Menschen ganz generell optimistisch in die Zukunft schauten, waren es bei den Reichen 76 Prozent.[19]

Das Sprichwort »Lieber arm und gesund als reich und krank« haben Sie sicher schon gehört. Die Verfasserin der Dissertation kam jedoch zu dem eindeutigen Ergebnis: »Der Vergleich mit dem Gesundheitszustand in der Gesamtbevölkerung lässt sich prägnant zusammenfassen: Bei steigendem Reichtum wächst der Anteil der Personen mit gutem Gesundheitszustand. Dieses Ergebnis gilt gleichermaßen für West-, Ost-, wie auch für Gesamtdeutschland.«[20] Die Ergebnisse der Befragungen zeigten, dass die Reichen im Vergleich zur Gesamtbevölkerung »nicht nur einen besseren Gesundheitszustand (haben), sondern sie sind auch zufriedener damit«.[21]

Dabei sei der schlechtere Gesundheitszustand allerdings keineswegs eine direkte Folge des Geldmangels, wie Walter Wüllenweber schreibt. Der Journalist hat in seinem Buch das Leben der Ober- und der Unterschicht verglichen: Angehörige der Unterschicht seien sehr viel häufiger krank als andere Menschen, aber das sei nicht das Ergebnis wirtschaftlicher Not, sondern einer bestimmten Lebensweise: »Der Grund ist also weniger bei den äußeren Bedingungen des Lebens zu finden, sondern beim Verhalten der Menschen: Rauchen, übermäßiger Alkoholkonsum, ungesundes Essen, Bewegungsmangel ... Mit Geld hat das alles nichts zu tun: Einen Monat rauchen ist teurer als der Monatsbeitrag selbst in einem exklusiven Fitnessstudio. Fast Food ist teurer als selbstkochen. Alkohol ist teurer als selbst gepresster Orangensaft. Ungesundes Verhalten ist insgesamt teurer als gesundes.«[22]

Was uns die »Glücksforschung« verrät

Was kann es Wichtigeres geben als die Frage, durch was wir glücklich werden im Leben? Damit befasst sich eine ganze wissenschaftliche Forschungsrichtung, die sogenannte »Glücksforschung«. Immer wieder konnte man die These lesen, die wissenschaftliche Glücksforschung komme zu dem Ergebnis, Geld mache nicht glücklich. Die Wissenschaftler Joachim Weimann, Andreas Knabe und Ronnie Schöb haben in ihren Forschungsarbeiten jedoch nachgewiesen, dass das so nicht stimmt.

Der gesunde Menschenverstand sagt, dass die meisten Menschen lieber mehr als weniger Geld haben, und zwar schon deshalb, weil man mit mehr Geld aus einer größeren Fülle von Gütern und Dienstleistungen auswählen kann. Mit einem höheren Einkommen kann man Dinge auf der Hitliste erreichen, die weiter oben stehen und die bisher nicht erreicht werden konnten, weil man sie nicht bezahlen konnte. »Beobachten wir nicht, dass Menschen sehr viel dafür tun, um ihr Einkommen zu steigern? Gewerkschaften rufen Streiks aus, Rentner gehen auf die Straße, Manager aller Hierarchiestufen arbeiten bis zum Umfallen, Arbeiter stehen stundenlang am Fließband und die Köche bei McDonald's braten für sieben Euro fünfzig acht Stunden am Stück Hamburger. Alles nur, um an Geld zu kommen.«[23]

Dass »Geld nicht glücklich macht«, hat erstmals 1974 Richard Easterlin wissenschaftlich zu belegen versucht. Auf der Basis von Befragungen kam er zu dem Ergebnis, nicht das absolute Einkommensniveau sei wichtig dafür, ob ein Mensch glücklich werde oder nicht, sondern die relative Position in der Gesellschaft sei dafür entscheidend, also ob man mehr oder weniger besitze als die anderen. Zumindest gelte das weltweit ab einem Einkommensniveau von 15.000 Dollar im Jahr. Ausgenommen wurden hier also die ganz Armen, bei denen es auf der Hand liegt, dass eine Steigerung des Einkommens erheblichen Einfluss auf ihre Lebenszufriedenheit hat.

Neuere Forschungen haben jedoch die methodischen Mängel der Untersuchungen von Easterlin gezeigt und belegt, dass diese These nicht aufrechtzuerhalten ist. »Je höher das Einkommen«, so die Ergebnisse der modernen Forschung, »umso zufriedener die Menschen. Erstaunlich dabei war, dass sich auch für Einkommen jenseits von 120.000 Dollar pro Jahr dieser positive Zusammenhang noch nachweisen ließ. Es gibt keinen Sättigungspunkt, zusätzliches Einkommen verschafft überall mehr Zufriedenheit«.[24] Die Forschungen zeigten sogar, dass der gleiche prozentuale Einkommenszuwachs bei höheren Einkommen einen stärkeren Effekt auf die Lebenszufriedenheit hat als bei niedrigerem Einkommen.[25]

Natürlich gibt es zahlreiche Lebensumstände, die nicht direkt etwas mit Geld zu tun haben. Arme wie reiche Menschen werden krank, arme wie reiche Menschen haben Beziehungsprobleme oder werden von ihrem Partner verlassen. Das interessante Ergebnis der wissenschaftlichen Glücksforschung lautet jedoch: »Es zeigt sich, dass arme Menschen erheblich stärker unter negativen Lebensumständen, wie beispielsweise einer Krankheit, einer Scheidung oder Einsamkeit leiden als reichere.«[26] Das ist ein ganz besonders wichtiger Befund, weil er zeigt, dass Einkommen bzw. Vermögen auch Ausstrahlung auf andere Lebensbereiche hat.

Die meisten Menschen wissen, dass es besser ist, mehr Geld als weniger Geld zu haben. Zwar behaupten sie oft etwas anderes, um sich selbst über den Zustand finanziellen Mangels hinwegzutrösten. Aber dennoch spielen jeden Monat 20 Millionen Deutsche Lotto. Vielleicht wissen sie sogar, dass die Wahrscheinlichkeit, sechs Richtige zu tippen, nur bei 1:15 Millionen liegt, aber dennoch machen sie jede Woche ihre Kreuze – und sagen dann vielleicht später bei einer Diskussion am Stammtisch: »Geld ist nicht wichtig«, oder: »Geld macht nicht glücklich«. Kein vernünftiger Mensch wird behaupten, Geld allein mache glücklich. Sie haben schon in der Einleitung zu diesem Buch viele Beispiele von Menschen gelesen, die schnell zu Geld gekommen sind – und es schon bald wieder verloren haben. Hat Geld diese Menschen unglücklich gemacht? Vordergründig gesehen mag dies so erscheinen, denn hätten sie das Geld nicht gewonnen, wäre ihnen der spätere Leidensweg mit einer hohen Verschuldung, der nicht selten in der Privatinsolvenz endete, erspart geblieben.

Entscheidend ist in der Tat nicht, wie viel Geld Sie zu einem bestimmten Zeitpunkt haben, sondern wie Sie damit umgehen. Haben Sie gelernt, das Geld zu erhalten und zu vermehren? Nur dann kann Geld dazu beitragen, dass Sie zufriedener oder glücklicher im Leben sind.

Deshalb ist es eine gefährliche Illusion, wenn Menschen glauben, ihre Probleme – zumindest die finanziellen – seien gelöst, wenn sie auf einmal zu viel Geld kämen, etwa durch eine Erbschaft, durch eine reiche Heirat oder auch durch einen Lottogewinn. Vieles spricht eher dafür, dass ihre Probleme dann erst beginnen werden. Aber das liegt natürlich nicht am Geld, sondern an den Menschen, die nicht gelernt haben, wie man es klug verwendet, um es zu erhalten und zu vermehren.

Wenn Menschen pauschal sagen, »Geld ist nicht wichtig« oder sogar »Geld macht unglücklich«, dann liegt in vielen Fällen der Verdacht nahe: Da sie kein Geld haben, wollen sie sich selbst trösten. Aber die allermeisten Menschen werden doch der Aussage zustimmen, dass Freiheit glücklich macht. Dass »Freiheit« etwas eindeutig Positives, Erstrebenswertes ist, wird von sehr viel weniger Menschen bestritten als die Ansicht, dass Geld etwas Positives und Erstrebenswertes sei.

Wer richtig mit Geld umgeht, wer es versteht, es zu erhalten und zu vermehren, der ist jedoch zugleich auch freier als derjenige, der unter Geldmangel leidet: Er muss sich keine Sorgen um seinen Arbeitsplatz machen, er kann dort leben, wo er möchte, er kann dorthin reisen, wohin er möchte, und er kann auch seine eigene Meinung freier äußern als derjenige, der finanziell abhängig und unfrei ist.

»Geld ist der Schlüssel zur Freiheit«[27], sagte die französische Modeschöpferin Coco Chanel, die aus eigener Kraft zu großem Reichtum gekommen ist. Für sie war Geld ein »Symbol für Unabhängigkeit«.[28] Das ist richtig, jedoch nur unter bestimmen Voraussetzungen. Wer »Reichtum« nur mit »sehr hohem Einkommen« verbindet, aber sein Geld jeden Monat mit vollen Händen ausgibt, der ist nicht frei. Denn er macht sich selbst abhängig von einem sehr hohen Lebensstandard, und er wird stets von der Sorge geplagt, wie es ihm denn gehen wird, wenn seine Einkommensquellen einmal versiegen. Vieles spricht dafür, dass jene Menschen, die vor allem deshalb nach Reichtum streben, um Luxusgüter zu konsumieren und sich einen sehr aufwendigen Lebensstil leisten zu können, weniger glücklich damit werden als jene, die Geld vor allem als Mittel zur Erlangung der finanziellen Freiheit sehen.

Das belegt eindrucksvoll eine Studie des amerikanischen Wissenschaftlers Thomas J. Stanley. Er befragte mehrere Hundert amerikanische Vermögende, alle zwischen 1946 und 1964 geboren, die alle mit einem ähnlich hohen Gehalt gestartet waren. Eine der Fragen, die diesen Personen gestellt wurde, lautete, wie zufrieden sie insgesamt mit ihrem Leben seien. Sie konnten auf einer Skala von 1 bis 5 ihre Zufriedenheit ausdrücken.

Im Median[1] verdiente die Gruppe der Unzufriedenen 203.000 Dollar, die Gruppe der Zufriedenen verdiente 307.000 Dollar. Das war jedoch nicht der entscheidende Unterschied. Der größte Unterschied zwischen beiden Gruppen bestand darin, wie viel Vermögen sie in den vergangenen 30 Jahren aufgebaut hatten. Die Gruppe der sehr zufriedenen Reichen hatte ein Vermögen von 1,38 Millionen Dollar aufgebaut, die Gruppe der Unzufriedenen hatte in der gleichen Zeit nur ein Vermögen von 304.000 Dollar angespart. Die Unzufriedenen besaßen 1,5-mal so viel, wie sie verdienten, die Zufriedenen 4,5-mal so viel. Die Häuser, in denen beide Gruppen lebten, waren ungefähr gleich viel wert (798.000 bzw. 785.000 Dollar).[29] Der Unterschied lag darin, dass die eine Gruppe eher konsumorientiert war und das verdiente Geld ausgegeben hatte, um sich einen sehr hohen Lebensstandard zu leisten. Die andere Gruppe war sparsamer – sie verband mit Reichtum nicht den Erwerb teurer Konsumgüter, sondern die finanzielle Unabhängigkeit.

Sie sehen also, dass es sich lohnt, sich ausgiebiger mit der Frage zu befassen, ob und unter welchen Voraussetzungen Geld zum Lebensglück beiträgt. Und Sie haben gesehen, dass die Antwort darauf sehr differenziert ausfällt, weil sie vor allem davon abhängt, ob derjenige, der nach Reichtum strebt, damit in erster Linie ein Luxusleben oder vor allem die finanzielle Unabhängigkeit und Sicherheit verbindet. Jetzt fragen Sie sich sicherlich, was denn die entscheidenden Faktoren dafür sind, dass Menschen reich werden. Gibt es auch dazu wissenschaftliche Forschungsergebnisse, und was sagen uns diese?

---

1 »Median« wird in diesem Buch häufig verwendet. Es handelt sich um einen Begriff aus der Statistik. Bei der Ermittlung des Medians wird z. B. eine Einkommensverteilung in zwei Hälften von Einkommen verteilt, sodass die Werte in der einen Hälfte kleiner gleich dem Medianwert sind, in der anderen größer gleich. Dieser Wert ist aussagekräftiger als der Durchschnitt, denn der Durchschnittswert wird durch Extremwerte, vor allem durch sehr hohe Einkommen, verzerrt.

Kapitel 2

Wie die Reichen reich wurden

Was ist überhaupt Reichtum? Wer sollte als »Reicher« bezeichnet werden? Es gibt viele Definitionen. Manche davon beziehen auch Aspekte ein, die nichts mit dem Einkommen oder dem Vermögen eines Menschen zu tun haben, so etwa »Gesundheit« oder »politischer Einfluss«. Obwohl man natürlich sagen kann, eine Person sei »einflussreich« oder »reich an Gesundheit«, trägt eine solche Ausweitung des Reichtumsbegriffs eher zur Verwirrung als zur Klarheit bei.

Wann ist ein Mensch reich?

Auf die Frage, was sie unter »Reichtum« verstehen, antworten die Deutschen:[30]

- »Sich im Alter keine Sorgen machen zu müssen.« (87 Prozent)
- »Vollkommen unabhängig von staatlicher Absicherung zu sein.« (76 Prozent)
- »Sich jederzeit alles leisten können, was man will.« (75 Prozent)
- »Ausschließlich von Vermögenserträgen leben können, ohne arbeiten zu müssen.« (70 Prozent)

Einige dieser Aussagen sind sehr schwammig: Wann muss sich ein Mensch »keine Sorgen machen«? Und was heißt es, dass man sich jederzeit »alles leisten kann, was man will«? Das ist sehr subjektiv. Von Mensch zu Mensch unterscheiden sich die Antworten auf diese Fragen erheblich. Konkreter fassbar ist die Antwort, dass reich derjenige ist, der ausschließlich von seinen Vermögenserträgen leben kann, ohne arbeiten zu müssen.

Doch auch bei dieser Begriffsbestimmung bedarf es einer Konkretisierung. Es lohnt sich, einen Moment genauer darüber nachzudenken: Wird hier unterstellt, dass das einmal erworbene Vermögen nicht angetastet wird, oder aber, dass es sukzessive verbraucht wird? Im zweiten Fall ist sehr viel weniger Vermögen notwendig als im ersten.

Und was bedeutet es genau, dass man von den Erträgen »leben kann«? Welches Einkommen wird hier zugrunde gelegt? Und welche Verzinsung des Vermögens wird angenommen, um dieses Ziel erreichen zu können?

Das durchschnittliche Jahreseinkommen eines Bundesbürgers betrug 2014 brutto 41.000 Euro. Das entspricht nach Steuern und Sozialabgaben einem Nettoeinkommen von 24.000 Euro im Jahr bzw. 2000 Euro im Monat. Über wie viel Vermögen muss jemand verfügen, um jährlich nach Steuern 24.000 Euro aus Zinsen zu erzielen? Nehmen wir an, es gelingt, eine Bruttoverzinsung von 4 Prozent zu erzielen. Das ist heute schon sehr anspruchsvoll. Wem dies gelingt, der geht entweder höhere Risiken ein oder verfügt über ein weit überdurchschnittliches finanzielles Know-how. Dennoch wollen wir einmal die 4 Prozent unterstellen. Wenn diese Zinsen der Abgeltungssteuer unterliegen, dann bleiben netto davon noch etwa 3 Prozent übrig. Das heißt, man muss schon 800.000 Euro »auf der hohen Kante« haben, um wenigstens so davon leben zu können wie der Durchschnittsbürger – vorausgesetzt, man tastet das Vermögen nicht an. Übrigens: Selbst dann, wenn man das Vermögen nicht antastet, wird der Vermögensstock Jahr für Jahr kleiner, und zwar durch die Geldentwertung. Insbesondere nach längeren Zeiträumen macht sich das schmerzlich bemerkbar.

Ein Leben auf dem Niveau des Durchschnittsverdieners ist kaum das, was ein »Reicher« als angemessen empfindet. Realistischer ist, dass er es auskömmlich findet, wenn er dreimal so viel im Monat zur Verfügung hat wie der Durchschnittsbürger. In der Reichtumsforschung werden 300 Prozent des Durchschnittseinkommens häufig als Kriterium für

»Einkommensreichtum« genannt. Dann muss man über ein Vermögen von 2,4 Millionen Euro verfügen, um monatlich einen Nettoertrag von 6000 Euro zu beziehen.

Allerdings wurde hierbei unterstellt, dass es gelingt, eine Bruttoverzinsung von 4 Prozent zu erzielen. Wie wir später sehen werden, gelingt dies leider den wenigsten Immobilienbesitzern, obwohl das (und auch viel mehr) an sich mit Immobilien durchaus möglich ist. Auch mit Aktien sind solche Erträge möglich, aber sie schwanken sehr stark und eignen sich daher nicht ausschließlich für jemanden, der eine stabile Einkommensquelle sucht.

Früher legten Menschen, die nach stabilen Einkommensquellen suchten, ihr Geld in Bundesanleihen an. Mit zehnjährigen Bundesanleihen erzielte man Ende Januar 2015 jedoch nur noch eine Rendite von 0,37 Prozent. Nach Abzug der Abgeltungssteuer bleiben davon noch 0,28 Prozent übrig. Das heißt, wer mit sicheren Anlagen in Bundesanleihen ein monatliches Nettoeinkommen von 2000 Euro erzielen will, muss bereits über ein Nettovermögen von 8,6 Millionen Euro verfügen. Und wer mit Bundesanleihen heute einen Nettoertrag von 6000 Euro im Monat erzielen möchte, der braucht dafür 25,7 Millionen Euro!

Diese Überlegungen zeigen, dass man sich durch vermeintlich große Zahlen nicht täuschen lassen sollte. Eine Million Euro klingt für die meisten Menschen nach sehr viel Geld, aber diese Einschätzung relativiert sich, wenn man überlegt, wie viel Einkommen aus Zinsen in sicheren Anlagen man damit erzielen kann. Wer Millionär ist und von den Zinsen leben will, der muss sich darauf einrichten, dass er so lebt wie der Durchschnittsbürger in Deutschland. Erinnern Sie sich daran, dass drei von vier Deutschen unter »Reichtum« verstehen, dass man »sich jederzeit alles leisten kann, was man will«? Das ist mit einer Million Euro jedenfalls nicht möglich, es sei denn, man braucht das Geld rasch auf – so wie es viele Spitzensportler oder Popmusiker getan haben, über die in der Einleitung berichtet wurde.

Der »World Wealth Report«, der regelmäßig von dem Beratungsunternehmen Capgemini und RBC Wealth Management herausgegeben wird, unterscheidet zwischen drei Gruppen von Reichen:

- Millionaires next Door: Das sind Personen mit einem Nettovermögen zwischen 1 und 5 Millionen Dollar. Davon gibt es weltweit 12,4 Millionen.

- Mid-Tier Millionaires: Personen mit einem Nettovermögen zwischen 5 und 30 Millionen Dollar. Davon gibt es weltweit 1,2 Millionen.

- Ultra-HNWIs (Ultra-High-Net-Worth-Individuals): Personen mit einem Nettovermögen, das größer als 30 Millionen Dollar ist. Davon gibt es weltweit 128.000.[31]

60 Prozent der Millionäre[2] leben in vier Ländern, und zwar in den USA (4 Millionen), in Japan (2,2 Millionen), in Deutschland (1,1 Millionen) und in China (758.000).

Zwar gibt es sehr kleine Länder, wie etwa Singapur, wo die Millionärsdichte größer ist (hier kommen 100.000 Millionäre auf 5,4 Millionen Menschen), aber unter den großen Ländern ist die Millionärsdichte nur in Japan noch höher als in Deutschland. In Japan kommen auf 127 Millionen Einwohner 2,2 Millionen Millionäre. In China kommen auf 1,4 Milliarden Menschen 758.000 Millionäre, in Indien auf 1,2 Milliarden Menschen 153.000 Millionäre, in den USA auf 316 Millionen Menschen 4 Millionen Millionäre und in Deutschland auf 81 Millionen Menschen 1,1 Millionen Millionäre, in Russland auf 143 Millionen Menschen 154.000 Millionäre.[32]

Natürlich ist die Zahl der Reichen und Ultrareichen nicht einfach zu ermitteln, und deshalb schwanken die Zahlenangaben. Nach dem »Wealth Report 2014« von Knight Frank[33] gibt es weltweit 167.000 Personen mit einem Nettovermögen ab 30 Millionen Dollar. Davon lebt fast die Hälfte in vier Ländern, zu denen auch Deutschland gehört: 39.378 leben in den USA, 16.450 in Japan, 11.392 in Deutschland und 10.149 in Großbritannien.

Der Eindruck, den man aus den Medien gewinnt, in Russland, China oder Indien gebe es sehr viel mehr Millionäre und Multimillionäre als in Deutschland, trügt also. Die Zahl der Millionäre ist, trotz der viel klei-

2 In dem »Wealth-Report« ist immer von Dollarmillionären die Rede.

neren Bevölkerung, in Deutschland sehr viel höher als in Ländern wie China, Indien und Russland. Und dies trifft nicht nur für die »einfachen« Millionäre zu, sondern auch für die Gruppe der sehr Reichen, die über ein Nettovermögen von mindestens 30 Millionen Dollar verfügen.

Lediglich bei der Zahl der Milliardäre liegt China deutlich und Russland knapp vor Deutschland (China 179, Russland 92, Deutschland 81[34]). Der Eindruck, es gebe beispielsweise in Russland sehr viel mehr Millionäre als in Deutschland, mag daher rühren, dass Reiche in Russland ihren Reichtum viel stärker zur Schau stellen als die Superreichen in Deutschland, die in dieser Hinsicht meist sehr zurückhaltend sind.

Neben dem Vermögen ist auch das Einkommen ein Kriterium für Reichtum. Einkommensmillionäre gibt es natürlich sehr viel weniger als Vermögensmillionäre. So kommt auf 80 Vermögensmillionäre in Deutschland nur etwa ein Einkommensmillionär. Die Zahl der Einkommensmillionäre ist in Deutschland, wo keine Vermögenssteuer erhoben wird, sehr viel einfacher zu ermitteln als die der Vermögensmillionäre. 2010 versteuerten 11.025 Deutsche ein Jahreseinkommen von mindestens einer Million Euro, 2.230 zahlten Steuern für 2,5 bis 5 Millionen Euro Einkommen, und 1.314 versteuerten 5 Millionen Euro und mehr.[35] Neuere Zahlen gibt es nicht.

Das Einkommen ist jedoch weniger aussagekräftig für »Reichtum« als das Vermögen, da es sehr viel stärkeren Schwankungen ausgesetzt ist. Und reich wird nicht automatisch derjenige, der viel verdient, sondern derjenige, der von dem, was er verdient, viel spart.

Eine im Jahr 2012 veröffentlichte Studie, die als Dissertation an der Wirtschafts- und Sozialwissenschaftlichen Fakultät der Universität Potsdam entstanden ist, geht der Frage nach, welche Faktoren dafür entscheidend sind, dass eine Person in Deutschland zu Wohlstand oder gar Reichtum gelangt. Basis der Untersuchung sind 472 Interviews, die im Rahmen der Studie »Vermögen in Deutschland« mit sehr gut verdienenden oder vermögenden Personen geführt wurden. Das Nettovermögen der für diese Studie Befragten betrug durchschnittlich 2,3 Millionen Euro, der mittlere Verteilungswert (Median) 1,4 Millionen Euro.[36]

Es geht also nicht um die Superreichen. Sondern es geht um den »Millionaire next Door«, wie der Titel eines bekannten Buches lautet, das sich mit der Reichtumsbildung in den USA befasst. Die Verfasserin der Dissertation beschreibt eine Pyramide des Wohlstands und des Reichtums. Die unterste Ebene – Wohlstand – bilden Haushalte, die doppelt so viel Nettoeinkommen haben wie der Durchschnitt der Bevölkerung, also mit einem Jahresnettoeinkommen von mindestens 54.320 Euro. Danach kommt die mittlere Gruppe, die die Autorin mit »fragiler Reichtum« bezeichnet – das sind Haushalte mit einem Nettovermögen von mindestens 1,2 Millionen Euro. Die oberste Gruppe wird mit dem Begriff »stabiler Reichtum« belegt, sie verfügt über ein Haushalts-Nettovermögen von mindestens 2,4 Millionen Euro.[37]

Die meisten Millionäre wurden als Unternehmer reich

Die Studie ist hochinteressant, denn sie zeigt, aus welchen Gründen Menschen in Deutschland vermögend bzw. reich werden. Das wichtigste Ergebnis: Es ist nicht leicht, als Angestellter in abhängiger Beschäftigung reich zu werden. Die Wahrscheinlichkeit, sehr hohe Erwerbseinkommen zu erzielen, liegt insgesamt für Selbstständige um ein Vielfaches höher als für abhängig Beschäftigte. Die Studie belegt, dass sich abhängig Beschäftigte schwer tun, ein Vermögen aufzubauen. Für Freiberufler ist es schon eher wahrscheinlich, dass sie zu Reichtum gelangen. Doch ist »vor allem Unternehmertum ein Garant für sehr hohe Vermögen. Die Durchschnittsvermögen steigen enorm mit der Relevanz von Unternehmertum an: Haushalte, die auf diesem Weg reich wurden, haben ein um durchschnittlich 2,5 Millionen höheres Durchschnittsvermögen als Haushalte, in denen dieser Aspekt keine Rolle spielte«.[38]

Im »stabilen Reichtum« (nach der Definition der Autorin also Haushalte mit einem Mindest-Nettovermögen von 2,4 Millionen Euro) spielt Unternehmertum eine deutlich wichtigere Rolle als beim »fragilen Reichtum« (also bei Haushalten mit einem Mindest-Nettovermögen von 1,2 Millionen Euro). Die Befragung belegt, dass Haushalte, für die Unternehmertum eine ausschlaggebende Bedeutung für die Bildung von Reichtum hat, eine doppelt so hohe Wahrscheinlichkeit haben, im höchsten anstatt im mittleren Reichtumsgrad zu leben.[39]

Wolfgang Lauterbach, Professor an der Universität Potsdam und einer der profiliertesten Reichtumsforscher, kommt in seinen Analysen zu ähnlichen Ergebnissen. Er untersuchte Angehörige der Mittelschicht (Vermögen im Median 160.000 Euro), Affluents (Vermögen im Median 750.000 Euro), HNWIs (Vermögen im Median 3,4 Millionen Euro), die 100 reichsten Deutschen (Vermögen im Median 1,5 Milliarden Euro) sowie die 100 reichsten Menschen der Welt (Vermögen im Median 10,5 Milliarden Euro). Ein wichtiges Ergebnis: 64,5 Prozent der HNWIs in Deutschland sind Unternehmer. »Empirisch wird sichtbar, dass Reichtum erst durch berufliche Selbstständigkeit ermöglicht wird. Reichtum durch abhängige Beschäftigung entsteht kaum.«[40] Bei den 100 reichsten Deutschen sind 98 Prozent Unternehmer, und bei den 100 reichsten Menschen der Welt sind 95,2 Prozent Unternehmer. »Unternehmertum«, so Lauterbach, »ist notwendig, um außerordentlich vermögend zu werden«.[41]

Zwar spielen also Erbschaften in Deutschland bei der Reichtumsbildung eine nicht zu unterschätzende Rolle, aber die oben zitierte Dissertation von Böwing-Schmalenbrock zeigt, dass durch Unternehmertum mehr als doppelt so hohe Vermögen generiert werden wie durch Erbschaften oder abhängige Beschäftigung. Dies gilt jedenfalls in der Gruppe der von ihr untersuchten Reichen, die jedoch – wie erwähnt – nicht zu den Superreichen gehören.

Abhängige Beschäftigung, also die Arbeit als Angestellter, so das übereinstimmende Ergebnis aller Studien, erweist sich selten als »Reichtumsquelle«[42]. Zwischen Angestellten und Unternehmern stehen die Freiberufler, also Ärzte, Rechtsanwälte, Steuerberater usw. Eine freiberufliche Selbstständigkeit »lohnt sich also zwar sehr, um entweder von der Mittelschicht in den Wohlstand oder vom Wohlstand in den fragilen Reichtum aufzusteigen. Um den Zustand des stabilen Reichtums zu erreichen, ist sie allerdings ungeeignet«.[43] Freiberufler haben im Vergleich zu unselbstständig Beschäftigten immerhin eine mehr als 3,5-fache, Unternehmer sogar eine 4,5-fach höhere Wahrscheinlichkeit, wohlhabend zu sein, anstatt »nur« ein überdurchschnittlich hohes Einkommen zu erzielen.[44]

Erbschaften, so zeigt Böwing-Schmalenbrock, spielen ebenfalls eine Rolle, aber sie sind bei Weitem nicht so wichtig wie die Erwerbstätigkeit.

In mehr als der Hälfte der reichen Haushalte dominiert die Erwerbstätigkeit als Reichtumsquelle gegenüber Erbschaften. Das heißt nicht, dass Erbschaften unwichtig wären. Immerhin ein knappes Drittel der Haushalte schätzte in der Befragung Erbschaften gegenüber der Erwerbstätigkeit als wichtiger ein, und für weitere 13 Prozent sind beide Reichtumsquellen (also Erbschaft und Erwerbstätigkeit) gleich bedeutend.

Allerdings zeigt die Autorin auch, dass es stark darauf ankommt, was jemand erbt. Die Wahrscheinlichkeit, reich zu werden, ist viel stärker, wenn man produktives Vermögen (also einen Betrieb) erbt als wenn man Sachwerte oder Geld erbt. Sie spricht in diesem Zusammenhang von geerbter Selbstständigkeit.

Bei den Superreichen, also den Milliardären in Deutschland, spielt Erbschaft eine wichtigere Rolle – sowohl im Vergleich zu den »einfachen« Millionären und Multimillionären wie auch im internationalen Vergleich. Durch Arbeit und Selbstständigkeit wurden nur 36 Prozent der reichsten Deutschen reich, so zeigt Wolfgang Lauterbach, während Erbschaft bei 56 Prozent eine Rolle spielte. Weltweit spielte Erbschaft nur in 22,4 Prozent der Fälle eine Rolle, Arbeit und Selbstständigkeit dagegen bei 73 Prozent.[45]

Das heißt freilich nicht, dass die reichsten Deutschen ihr Vermögen einfach nur geerbt hätten. Einer der reichsten Deutschen ist Dieter Schwarz (Lidl). Dieser übernahm zwar eine regionale Supermarktkette mit 30 Filialen von seinem Vater, aber baute diese zum größten Discounter neben Aldi aus. Die Tradition der Familienbetriebe ist in Deutschland also sehr viel bedeutsamer als in anderen Regionen der Welt.[46]

Nach der eigenen Erwerbstätigkeit und Erbschaften spielen vor allem auch Immobilien eine wichtige Rolle bei der Reichtumsbildung, hierzu mehr in Kapitel 13.

Böwing-Schmalenbrock untersucht in ihrer Dissertation schließlich auch, ob es einen Zusammenhang zwischen Persönlichkeitsmerkmalen und Reichtumsbildung gibt. Was unterscheidet die Persönlichkeit der Reichen von anderen Menschen? Um diese Frage zu beantworten, werden zahlreiche Persönlichkeitsmerkmale untersucht und in Beziehung zum Vermögen der Personen gesetzt. Die wichtigsten Ergebnisse: Reiche Menschen sind sehr viel offener als Personen aus der Mittelschicht. 64 Prozent der Unternehmer bzw. 68 Prozent der Freiberufler sind in besonderem Maße offen für Neues, im Vergleich zu nur 35 Prozent der Personen aus der Mittelschicht.[47]

Die »Verträglichkeit« mit den Mitmenschen ist dagegen bei Unternehmern geringer ausgeprägt als bei der Mittelschicht. Während 69 Prozent der Personen aus der Mittelschicht als besonders verträglich gelten, sind es bei Unternehmern nur 60 Prozent. Das Umgekehrte gilt dagegen für Angestellte, die überdurchschnittlich gut verdienen: Sie sind deutlich verträglicher – nicht nur als die Unternehmer, sondern auch als die Mittelschicht.[48] Um Karriere als Angestellter zu machen, muss man also in höherem Maße als der Durchschnitt anpassungsfähig und sozial verträglich sein, während für Unternehmer die Konfliktfähigkeit die wichtigere Eigenschaft ist.

Wie nicht anders zu erwarten, haben Reiche auch eine deutlich höhere Risikobereitschaft als die Mittelschicht. Das trifft ganz besonders für Selbstständige zu. Die durchschnittliche Risikobereitschaft bei Geldanlagen ist bei ihnen fast doppelt so hoch wie bei der Mittelschicht.[49] Das verwundert nicht, denn schließlich wird sich niemand selbstständig machen, der extrem risikoavers ist.

Wie wichtig ist Bildung, um reich zu werden? Von den Angestellten, die für die hier zitierte Reichtumsstudie interviewt wurden, hatte etwa jeder Zweite (47 Prozent) studiert. Der Anteil ist damit doppelt so hoch wie – in der gleichen Altersgruppe[50] – für Angehörige der Mittelschicht, von denen nur jeder Fünfte (22 Prozent) studiert hat.[51] Anders ist es bei den Unternehmern. Zwar hatten auch hier mehr Personen studiert als in der Vergleichsgruppe der Mittelschicht (38 Prozent Unternehmer gegen 22 Prozent aus der Mittelschicht), aber der Prozentsatz lag deutlich unter den Angestellten und Freiberuflern. Auch das verwundert nicht. Um Unternehmer zu werden, bedarf es keiner formalen Bildungsvoraussetzungen, für Berufe wie Rechtsanwalt, Steuerberater oder Wirtschaftsprüfer muss man dagegen studiert haben.

Kann man durch Heirat reich werden? Auch diese Frage wurde in der Dissertation untersucht. Die Antwort: ja, als Frau durchaus. 30 Prozent der Frauen, die im Rahmen dieser Studie befragt wurden, sind durch Heirat reich geworden, aber nur 5 Prozent der Männer.[52]

Die Dissertation von Böwing-Schmalenbrock widerlegt das Vorurteil vom »reichen Müßiggänger«. Fast alle Reichen arbeiten, und die meisten sind reich geworden durch Unternehmertum, Selbstständigkeit oder durch Führungspositionen im Management. Dies gilt auch für die Superreichen im globalen Kontext, wie Chrystia Freeland in ihrer Studie zu diesem Thema zeigt. »Eines der auffälligsten Unterscheidungsmerkmale zu ihren Vorläufern aus dem 19. Jahrhundert ist, ... dass es sich bei den heutigen Plutokraten weitgehend um arbeitende Reiche handelt.«[53]

Selbst ein Vertreter der historischen Einkommensforschung wie Emmanuel Saez, der sich sehr kritisch über die »wachsende Ungleichheit« äußert, hält es für ein Wesensmerkmal der heutigen Geldelite, dass es sich bei ihnen um »arbeitende Reiche« handelt. Er stellte fest, dass 1916 das reichste Prozent der Amerikaner nur ein Fünftel seines Einkommens aus bezahlter Arbeit bezog; 2004 hatte sich die Zahl auf 60 Prozent verdreifacht.[54]

Erbschaften spielen selbst bei der Top-Elite der Milliardäre nicht die entscheidende Rolle. Das Magazin *Forbes* verglich 2014 die 400 reichsten Amerikaner danach, wie viele davon ihr Geld geerbt hatten und wie viele »Self-made«-Milliardäre sind, die also ihr Vermögen aus eigener Kraft erarbeitet haben. 1984 hatten noch diejenigen die Liste dominiert, die ihr Geld geerbt hatten. 1994 war das Verhältnis zwischen »reichen Erben« und »Self-made« etwa ausgeglichen. 2014 schließlich war der allergrößte Teil der reichsten Amerikaner »Self-made«.

Dazu gehören beispielsweise Bill Gates, Gründer von Microsoft (81 Milliarden Dollar), Warren Buffett (67 Milliarden Dollar), Larry Ellison, Gründer von Oracle (50 Milliarden Dollar), Michael Bloomberg, Gründer von Bloomberg TV (35 Milliarden Dollar), Mark Zuckerberg, Gründer von Facebook (34 Milliarden Dollar), der Immobilienunternehmer Sheldon Adelson (32 Milliarden Dollar), die Google-Gründer Larry Page und Sergey Brin (je

31 Milliarden Dollar) und der Amazon-Gründer Jeff Bezos (30,5 Milliarden Dollar) usw.[55] Auch auf weiteren Rängen folgen zahlreiche Multimilliardäre, die durch ihre Firmen reich geworden sind, so etwa Phil Knight (Nike), Michael Dell (Dell Computer), Paul Allen (Microsoft) oder Rupert Murdoch (Medien).

Sie sehen an den Namen der Unternehmen, durch die diese Männer reich geworden sind, dass es vor allem der Unternehmergeist ist, der Menschen reich macht. Neben den Unternehmensgründern, besonders aus der Computer- und Internetbranche, finden sich auf der Liste der reichsten Amerikaner vor allem Menschen, die in der Finanzindustrie ihr Vermögen gemacht haben, so etwa als Hedgefonds-Manager.

Allerdings gibt es erhebliche Unterschiede, wie beispielsweise Menschen in den Vereinigten Staaten und in Deutschland einerseits und in Indien, China und Russland andererseits reich geworden sind. Raghuram Rajan, in Indien geboren und heute Professor an der Universität von Chicago, betont, dass es sich bei den meisten Superreichen in Indien eben nicht um Softwarepioniere oder erfinderische Fabrikanten handelt wie bei den Reichen in den USA. Vielmehr seien »zu viele Leute zu reich geworden aufgrund ihrer Nähe zur Regierung ... Grundbesitz, natürliche Ressourcen sowie Regierungsaufträge oder staatliche Lizenzen sind eine vorrangige Quelle des Reichtums unserer Milliardäre, und all diese Faktoren hängen vom Staat ab«.[56]

In Russland sind viele Multimillionäre und Multimilliardäre nach dem Zusammenbruch der Sowjetunion reich geworden. Sie waren Gewinner bei der sogenannten Privatisierung, rissen sich dabei riesige Ölgesellschaften und Industriebetriebe unter den Nagel. Anders als in den USA sind es in Russland nicht Erfinder wie Gründer von Google, Microsoft, Amazon, Facebook, Oracle, Starbucks und anderen Unternehmen, die es zu unermesslichem Reichtum gebracht haben, sondern jene, die nahe an den politischen Machtzentren waren und sind.

Das gilt gleichfalls für China. 2011 hatten die obersten 70 Mitglieder des Nationalen Volkskongresses in China ein Gesamtvermögen von 89,8 Milliarden Dollar.[57] »In einem staatskapitalistischen System wie China ist das Geldverdienen durch Nähe zur Regierung keine Ausnahme von den Regeln oder ihre Verletzung: Es ist die Art, wie das System in Wirklichkeit funktioniert.«[58]

In Ländern wie Russland oder China ist es leider schwierig, reich zu werden, wenn man absolut ehrlich ist und alle Steuergesetze einhält. Was in westlichen Ländern ein verbreitetes, aber nicht zutreffendes Vorurteil ist, dass man nämlich Reichtum durch Korruption, Umgehung oder Bruch der Gesetze erlange, ist leider in Ländern wie China oder Russland oftmals zutreffend. In Schauprozessen wurden und werden in diesen Ländern immer wieder sehr reiche Menschen verschiedener Steuervergehen oder der Korruption beschuldigt. In China wurden allein zwischen 2003 und 2011 mindestens 14 chinesische Milliardäre hingerichtet. »Wo alles Eigentum, wenn schon nicht Diebstahl, so doch zumindest die Umgehung von Vorschriften und ein bisschen Bestechung erfordert, ist jeder verwundbar.«[59]

Seien Sie also froh, dass Sie in einem Land leben, in dem es alles in allem nach den Normen eines Rechtsstaates zugeht und in dem Sie auf ehrliche Weise reich werden können, ohne Gesetze zu brechen, Beamte zu bestechen oder Steuern zu hinterziehen. Zwar gibt es natürlich auch in demokratischen Ländern Menschen, die all dies tun. Und natürlich gibt es auch hier Menschen, die durch kriminelle Machenschaften zu Reichtum gelangt sind. Aber das sind in freien Gesellschaften glücklicherweise die Ausnahmen. Die Regel ist, dass pfiffige Ideen, harte Arbeit, unternehmerisches Denken und das Erkennen von neuen Kundenbedürfnissen oder die Nutzung von neuen technologischen Möglichkeiten die Basis dafür sind, um in einem Land wie Deutschland oder den Vereinigten Staaten reich zu werden.

Sie haben gesehen, eines der Ergebnisse der Reichtumsforschung ist: Die meisten Menschen werden durch Unternehmertum oder durch freiberufliche Selbstständigkeit reich. Wenn das so ist, dann stellt sich für Sie die Frage, ob Sie diesen Schritt wagen sollen.

Kapitel 3

Soll ich mich selbstständig machen, um reich zu werden?

Wenn man Finanzmedien liest, könnte man den Eindruck gewinnen, der beste Weg, um reich zu werden, sei der, sein Geld in Aktien anzulegen. Aktieninvestitionen sind jedoch, wie eine Befragung von 472 Personen in Deutschland mit einem Durchschnittseinkommen von 2,35 Millionen Euro gezeigt hat, nur für 2,4 Prozent der Reichen der wichtigste Grund des Reichtums gewesen.[60] Man mag einwenden, das liege daran, dass es in Deutschland eine nur unterentwickelte Aktienkultur gebe. Aber selbst in den USA, wo die Aktienkultur am ausgeprägtesten ist, verhält es sich nicht anders. Eine Befragung von 733 Millionären in den Vereinigten Staaten ergab, dass nur 12 Prozent der Millionäre den Erwerb von Aktien als einen wichtigen Grund ihres finanziellen Erfolgs betrachteten.[61] Der Verfasser der amerikanischen Studie kam zu dem Ergebnis, dass zwar viele Millionäre in Aktien investieren, das Geld dafür aber nicht mit Aktien verdient wurde, sondern mit der Tätigkeit als Unternehmer, Freiberufler oder leitender Manager.

Im zwölften Kapitel werden Sie sehen, dass es eine gute Idee ist, in Aktien zu investieren, und dass man sein Vermögen damit vermehren kann, wenn man es richtig macht. Aber nur eine Minderheit unter den Reichen, so wie etwa Warren Buffett, ist durch Investitionen am Aktienmarkt sehr reich geworden.

Untersuchungen in Deutschland und den Vereinigten Staaten belegen übereinstimmend, dass die richtige Berufswahl ganz entscheidend für den finanziellen Erfolg ist. »Nachdem ich mich über 20 Jahre lang mit Millionären beschäftigt habe«, schreibt Thomas J. Stanley in seiner berühmten Studie über amerikanische Millionäre, »bin ich zu der Überzeugung gelangt, dass wirtschaftlicher Erfolg sich auf eine wesentliche Einzelentscheidung zurückführen lässt, die richtig getroffen wurde. Wer kreativ genug ist, den perfekten Beruf für sich zu entdecken, kann gewinnen, und zwar im großen Stil«.[62]

Wenn Sie dieses Buch lesen und noch jung sind, also vor der Entscheidung stehen, was Sie nach dem Abitur oder nach dem Studium beruflich machen sollen, so können Sie daraus entscheidende Erkenntnisse für Ihre Berufswahl gewinnen. Aber auch wenn Sie feststellen, dass Sie möglicherweise den »falschen« Beruf gewählt haben, um reich zu werden, ist das keineswegs ein Hinderungsgrund, denn die meisten Reichen sind nicht in dem Beruf reich geworden, den sie ursprünglich gewählt haben.

Ich selbst bin ursprünglich von Beruf Historiker und habe an der Universität gearbeitet. Aber vermögend geworden bin ich durch freiberufliche und unternehmerische Tätigkeiten. Mein ehemaliger Chef bei der *Welt*, Dr. Matthias Döpfner, ist promovierter Musikwissenschaftler. Aber sein Vermögen hat er nicht als Musikwissenschaftler aufgebaut, sondern als Vorstandsvorsitzender eines großen europäischen Verlagshauses, der Axel Springer AG.

Zwei Drittel der Reichen, die Böwing-Schmalenbrock in ihrer Dissertation untersucht hat, haben mindestens einmal im Laufe des Erwerbslebens den Beruf gewechselt. Es handelt sich hierbei wohlgemerkt nicht um einen bloßen Wechsel des Arbeitgebers, sondern gemeint ist damit, dass aktuell ein anderer Beruf ausgeübt wird als der, den man einmal gelernt hat. Das trifft für über 91 Prozent der Unternehmer zu, aber nur für weniger als 40 Prozent der Erwerbstätigen aus der Mittelschicht.[63] »Die Aufstiegschance in den Wohlstand«, so zeigt die Untersuchung, »erhöht sich ... um das Sechsfache, wenn im Laufe des Erwerbslebens der Beruf gewechselt wird«.[64]

Ein übereinstimmendes Ergebnis der deutschen und amerikanischen Untersuchungen ist, dass die Chance, Millionär zu werden, als Selbstständiger – vor allem als Unternehmer – sehr viel höher ist als für einen angestellten Manager. In der Öffentlichkeit entsteht jedoch ein anderer Eindruck, da das Einkommen von selbstständigen Unternehmern meist unbekannt ist und man sich an den Zahlen festhält, die veröffentlicht werden, und die betreffen das Einkommen von angestellten Managern. Börsennotierte Aktiengesellschaften sind verpflichtet, im Rahmen ihrer Publizitätspflichten die Gehälter ihrer Vorstände zu veröffentlichen. Deshalb kann man in den Medien regelmäßig nachlesen, wie viel beispielsweise der Vorstandsvorsitzende der Deutschen Bank oder von Volkswagen verdient. Das sind oft Jahresbezüge im zweistelligen Millionenbereich.

Die durchschnittliche Vergütung eines DAX-Vorstandes betrug im Jahr 2013 5,2 Millionen Euro, die eines M-DAX-Vorstandes betrug 2,3 Millionen Euro. Die Spannweite lag bei den DAX-Vorständen zwischen 1,3 und 15 Millionen Euro, bei den M-DAX-Vorständen zwischen 1,0 und 5,6 Millionen Euro.[65] Meist besteht ein Großteil der Vergütung jedoch nicht aus dem Festgehalt, sondern aus Aktienoptionen, die – je nach Entwicklung des Börsenkurses – die Gehaltshöhe maßgeblich beeinflussen.

Von den 14.569 Personen, die im Jahr 2010 ein Einkommen von mehr als einer Million Euro bezogen, waren nur einige Hundert Vorstände börsennotierter Aktiengesellschaften. Deren Gehälter sind nicht typisch für das Einkommen von Managern in Spitzenpositionen. Die Top-Verdiener im Management von großen Unternehmen sind nur selten Einkommensmillionäre. Ihr Gehalt liegt – je nach Unternehmensgröße – im Bereich von einigen Hunderttausend Euro im Jahr. Das ist auch eine Menge Geld, aber kann man davon wirklich ein Millionenvermögen aufbauen?

Ja, es ist möglich, aber es bedarf dafür eines hohen Grades an Disziplin und Ausdauer. Nehmen wir einen Geschäftsführer, der brutto 250.000 Euro verdient. Nur 0,4 Prozent der Bundesbürger beziehen ein so hohes Einkommen.[66] Nach Abzug von Steuern und Sozialabgaben bleiben davon nur etwa 132.175 Euro übrig. Das sind 11.014 Euro im Monat. Damit haben sie auch netto noch viel zur Verfügung, aber Personen in dieser Einkommensgruppe haben meist auch einen hohen Lebensstandard. Es müssen das Darlehen für ein Haus oder eine hohe Miete für ein Anwesen gezahlt werden, das dem Selbstbild des Managers entspricht. Auch teure Urlaube, ein teures Auto usw. gehören für viele dazu. Selbst wenn der Manager so sparsam lebt, dass er davon die Hälfte, also 5507 Euro jeden Monat konsequent auf die hohe Kante legt (und das tut kaum jemand), und es ihm gelingt, diese langfristig mit einer Verzinsung vor Steuern von 6 Prozent (etwa 4 Prozent nach Steuern) anzulegen, dann braucht er etwa zwölf Jahre, bis er die erste Million zusammen hat.

Vier Prozent nach Steuern Jahr für Jahr zu erwirtschaften ist jedoch anspruchsvoller, als die meisten Menschen denken. Wenn Sie allerdings die Ratschläge im zweiten Teil dieses Buches beherzigen, dann haben Sie eine reelle Chance, diese Rendite sogar zu übertreffen. Und entsprechend schneller kommen Sie an Ihr Ziel.

Dass die Wahrscheinlichkeit, als Angestellter reich zu werden, geringer ist als für einen Selbstständigen, hat natürlich einen Grund. Das Risiko, zu scheitern, und die damit verbundenen Konsequenzen sind höher als für einen Top-Manager. Während so mancher Top-Manager selbst noch nach einem grandiosen Misserfolg den »goldenen Handschlag« und eine Abfindung in Millionenhöhe bekommt, haftet der Unternehmer persönlich.

Warum viele Existenzgründer scheitern

Nicht jede Idee zur Gründung eines Unternehmens hat Erfolg. 25,4 Prozent der Unternehmen, die im 1. Halbjahr 2014 Insolvenz anmeldeten, waren nur bis zu zwei Jahren am Markt aktiv.[67] Im Jahr 2013 meldeten 25.995 Unternehmen in Deutschland Insolvenz an, davon war mehr als die Hälfte (13.112) unter acht Jahren am Markt aktiv.[68]

Deshalb ist es verständlich, wenn es sich junge Menschen zweimal überlegen, ob sie sich selbstständig machen sollen. Auch wenn es richtig ist, dass unter den Einkommensmillionären deutlich mehr Selbstständige als Angestellte sind, heißt das nicht, dass es einfach sei, als Selbstständiger reich zu werden – selbst wenn es mit der Firmengründung klappt.

Eine Untersuchung des Deutschen Instituts für Wirtschaftsforschung (DIW) aus dem Jahre 2014, die auf der Auswertung von Daten über 27.128 Selbstständigen basierte, zeigt die Chancen und Risiken der Selbstständigkeit: Die 10 Prozent der Selbstständigen, die am wenigsten verdienten, hatten nur ein monatliches Nettoeinkommen von 600 Euro. Zum Vergleich: Bei abhängig Beschäftigten betrug das monatliche Nettoeinkommen in dieser Gruppe 400 Euro.

Aber die Spitzenverdiener, also das eine Prozent derjenigen Selbstständigen mit dem höchsten Verdienst, hatten ein monatliches Nettoeinkommen von 14.000 Euro. Bei sogenannten Solo-Selbstständigen, die keine Angestellten beschäftigten, lag in dieser Spitzengruppe das Monatsnettoeinkommen bei 8750 Euro, bei Selbstständigen mit Beschäftigten lag es sogar bei 20.000 Euro. Zum Vergleich: Das eine Prozent der abhängig Beschäftigten mit dem höchsten monatlichen Nettoeinkommen verdiente 5250 Euro, also nur etwa ein Viertel dessen, was Selbstständige mit Beschäftigten verdienten.[69]

Das Ergebnis: »Bei Betrachtung der gesamten Einkommensverteilung fällt die wesentlich größere Spannweite der Einkommen aus Selbstständigkeit ins Auge. Während Selbstständige am unteren Ende der Einkommensverteilung sehr geringe Einkommen in Kauf nehmen müssen, übersteigen die Werte am oberen Ende der Einkommensverteilung die Werte für abhängig Beschäftigte bei Weitem.«[70] Die Streuung der Einkommen bei Selbstständigen ist dabei mehr als dreimal so hoch wie bei abhängig Beschäftigten.[71] Dies zeigt, dass das höhere Einkommen, das Selbstständige erzielen können, wirtschaftlich gesehen eine Risikoprämie für das unternehmerische Wagnis darstellt.

Übereinstimmend zeigen Befragungen von deutschen und von amerikanischen Millionären, dass diese deutlich risikofreudiger sind als der Durchschnitt der Bevölkerung. Und Risikobereitschaft ist wiederum die Voraussetzung dafür, dass jemand den Schritt vom Angestellten zum selbstständigen Unternehmer geht. Bei einer Untersuchung in Amerika, bei der 1001 vermögende Personen befragt wurden, ergab sich ein eindeutiger Zusammenhang zwischen Risikofreude und der Höhe des Nettovermögens der Person. Die Personen wurden danach befragt, ob die Bereitschaft, finanzielle Risiken einzugehen, sehr wichtig für ihren wirtschaftlichen Erfolg gewesen sei. Von den Personen, die ein Vermögen unter 1 Million Dollar besaßen, bejahten das nur 18 Prozent. Bei den

Personen, die zwischen 1 und 2 Millionen Nettovermögen besaßen, waren es 21 Prozent, in der Gruppe derjenigen, die zwischen 2 und 5 Millionen besaßen, bejahten 28 Prozent die Frage nach der Bereitschaft, finanzielle Risiken einzugehen. In der Gruppe derjenigen, die ein Nettovermögen zwischen 5 und 10 Millionen hatten, waren es 39 Prozent und in der Gruppe jener, die über 10 Millionen Dollar besaßen, sogar 41 Prozent.[72]

Unter diesem Gesichtspunkt ist also Reichtum auch eine Belohnung für erhöhte Risikobereitschaft. Dabei sollte Risikobereitschaft aber keineswegs mit einer Spielermentalität verwechselt werden. Die wirklich reichen Personen gingen kalkulierte Risiken ein und hofften nicht einfach nur auf ihr »Glück«. Die Wissenschaftler, die die vermögenden Personen in den USA befragten, legten den gleichen Personen auch die Frage vor, ob sie in den vergangenen zwölf Monaten Lotto gespielt hätten. Interessant ist, dass bei denjenigen, die das vergleichsweise geringste Vermögen hatten, jeder Zweite erklärte, er habe in den letzten zwölf Monaten Lotto gespielt. Bei den Personen, die über 10 Millionen Dollar Nettovermögen hatten, also die Gruppe mit dem höchsten Vermögen, hatte nur jeder Fünfte in den vergangenen zwölf Monaten einen Lotto-Tippschein ausgefüllt.[73]

Dafür, dass man als Unternehmer erfolgreich ist, sind bestimmte Persönlichkeitsmerkmale eindeutig wichtiger als beispielsweise die Frage, was man studiert hat. Viele Unternehmer haben sogar gar nicht studiert. Dies haben Wissenschaftler im Rahmen der sogenannten Terman-Studie in den USA nachgewiesen. Es handelt sich dabei um eine außergewöhnliche Untersuchung, die mehr als 1600 Personen in der Gegend von Berkeley, Kalifornien, über etwa 60 Jahre begleitet hat.[74] Für die Frage, wie wichtig bestimmte Persönlichkeitsmerkmale dafür sind, ob ein Mensch Unternehmer wird, wurden 718 Interviews ausgewertet.

Untersucht wurden folgende Persönlichkeitsmerkmale: Fleiß, Gewissenhaftigkeit, Extraversion, Offenheit für Neues, Verträglichkeit und psychische Labilität. Hohe Werte für Fleiß, Gewissenhaftigkeit, Extraversion und Offenheit gegenüber Neuem deuteten auf eine unternehmerische Persönlichkeit hin, während hohe Werte für Verträglichkeit und psychische Labilität Persönlichkeitsmerkmale sind, die dem Unternehmertum entgegenstehen. Das Ergebnis: Die Wahrscheinlichkeit, irgendwann im Leben ein Unternehmen zu führen, war mit 50 Prozent in der Gruppe derer mit entsprechender Persönlichkeit doppelt so hoch gegenüber denen, die nicht über die betreffenden Persönlichkeitsmerkmale verfügten.

Was heißt das nun für Sie? Sollen Sie Ihre Tätigkeit als Angestellter aufgeben und Unternehmer werden, um reich zu werden? Dazu bedarf es nicht nur einer überdurchschnittlichen Risikobereitschaft, sondern es bedarf auch einer Reihe anderer Voraussetzungen, die viele Existenzgründer leider nicht berücksichtigen.

Die Industrie- und Handelskammern haben im Rahmen ihrer Gründerberatungen statistische Erhebungen darüber angestellt, was die hauptsächlichen Defizite der Existenzgründer waren.[75] 54 Prozent der Existenzgründer hatten kaufmännische Defizite, 52 Prozent hatten sich zu wenige Gedanken über die Alleinstellungsmerkmale ihrer Geschäftsidee gemacht. 45 Prozent verfügten nur über unklare Vorstellungen ihrer Kundenzielgruppe. 44 Prozent schätzten die Startinvestitionen zu niedrig ein, und 42 Prozent hatten die Finanzierung generell nicht gründlich durchdacht. Mehr als jeder Dritte war nicht einmal in der Lage, seine Produktidee klar zu beschreiben.

Leider werden junge Menschen an unseren Schulen und Universitäten kaum auf eine Unternehmertätigkeit vorbereitet. Das kritisiert zu Recht der Berliner Professor Günter Faltin. Er lehrt an der Freien Universität Berlin Unternehmensgründung und kritisiert die traditionelle Betriebswirtschaftslehre ebenso wie die Praxis der Beratung von Existenzgründern, bei der sehr einseitig ein bestimmtes betriebswirtschaftliches Wissen im Vordergrund stehe, während die entscheidende Rolle der richtigen konzeptionellen Idee des Gründers nur am Rande gestreift werde.[76]

»Es ist die Qualität der Idee, die den Ausschlag gibt«, betont Faltin immer wieder.[77] Bedingung für den Erfolg als Existenzgründer sei, dass man das Vorhaben so lange durchdenke, bis man auf eine bessere, möglichst sogar sehr viel bessere Lösung stoße als diejenigen, die am Markt bereits vorhanden seien.[78]

Um erfolgreicher Unternehmer zu werden, helfe das traditionelle BWL-Studium nicht viel, so Faltin. Die eine Hälfte der Betriebswirtschaftslehre, so kritisiert er, betreffe so banale Dinge, dass man sie auch ohne sie begreife, und die andere Hälfte sei so aufwendig, dass sie keinen Nutzen stifte. BWL- und MBA-Studiengänge bereiteten die Studenten eher auf die Arbeit in sehr komplexen Großunternehmen vor als auf eine unternehmerische Tätigkeit.

Erfolgsfaktoren für Unternehmer

Wer erfolgreich ein Unternehmen gründen will, muss laut Professor Faltin Folgendes leisten:

1. Er muss klare Marktvorteile herausarbeiten. Es muss sich um erhebliche Marktvorteile handeln, die für den Kunden auch sofort und deutlich erkennbar sein müssen.[79]

2. Er muss sich einen Vorsprung vor Imitatoren sichern.

3. Er muss sich vor wirtschaftlicher oder technischer Veralterung schützen.

4. Er muss den Finanzierungsaufwand minimieren.

5. Das Marketing muss integraler Bestandteil des Designs sein.

Der Unternehmer, so Faltin, sei dem Künstler näher als der Manager. Da die Quote derjenigen, die bei einer Existenzgründung scheitern, nach unterschiedlichen Studien zwischen 30 und 80 Prozent liege[80], gehe es vor allem darum, so viele Risiken wie möglich zu vermeiden.

Faltin rät zur Vorsicht: »Solange Sie Zweifel haben, gründen Sie nicht.«[81] Er wisse, dass dieser Rat im Gegensatz zur gängigen Beratung stehe. »Aber meine jahrzehntelange Erfahrung sagt mir etwas anderes. Zu viele gescheiterte Gründungen. Zu viele unausgereifte Ideen. Zu rasches Eingehen von Verpflichtungen, die sich wirtschaftlich nicht abarbeiten lassen.«[82]

Manche Menschen machen sich selbstständig, weil sie in ihrem Beruf als Angestellter nicht zurechtkommen. Meistens schlägt das fehl. Ich habe einige Menschen beobachtet, die mehrfach als Angestellte die Firmen gewechselt hatten und in keiner Firma so richtig zurechtkamen. Oft waren das jene Menschen, die meinten, immer alles besser zu wissen als das Management der Firma, in der sie tätig waren. Wenn sie sich selbstständig machen, dann merken sie, dass sie immer noch einen Chef haben, jedoch einen, der oft viel gnadenloser ist: den Markt. Und oft fehlen ihnen wichtige Voraussetzungen, vor allem die notwendige Selbstdisziplin, um erfolgreich zu sein.

Deshalb ist es ein guter Weg, zunächst einmal auszuprobieren, ob man auch mit selbstständiger Tätigkeit erfolgreich sein kann. Wenn Sie in Ihrem Beruf erfolgreich sind und eine gute Idee für eine selbstständige Tätigkeit haben, dann fangen Sie doch nebenberuflich damit an. Ich habe das immer getan. Nach meiner Promotion war ich fünf Jahre Wissenschaftlicher Assistent an der Universität. Nebenbei verdiente ich jedoch Geld, indem ich einen Buchverlag beriet und Rundfunkbeiträge und Rezensionen für Zeitungen verfasste.

Später war ich Ressortleiter bei der Tageszeitung *Die Welt*. Ich war dort erfolgreich und verdiente für einen Journalisten auch überdurchschnittlich gut. Dann hatte ich die Idee, ein eigenes Ressort »Immobilien« zu gründen, und mein damaliger Chef (der heute Vorstandsvorsitzender der Axel Springer AG ist) unterstützte dieses Vorhaben. Ich hatte noch weitere Ideen, wie der Springer-Verlag im Immobiliensegment Geld verdienen könnte, zum Beispiel durch Veranstaltungen und Kongresse. Mir gelang es auch, den Verlag zu überzeugen und einen erfolgreichen Kongress zum Thema der Investitionen in ausländische Immobilien durchzuführen.

Nachdem ich diesen Kongress organisiert hatte (der Gewinn blieb beim Verlag), wollte ich gleich den zweiten, dritten, vierten Kongress planen. Doch der Verlag bremste und wollte mit dem nächsten Kongress ein Jahr lang warten. Ich war enttäuscht und fragte, ob man mir erlaube, die Kongresse und Seminare, bei denen es vor allem um das Immobiliensteuerrecht ging, nebenberuflich auf eigene Rechnung durchzuführen. Das war die Geburtsstunde meiner »Berliner Immobilienrunde«, mit der ich seit 1998 über 300 Veranstaltungen durchgeführt habe. Ich hatte also die Sicherheit als Angestellter und nahm zugleich die Chancen als Selbstständiger wahr. Schon bald verdiente ich durch die nebenberufliche Tätigkeit mit der »Berliner Immobilienrunde« so viel wie durch meine Haupttätigkeit.

Dadurch gewann ich das Selbstvertrauen, im Jahr 2000 meine eigene Firma für Positionierungs- und Kommunikationsberatung von Immobilienunternehmen zu gründen. Das war natürlich nicht mehr nebenberuflich möglich, weil es zu Interessenkonflikten mit meiner Tätigkeit als Journalist geführt hätte. Ich wusste, dass ich eine Entscheidung treffen musste. Erleichtert wurde mir das, weil mich der Vorstand einer großen Immobilien-Aktiengesellschaft als Direktor für Strategie und Kommunikation abwerben wollte. Ich sagte, dass das für mich nicht infrage komme, aber erklärte ihm meine Idee für die eigene Firma. Er erklärte spontan, dass er mein erster Kunde werden wolle, und nachdem ich in den kommenden Wochen die Zusagen einiger anderer Unternehmen erhalten hatte, kündigte ich meinen Job als Ressortleiter bei der Zeitung und gründete mein eigenes Unternehmen.

Ein erfolgreicher Immobilienmakler, den ich persönlich kenne, begann mit der Makelei ebenfalls neben seiner Tätigkeit in einem Industriebetrieb. Er arbeitete bis 17 Uhr in seinem Hauptjob und anschließend oft bis Mitternacht als Makler. Dabei ließ er die Tätigkeit in seinem Hauptjob nicht schleifen, sondern machte in dieser Zeit sogar dort Karriere. Ein anderer Bekannter von mir machte sich nebenberuflich mit einem Fitness-Studio selbstständig. Das war in den Anfängen der Fitnessbranche, als es noch möglich war, dass man nur von 17 bis 23 Uhr geöffnet hatte.

Es kann also eine gute Idee sein, erst einmal nebenberuflich »auszuprobieren«, ob man auch das Talent hat, selbstständig tätig zu werden. Damit sinkt das Risiko. Aber Vorsicht! Vernachlässigen Sie niemals Ihren Hauptjob. Ihr Chef wird Ihnen eine Nebentätigkeit nie erlauben oder die Genehmigung widerrufen, wenn er den Eindruck hat, dass Ihr Engagement nachlässt. Im Gegenteil: Sie sollten gerade dann auch in Ihrem Hauptjob »Vollgas« geben!

Und wenn Sie irgendwann das Gefühl haben, dass Sie den letzten Schritt gehen und sich mit allen Konsequenzen selbstständig machen sollten, dann müssen Sie Ihrem Chef einen guten Nachfolger präsentieren, den Sie systematisch aufgebaut haben. Alles andere wäre nicht loyal und verantwortungslos. Als ich bei der Zeitung kündigte, schlug ich meinem Chef meinen damaligen Stellvertreter als Nachfolger vor. Er war damals aus einem anderen Ressort der Zeitung in mein Immobilienressort gewechselt, und ich war sicher, dass er meinen Job gut ausfüllen konnte.

Ich hatte Glück, und meine Idee stellte sich als richtig heraus. Meine Firma entwickelte sich rasch zum Marktführer in der Nische, die wir uns gesucht hatten. Obwohl die Firma von Anfang an gut verdiente, lebte ich in den ersten Jahren bescheiden, wohnte weiter zur Miete und fuhr einen Mittelklassewagen.

Ich machte jedoch auch andere Erfahrungen, die mir zeigten, dass der damalige Erfolg nicht selbstverständlich war. 2010 gründete ich eine Modelagentur, die CAT Model Management AG, die ich in relativ großem Stil aufzog. Ich hatte mehrere langjährig erfahrene Booker und Model-Scouts eingestellt, die früher in verschiedenen Ländern bei renommierten Agenturen wie Ford, Elite oder Megamodels gearbeitet hatten. Wir hatten zwar einige Imageerfolge, so wurden beispielsweise Models, die unsere Agentur entdeckt hatte, in der *Vogue* und anderen Modezeitschriften abgebildet, und sie traten auf Modemessen wie der »Fashion Week« in Berlin auf. Aber als ich merkte, dass ich in absehbarer Zeit nicht aus der Verlustzone herauskommen würde, überlegte ich mir zunächst, eine andere Agentur zu kaufen bzw. mich daran zu beteiligen. Bei der Prüfung der Zahlen dieser – übrigens sehr angesehenen und professionellen – Agentur, deren Inhaber viel mehr von diesem Geschäft verstanden als ich, wurde mir bestätigt, wie schwierig es ist, in dieser Branche Geld zu verdienen. Ich beteiligte mich nicht an der Firma und entschloss mich, die Geschäftstätigkeit der CAT Model Management AG einzustellen.

Zusammenfassend: Wenn Sie reich werden wollen, ist das sicherlich als Selbstständiger sehr viel einfacher als aus einer Manager-Position heraus. Aber Sie sollten die damit verbundenen Risiken nicht unterschätzen. Sinnvoll kann es sein, zunächst einmal nebenberuflich auszuprobieren, ob Sie das Talent zur Selbstständigkeit haben. Lernen Sie von erfolgreichen Firmengründern, aber, wichtiger noch: Lernen Sie von den Erfahrungen der vielen Selbstständigen, die gescheitert sind.

Sie werden für die Realisierung Ihrer Idee immer sehr viel mehr Geld brauchen, als Sie zu Beginn denken. Und wenn Ihr Businessplan nur dann aufgeht, sofern alles so läuft, wie Sie es geplant haben, ist Ihr Scheitern schon programmiert. Auch nachdem Sie eine Firma gegründet haben, werden Sie viel mit unterschiedlichen Ideen experimentieren müssen. Dazu brauchen Sie einen langen Atem und die notwendigen finanziellen Reserven.

Wenn Sie sich auf fremde Geldgeber verlassen, dann sollten Sie deren Ungeduld nicht unterschätzen: Zu oft schon habe ich erlebt, dass Venture-Capital-Finanzierer die Geduld verloren haben, bevor das Unternehmen – vielleicht – eine reelle Chance hatte, sich am Markt zu bewähren. Für die Geldgeber ist Ihre Firma jedoch nur eine von vielen, und sie rechnen realistischerweise damit, dass die meisten Firmenideen, die sie finanzieren, nicht aufgehen. Auch das sollten Sie bedenken, bevor Sie sich selbstständig machen.

Ich will Sie mit diesen Bemerkungen nicht entmutigen. Ich will Sie nur vor dem scheinbar naheliegenden Schluss warnen: »Wenn es als Angestellter schwierig ist, ein wirkliches Vermögen aufzubauen, dann werde ich eben Unternehmer.« Wenn Sie ein sicherheitsorientierter Mensch sind, ist es möglicherweise für Sie richtiger, sich zu 100 Prozent auf die Karriere im Management eines Unternehmens zu konzentrieren, dabei konsequent zu sparen und intelligent zu investieren, um damit ein Vermögen aufzubauen.

Gleichgültig jedoch, ob Sie eine Karriere im Management eines Unternehmens anstreben, ob Sie Freiberufler sind oder Unternehmer: Sie werden in keinem Lebensbereich Erfolg haben und haben nur eine geringe Chance, reich zu werden, wenn Sie nicht lernen, zu verkaufen. Weil diese Fähigkeit wichtiger ist als alle anderen, widme ich ihr ein eigenes Kapitel.

Kapitel 4

Wer reich werden will, muss verkaufen lernen

Nach meiner Zeit als Dozent an der Universität war ich Cheflektor in einem großen deutschen Buchverlag, dem Ullstein-Propyläen-Verlag. Die Verlagsbranche ist nicht dafür bekannt, dass sie Spitzengehälter zahlt, um es vorsichtig zu formulieren. Das war auch in unserem Verlag nicht anders. Aber ich sah, dass einer mehr verdiente als alle anderen – mehr als der Verlagsleiter und mehr als die besten Lektoren, nämlich unser bester Vertriebsmann. Dessen Aufgabe war es, die Bücher in den Buchhandlungen und Kaufhäusern zu platzieren.

Gehaltstabellen zeigen Ihnen, dass unter den leitenden Angestellten meistens die Vertriebschefs ganz oben stehen. Sie stehen häufiger als alle anderen an erster Stelle in den Vergütungslisten, vor dem Kaufmännischen Leiter, vor dem Technischen Leiter, vor dem Leiter der Finanzabteilung, vor dem Personalchef und vor dem Leiter für Forschung und Entwicklung.[83] In den meisten Branchen und Firmen wird im Vertrieb am besten verdient.

Selbst bei großen Banken verdienen die Investmentbanker im Bereich Mergers & Acquisitions (M & A) oftmals mehr als die Vorstände. Nur dass man die hohen Gehälter der Bankvorstände börsennotierter Unternehmen in der Zeitung lesen kann, die Vergütungshöhe einzelner Investmentbanker jedoch in der Regel nicht. Auch Investmentbanker im Bereich M & A sind Verkäufer, denn sie arbeiten an der Übernahme bzw. dem Verkauf von Unternehmen. Ein Großteil ihrer Vergütung richtet sich nach dem Preis des verkauften Unternehmens.

Auch als Unternehmer ist die Eigenschaft, gut verkaufen zu können, entscheidend. Der bekannte amerikanische Immobilienunternehmer Donald J. Trump und der Erfolgsautor Robert T. Kiyosaki haben gemeinsam ein Buch zu dem Thema geschrieben, warum manche Unternehmer reich werden und andere nicht. Ihre zentrale These: »Die wichtigste Eigenschaft eines Unternehmers ist die Fähigkeit zu verkaufen.«[84] Ein Unternehmer, der nicht gut verkaufen könne, werde niemals reich. Es sei denn, er finde einen Partner, der über diese Fähigkeit verfüge. »Wenn Ihnen Vertrieb nicht liegt, müssen Sie dafür einen geeigneten Partner finden.«[85]

Freiberufler, also Ärzte, Steuerberater und Rechtsanwälte, haben früher oft nicht so gut verstanden, dass auch für ihren wirtschaftlichen Erfolg verkäuferische Fähigkeiten entscheidend sind. Natürlich ist Fachwissen die Voraussetzung. Aber Patienten und Mandanten können Fachwissen nur bis zu einem gewissen Grade beurteilen. Wenn Sie sich nicht als Experte in Ihrer Zielgruppe positionieren und Ihre Mandanten nicht auf Sie aufmerksam werden, dann hilft Ihnen auch ein überdurchschnittliches Fachwissen nicht zu einem überdurchschnittlichen Verdienst. Denn die Patienten und Mandanten werden dann bei Ihren Wettbewerbern landen, die bei gleich guter fachlicher Qualifikation zusätzlich über vertriebliche Fähigkeiten verfügen.

Auch im Showbusiness sind Fähigkeiten wie Markenbildung und Positionierung entscheidend für den Erfolg. Die am besten verdienenden Popstars sind nicht diejenigen, die die beste Stimme haben, sondern diejenigen, die zugleich auch Künstler in Sachen Selbstvermarktung sind. Selbst bei den Topverdienern unter den Sportstars trifft das bis zu einem gewissen Grade zu: Natürlich ist eine überragende sportliche Fähigkeit die Voraussetzung, aber die am höchsten dotierten Werbeverträge erhält nur derjenige, der es auch versteht, sich gut »zu verkaufen« und zu einer Marke zu machen, die für mehr steht als nur für die sportliche Leistung.

Arnold Schwarzenegger, der im Sport, im Filmbusiness und in der Politik erfolgreich war und zeitweise zu den am besten bezahlten Hollywood-Stars gehörte, schreibt in seiner Autobiografie: »Egal, was du tust, du musst es auch gut verkaufen ... Menschen können große Dichter, große Schriftsteller, geniale Wissenschaftler sein. Man kann die beste Arbeit abliefern, doch wenn die Leute nichts davon erfahren, ist alles umsonst!«[86]

Warum Verkäufer am meisten verdienen

Warum wird in so vielen Berufen im Vertrieb am meisten verdient? Wie stets im Wirtschaftsleben ist auch hier der Verdienst ein Ergebnis von Angebot und Nachfrage. Die meisten Menschen mögen den Verkauf nicht. Sie sagen, Vertrieb und Verkauf »liege ihnen nicht« oder sie hätten dafür »kein Talent«. Gute Verkäufer sind selten, deshalb verdienen sie mehr als andere. Denn der Verkauf erfordert Fähigkeiten und eine Persönlichkeitsstruktur, die in dieser Kombination nicht so häufig anzutreffen sind.

Ein guter Verkäufer muss:

- ein Sympathieträger sein. Ohne eine gewinnende, sympathische Ausstrahlung, die andere Menschen für Sie einnimmt, werden Sie kein guter Verkäufer.
- ein hervorragender Netzwerker sein. Er muss offen sein, überall neue Menschen kennenzulernen, und sein Netzwerk ständig erweitern.
- über hohe Frustrationstoleranz verfügen. Die entscheidende Fähigkeit des Verkäufers ist es, bei einem »Nein« nicht aufzugeben. Für den guten Verkäufer fängt das Verkaufsgespräch bei einem »Nein« erst an. Der gute Verkäufer weiß, dass er viel mehr »Neins« als Zusagen bekommt, bevor er einen Verkauf besiegeln kann.
- über ein hohes Maß an Empathie verfügen, sich in andere Menschen hineinfühlen und sehr gut zuhören können – und zugleich in der Lage sein, das Verkaufsgespräch tatsächlich bis zum Abschluss zu bringen, also die Unterschrift des Kunden zu bekommen.

- über ein hohes Selbstbewusstsein verfügen. Denn ohne dieses Selbstbewusstsein wird er die notwendige Frustrationstoleranz nicht aufbringen können.

- über ein angemessenes Fachwissen verfügen. Je teurer die Produkte sind, die er verkauft, desto wichtiger wird auch diese Eigenschaft. Niemand kann große Gewerbeimmobilien im Wert von Hunderten von Millionen Euro oder milliardenschwere Unternehmen verkaufen, der nicht über ein umfassendes Fachwissen verfügt.

Je mehr dieser Eigenschaften ein Verkäufer in hoher Ausprägung hat, desto besser werden seine Verkaufsergebnisse sein und umso mehr wird er verdienen.

In keinem anderen Berufsfeld bewahrheitet sich die Regel, dass Angebot und Nachfrage auch den Verdienst bestimmen, so deutlich und so unmittelbar wie im Vertrieb. Denn bei Spitzenverkäufern wird der größte Teil der Vergütung nicht als Festgehalt gezahlt, sondern als variable Vergütung bzw. direkt als Provision, die sich am Umsatz misst. Das gilt für den Immobilienverkäufer ebenso wie für den Investmentbanker, für den Finanzvermittler ebenso wie für einen Pharmareferenten.

Auch deshalb kann man im Vertrieb so gut verdienen: Es ist nicht nur ein »Schmerzensgeld« für die vielen »Neins«, die ein Verkäufer aushalten muss, sondern auch eine Entschädigung für die geringere »Sicherheit«. Der Vertriebler kann sich nicht auf den Erfolgen der Vergangenheit ausruhen, wie es vielleicht ein anderer leitender Angestellter in einem Betrieb eine Zeit lang tun kann. Für den Verkäufer wird die Uhr am Anfang des Monats stets wieder auf null gestellt, und er fängt wieder von vorn an. Verkaufserfolge von gestern interessieren dann nicht mehr, sondern die Leistung, die heute erbracht wird. Sicherheitsorientierte Menschen sehnen sich nach einem Job im öffentlichen Dienst. Chancenorientierte Menschen gehen in den Vertrieb. Ihnen ist die Aussicht auf einen hohen Verdienst wichtiger als die Sicherheit eines unkündbaren Jobs oder einer regelmäßigen Einnahme.

Anders formuliert: Die Sicherheit des Top-Verkäufers beruht auf seinem Selbstbewusstsein und nicht auf gesetzlichen Regelungen zum Kündigungsschutz. Er kennt seine Fähigkeiten und vertraut darauf, dass er auch im folgenden Monat wieder genügend Abschlüsse machen wird, um hervorragend zu verdienen. Und er weiß, dass gute Verkäufer immer und zu jeder Zeit gebraucht werden – auch und gerade in Zeiten der Rezession, wo es umso wichtiger für die Betriebe ist, in einem schwierigen konjunkturellen Umfeld dennoch Aufträge an Land zu ziehen.

Nirgendwo sonst haben auch Personen, die nicht studiert haben, eine so gute Chance, so viel zu verdienen wie im Vertrieb. Denn formale Bildungsvoraussetzungen, etwa gute Noten bei einem Universitätsstudium, spielen im Verkauf keine Rolle. Deshalb ist der Vertrieb ein Bereich, in dem sozialer Aufstieg leichter möglich ist als in Berufen, für die ein guter akademischer Abschluss Voraussetzung ist.

Auch wenn Sie nicht im engeren Sinne Verkäufer sind, müssen Sie lernen, zu verkaufen. Dies gilt auch für Angestellte. Nur selten wird es Ihnen gelingen, allein durch eine gute Leistung Karriere zu machen, wenn es Ihnen nicht auch gelingt, Ihre Leistung – und sich selbst – im Unternehmen zu verkaufen. Viele Menschen sagen: »Das liegt mir nicht.« Dann müssen Sie entweder akzeptieren, dass andere an Ihnen vorbeiziehen und die Karriere machen, von der Sie eigentlich geträumt haben – oder Sie müssen lernen, sich selbst und Ihre Leistung zu verkaufen. Sie müssen aus sich selbst eine Marke machen, »die Marke Ich«.

Nehmen wir das Beispiel eines Arztes. Er wird in der Regel umso mehr verdienen, je besser er sich als Spezialist in einer Nische etabliert. Das gelingt ihm durch Veröffentlichungen, durch Vorträge und natürlich auch über das Internet. Ich möchte das am Beispiel eines Plastischen Chirurgen verdeutlichen: In diesem boomenden Segment hat niemand Erfolg, dem es nicht gelingt, sich richtig zu positionieren. Dabei spielt das Internet heute die entscheidende Rolle. Nur derjenige, der durch gezielte Suchmaschinenoptimierung (SEO), durch das Optimieren seiner Website auf ganz bestimme »Keywords«, seine potenziellen Kunden/Patienten auf sich aufmerksam macht, wird auch wirtschaftlich erfolgreich sein.

Wer dagegen der Illusion erliegt, der fachlich Bessere setze sich ganz automatisch im Wettbewerb durch, ohne jede verkäuferische Anstrengung, wird erleben, wie andere an ihm vorüberziehen – im schlimmsten Fall sogar Kollegen, die über eine geringere fachliche Qualifikation verfügen.

Ich empfehle daher auch Menschen, die nicht direkt im Vertrieb tätig sind, Vertriebsseminare zu besuchen, Bücher über den Verkauf zu lesen und sich mit Marketing-Themen auseinanderzusetzen. Es gibt gute Bücher, etwa über *Die Kunst der Selbstvermarktung*, die auch denjenigen Menschen helfen, die bislang von sich gesagt haben, sie könnten »sich nicht so gut verkaufen«. Die amerikanische Marketing-Expertin Catherine Kaputa betont: »Obwohl wir gelernt haben, dass Talent sich durchsetzt, ist es in Wahrheit die Sichtbarkeit, die letztlich siegt. Talent und Fähigkeit sind wichtig, aber nur Sichtbarkeit kann den Unterschied erklären zwischen einer Person, die gefragt ist und gut verdient, und einer anderen ebenso qualifizierten Person, die gerade mal so über die Runden kommt.«[87]

Warum haben viele Menschen Vorbehalte dagegen, sich selbst »gut zu verkaufen«? Ich denke, es gibt zwei Gründe. Der erste Grund ist mangelndes Selbstbewusstsein und Selbstvertrauen. Der zweite Grund ist, dass sie die Fähigkeit, »sich gut zu verkaufen«, unbewusst damit verbinden, dass jemand mehr vorgibt zu sein oder zu können, als er in Wahrheit ist und kann. Das ist jedoch nicht damit gemeint. Nicht falsche Bescheidenheit, sondern Ehrlichkeit ist, auch wenn Sie das vielleicht überraschen mag, eine der wichtigsten Voraussetzungen, um Erfolg im Geschäftsleben zu haben. Warum das so ist, darum geht es im folgenden Kapitel.

Kapitel 5

Ehrlich währt am längsten

Fragt man die Deutschen, was die Gründe sind, warum Menschen reich werden, dann antworten 52 Prozent, »Unehrlichkeit« sei aus ihrer Sicht die Ursache des Reichtums.[88] Das ist jedoch in vielen Fällen nur eine sozialpsychologisch verständliche Entlastungsreaktion für Menschen, die nicht reich geworden sind. Sie haben damit eine simple Erklärung parat: »Ich bin ehrlich, also konnte ich nicht reich werden.«

Wegen dem verbreiteten Urteil, Reiche seien unehrlich, erhielt im Februar 2012 eine Studie amerikanischer Forscher hohe Publizität. »Reichtum fördert Unmoral« lautete beispielsweise die plakative Überschrift im *Spiegel*[89]. Die Forscher fanden heraus, dass sozial Höhergestellte in einer hypothetischen Situation eher Klopapier aus dem Büro mitnehmen oder illegal Software kopieren würden. Zudem verhielten sich Menschen mit teureren Autos im Straßenverkehr öfter unfair als Verkehrsteilnehmer mit billigeren Autos.[90]

Sind reiche Menschen jedoch wirklich unmoralischer als andere? Tendieren sie eher dazu, sich unethisch zu verhalten oder gegen Gesetze zu verstoßen? Dagegen spricht die Tatsache, dass die Kriminalität, insbesondere Gewaltdelikte wie Mord, Totschlag oder schwere Körperverletzung, in unteren sozialen Schichten weiter verbreitet ist als in der Oberschicht und der Anteil der Mehrfach- und Intensivtäter in der Unterschicht höher ist.

Manche Wissenschaftler versuchen allerdings, diese Tatsache durch den Hinweis zu relativieren, dass Kriminalität schichtenspezifisch unterschiedlich ist. So analysierte Guido Mehlkop in seiner 2004 erschienenen sozialwissenschaftlichen Studie über »Kriminalität als rationale Wahlhandlung«, dass Angehörige der Ober- und der Unterschicht eher dort unehrlich sind, wo es sich jeweils für sie »lohnt«. Seine Untersuchung zeigte[91], dass beim Delikt Steuerhinterziehung die oberen sozialen Schichten eher bereit seien, diese Straftat zu begehen. Das sei dadurch zu erklären, dass sich die oberen und mittleren Schichten hierdurch einen größeren Vorteil erhofften. Das ist auch logisch: Wer keine oder kaum Steuern bezahlt, wie die meisten Angehörigen der Unterschicht, der kann nun einmal auch keine Steuern hinterziehen.

Dem Delikt Steuerhinterziehung setzte der Wissenschaftler in seiner Untersuchung den Ladendiebstahl gegenüber. Hier waren die unteren Schichten im Vergleich zur Oberschicht überrepräsentiert. Mehlkops These: Für die Oberschicht lohne sich Ladendiebstahl einfach weniger als für die Unterschicht, deshalb werde dieses Delikt weniger von Angehörigen der Oberschicht begangen.

Unbestritten ist, dass es Menschen gibt, die durch Kriminalität zu Reichtum kommen. Aus meiner Sicht ist jede Form von Reichtum verwerflich, die dadurch zustande kommt, dass anderen Menschen Schaden zugefügt wird. Wenn in diesem Buch davon die Rede ist, wie man reich werden und bleiben kann, dann ist die Möglichkeit, dies auf Kosten anderer zu tun oder indem man Gesetze bricht, von vornherein ausgeschlossen.

Das ist nicht nur Ergebnis einer ethischen Grundentscheidung, sondern es ist darüber hinaus auch rational, wenn man Chancen und Risiken abwägt. Nehmen wir beispielsweise den Bereich der Wirtschaftskriminalität. Wirtschaftskriminelle haben 2013 laut Zahlen des Bundeskriminalamtes in Deutschland einen Schaden von 3,82 Milliarden Euro angerichtet. Die Zahl der Straftaten lag bei 71.700, wobei jedoch eine hohe Dunkelziffer angenommen wird.[92] Dennoch sollte das Risiko, erwischt zu werden, nicht unterschätzt werden. Bei der Wirtschaftskriminalität lag die Aufklärungsquote 2013 bei 92 Prozent und damit sogar fast 40 Prozentpunkte über allen anderen Straftaten.[93]

Ehrlichkeit ist nicht nur eine moralische Tugend, sondern sie zahlt sich insbesondere im Geschäftsleben im Durchschnitt sehr viel mehr aus als

Unehrlichkeit. Der amerikanische Wissenschaftler Thomas J. Stanley befragte 733 Millionäre. Sie sollten angeben, was aus ihrer Sicht die wichtigsten Erfolgsfaktoren gewesen seien, die ihren Reichtum begründeten. Von 30 Gründen, die die Millionäre nannten, rangierte Ehrlichkeit an oberster Stelle: »Being honest with all people« wurde von 57 Prozent der Befragten als sehr wichtiger und von weiteren 33 Prozent der Befragten als wichtiger Erfolgsfaktor angesehen.[94]

Man mag einwenden, eine solche Befragung sage nicht viel aus, denn es sei ja logisch, dass die Millionäre lieber ehrenwerte und positive Charaktereigenschaften als Begründung für ihren finanziellen Erfolg anführten – und nicht etwa negative Eigenschaften. Dieser Einwand ist nicht unberechtigt, aber bedenken sollten Sie, dass beispielsweise nur 20 Prozent der Befragten einen überlegenen Intellekt bzw. eine überdurchschnittliche Intelligenz als »sehr wichtigen« Faktor für ihren Erfolg nannten. Intelligenz lag also nur auf Rang 21 von 30, Ehrlichkeit dagegen auf Rang 1 von 30. Und nur 14 Prozent der Millionäre führten Bescheidenheit im Lebenswandel (»Living below my means«) als »wichtigen Grund« für ihren finanziellen Erfolg an. Damit lag diese Eigenschaft nur auf Rang 24 von 30. Wäre es den Millionären nur darum gegangen, sich in der – übrigens anonymen – Befragung mit positiv bewerteten Eigenschaften zu brüsten, dann hätten sie ebenso Bescheidenheit oder überlegene Intelligenz statt die Ehrlichkeit als wichtigsten Erfolgsfaktor anführen können.

»Meinen Erfolg verdanke ich dem Vertrauen«

Warum ist Ehrlichkeit eine wichtige Voraussetzung, um reich zu werden? Der Grund ist die entscheidende Bedeutung, die der Faktor »Vertrauen« für Geschäftsbeziehungen hat. Eine Studie von Ernst & Young beschäftigte sich mit dem Vertrauen in Geschäftsbeziehungen am Beispiel mittelständischer Unternehmen in der Schweiz. Die Studie wies nach, dass Vertrauen in den Geschäftsbeziehungen die tragende Rolle spielte. Vertrauen ist, so das Ergebnis dieser Studie, vor allem eine Frage von persönlichen Eigenschaften und Fähigkeiten. Entscheidend war dabei natürlich, ob Werte wie Ehrlichkeit und Loyalität nur postuliert oder auch praktisch gelebt wurden.

Weder die Größe eines Unternehmens, mit dem man zusammenarbeite, noch die Dauer der Zusammenarbeit seien entscheidend dafür, ob sich Vertrauen aufbaue, so ein Ergebnis der Studie. »Es ist also zweitrangig, wie lange man schon mit einem Unternehmen zusammenarbeitet, sofern der Kontakt schon länger besteht. Unter diesen Vorzeichen erstaunt es kaum, dass mit dem Stellenwechsel wichtiger Entscheidungsträger häufig auch ein Teil des Kundenstamms verloren geht.«[95]

Die Untersuchung von Ernst & Young belegte, dass sich »vertrauensbasierte Partnerschaften« in der Erfolgsrechnung niederschlagen. Sie seien also als »strategischer Wettbewerbsvorteil« zu verstehen. »Wer seinem Geschäftspartner vertraut, agiert schneller und kostengünstiger und gibt Raum für Kreativität und Innovation.«[96]

Von John D. Rockefeller, einst der reichste Mann der Welt, stammt der Ausspruch: »Meinen Erfolg im Leben verdanke ich vor allem meinem Vertrauen in Menschen und meiner Fähigkeit, in anderen Vertrauen zu mir zu wecken.«[97] Warum messen Reiche dem »Vertrauen« eine so entscheidende Bedeutung bei? Und wie entsteht Vertrauen?

Ob ein Mensch einem anderen vertraut – im Geschäftsleben oder im Privatleben –, hängt von drei Dingen ab:

1. Von den Erfahrungen, die er mit diesem Menschen gemacht hat. Hat der Geschäftspartner in der Vergangenheit sein Wort gehalten und war er ehrlich oder nicht?

2. Von dem Ruf, den dieser Mensch genießt. Gilt der Geschäftspartner in der Branche als ehrlich und zuverlässig oder nicht? Welche Erfahrungen haben andere Geschäftspartner mit ihm gesammelt?

3. Von der Intuition: Wir alle entscheiden – neben den beiden zuerst genannten Gründen – vor allem auf Basis unserer Intuition, ob wir einem anderen Menschen unser Vertrauen schenken oder nicht.

Wer sich unehrlich verhält, riskiert damit, dass ihm das Vertrauen – die wesentliche Basis für den geschäftlichen Erfolg – entzogen wird. Wer unehrlich ist und andere betrügt, kann damit natürlich vorübergehenden Erfolg haben. Aber er muss damit rechnen, dass sich dies unter seinen Geschäftspartnern herumspricht. Und jeder weiß, dass Vertrauen, das in Jahren oder Jahrzehnten aufgebaut wurde, innerhalb weniger Tage oder gar Stunden zerstört werden kann.

Die wenigsten Menschen sind zudem so perfekte Schauspieler, dass sie dauerhaft unehrlich sein können und doch von anderen Vertrauen geschenkt bekommen. Natürlich gibt es solche Menschen – vom Heiratsschwindler bis zum Kapitalanlagebetrüger –, die unehrlich sind, ohne dass ihre Opfer es merken. Das sind jedoch glücklicherweise Ausnahmen. Die meisten Menschen sind keine perfekten Schauspieler, und der einfachste Weg, das Vertrauen anderer Menschen zu erhalten, ist es, sich vertrauenswürdig, also ehrlich, zu verhalten.

Warum glauben dennoch viele Menschen, Reiche seien durch Unehrlichkeit reich geworden? Sie gehen davon aus, dass Geschäftsbeziehungen ein »Nullsummenspiel« seien, bei dem der Vorteil des einen der Nachteil des anderen sei. Das ist jedoch meist nicht der Fall. Dauerhafte Geschäftsbeziehungen beruhen auf einer »Win-win«-Situation, von der beide Seiten profitieren.

Jeder Mensch hat schon einmal die Erfahrung gemacht, dass er im Geschäftsleben von unehrlichen Menschen enttäuscht oder gar betrogen wurde. Kluge Geschäftsleute denken daher so wie Warren Buffett, von dem der Grundsatz stammt: »Mit schlechten Leuten macht man keine guten Geschäfte.«[98] Die Schwiegertochter von Buffett und David Clark haben diese Lehre als einen der wichtigsten Grundsätze in ihrem Buch *Das Tao des Warren Buffett* herausgestellt: »Wenn Sie sich auch nur ansatzweise die Frage stellen: ›Kann ich diesem Menschen vertrauen?‹, verlassen Sie lieber gleich den Verhandlungstisch und wenden Sie sich ehrlicheren Leuten zu, um mit ihnen Geschäfte zu machen. Wenn Sie Zweifel hegen, ob Ihr Fallschirm aufgeht, dann springen Sie nicht aus dem Flugzeug, und wenn Sie sich der Integrität Ihres Geschäftspartners nicht sicher sind, dann handeln Sie lieber nicht mit ihm.«[99]

Ehrlichkeit ist das Wichtigste in Buffetts Managementtheorie. Als er ein Möbelgeschäft von der Besitzerin kaufte, die es gegründet und groß gemacht hatte, überraschte er sie, weil er keine externe Buchprüfung verlangte. Seine Schwiegertochter berichtet: »Er fragte sie nur, was die Firma wert sei, sie sagte es ihm und am nächsten Tag überreichte er ihr einen Scheck über 40 Millionen Dollar.«[100] Als sie ihn später einmal fragte, warum er so gehandelt habe, antwortete Buffett, er vertraue ihr mehr als seinen eigenen Buchhaltern.

Menschen, die unehrlich sind, handeln nicht nur unethisch, sondern meist auch irrational, weil sie hohe Risiken für oft nur minimale Vorteile eingehen. Ein Beispiel: Viele leitende Manager, die ansonsten eine tolle Karriere gemacht hätten, sind daran gescheitert, dass sie bei der Spesenabrechnung bzw. bei den Reisekosten unehrlich waren. Lohnt es sich, wegen einiger Hundert Euro die Karriere in einem Unternehmen aufs Spiel zu setzen? In welchem Verhältnis steht der »Nutzen« (also einige Hundert Euro) zu dem möglichen Schaden, also dem Verlust des Jobs? Warum sollte man seinem bittersten Konkurrenten in der Firma eine Vorlage geben, damit er einem ein Bein stellen kann? Warum soll man seine Karriere vom Wohl einer Assistentin abhängig machen, die natürlich die Schummelei bei den Reisekosten und der Spesenabrechnung mitbekommt? Dieses Beispiel zeigt, dass unehrliches Verhalten nicht nur stets unethisch, sondern oft auch irrational ist.

Warren Buffett war stets der Meinung, die wichtigste Eigenschaft, bei der man keinerlei Kompromisse dulden könne, sei Ehrlichkeit. »Wenn Sie jemanden einstellen wollen, achten Sie auf drei Eigenschaften: Ehrlichkeit, Intelligenz und Tatkraft. Die wichtigste der drei ist die Ehrlichkeit. Wenn die nämlich fehlt, bringen die beiden anderen, Intelligenz und Tatkraft, Sie um«, so Buffett.[101] Was auch immer in einem Unternehmen getan werde, so sagte er einmal, müsse den »Titelseiten-Test« bestehen. Was er damit meinte? »Ich möchte, dass die Mitarbeiter sich fragen, ob es ihnen recht wäre, würden ihre Handlungen am nächsten Tag auf der Titelseite ihrer Lokalzeitung diskutiert, sodass ihre Ehepartner, ihre Kinder und ihre Freunde lesen können, was ein sachkundiger, kritischer Journalist über das fragliche Vorgehen denkt.«[102]

Es geht für Buffett nicht nur darum, ob eine Handlung legal ist, sondern auch, ob sie ganz generell ethischen Maßstäben gerecht wird. Wenn

Ihnen also jemand einredet, um reich zu werden, müssten Sie unehrlich sein und andere über den Tisch ziehen, so sollten Sie das nicht glauben. Unehrlichkeit im Geschäftsleben ist vor allem auch ein untrügliches Zeichen von mangelndem Selbstvertrauen, denn derjenige, der unehrlich ist oder gar kriminell wird, um reich zu werden, traut es sich ganz offenbar nicht zu, auf ehrliche Weise dieses Ziel zu erreichen. Denn warum sonst sollte er dieses Risiko eingehen? »In der Mitte des Spielfelds ist jede Menge Geld zu verdienen. Es gibt keinen Grund, an seinem Rand zu spielen«, so Buffett.[103]

Kapitel 6

Sparsame Millionäre

»Die Geissens sind der Schrecken aller Millionäre«, so titelte *Die Welt* am 10. September 2012. Robert und Carmen Geiss, angeblich 70 Millionen Euro schwer, waren die Stars der erfolgreichsten Doku-Soap des Senders RTL II über das »Luxusleben der Superreichen«. *Die Welt* beschreibt die Sendung so: »Und so wird vor den entsprechenden Kulissen in allen Einkaufszentren ausgiebig geshoppt, in St. Tropez geschlemmt (›Isch ess kein Fisch, nur Hummer‹), in Dubai dicke Karossen (fast) gekauft und in Kitzbühel künstlicher Schnee in den Garten gesprüht ... Die Welt der Familie Geiss ist speziell exklusiv: Alles ist immer ein wenig zu groß, zu Bling-Bling, zu viel Glitzer.« In ihrer Jet-Set-Welt reicht es natürlich nicht, einen teuren Wagen zu fahren. »Drei sind das Mindestmaß. Da müssen dann natürlich extra teure Felgen drauf und ein Wagen wird mit matter Folie beklebt.«

Kennen Sie auch diese Sendungen bei n-tv, SAT 1 oder RTL, in denen die Welt der Superreichen gezeigt wird? Deren Welt besteht nur aus teuerstem Kaviar, Shoppen, Garagen mit mindestens zehn Luxusautos, superteuren Yachten. Stolz öffnet der Eigentümer die Tür seiner Luxusvilla und lässt die normal verdienenden Fernsehzuschauer einen Moment an seinem Luxus teilhaben.

Ich kenne eine ganze Reihe von Millionären, einige davon besitzen sogar mehrere Hundert Millionen Euro. Aber ich persönlich habe noch keinen kennengelernt, der auch nur im Entferntesten an die Familie Geiss oder an die Millionäre in den »Deluxe«-Fernsehsendungen erinnern würde. Zufällig habe ich im Flugzeug einmal eine Fernsehjournalistin kennengelernt, die für eine dieser Sendungen tätig war. Sie berichtete mir, wie extrem schwierig es sei, Millionäre zu finden, die bereit seien, bei ihrer Sendung mitzuwirken. Das ist kein Wunder: Es ist eine extrem kleine Minderheit von Millionären, die Freude an dieser Selbstinszenierung hat. *Die Welt* hat natürlich vollkommen Recht, wenn sie schreibt, die Geissens seien »der Schrecken aller Millionäre«.

Mitte der 90er-Jahre überraschten die amerikanischen Wissenschaftler Thomas J. Stanley und William D. Danko die Amerikaner mit ihrem Buch *The Millionaire Next Door*, das rasch ein Bestseller wurde. Sie hatten 1000 Amerikaner mit einem Durchschnittsvermögen von 3,7 Millionen Dollar interviewt und ihnen 249 Fragen gestellt.

Die meisten von ihnen antworteten dreimal »Ja« auf folgende Fragen: »Waren Ihre Eltern sparsam? Sind Sie selbst sparsam? Ist Ihr Ehepartner sparsamer als Sie selbst?«[104] Die beiden Wissenschaftler befragten die Millionäre zu ihrem Konsumverhalten. Die erstaunlichen Ergebnisse:

- 50 Prozent der Millionäre haben nie mehr als 399 Dollar für einen Anzug ausgegeben und 75 Prozent nie mehr als 599 Dollar.
- 50 Prozent der Millionäre haben nie mehr als 140 Dollar für ein Paar Schuhe ausgegeben und 75 Prozent nie mehr als 199 Dollar.
- 50 Prozent der Millionäre haben nie mehr als 235 Dollar für eine Armbanduhr ausgegeben und 75 Prozent nie mehr als 1125 Dollar.[105]
- 50 Prozent der Millionäre haben niemals in ihrem Leben mehr als 29.000 Dollar für ein Auto ausgegeben und 95 Prozent nie mehr als 69.000 Dollar.[106]

Rechnet man die 14 Prozent der Millionäre heraus, die durch eine Erbschaft reich geworden waren (und die durchschnittlich 36.000 Dollar für ein Auto ausgaben), dann gaben die Millionäre im Durchschnitt nur 27.000 Dollar für ihren Wagen aus. Der Durchschnittsamerikaner zahlte damals 78 Prozent des Betrages, den die Millionäre ausgaben.[107] Übrigens kauften nur 24 Prozent einen Neuwagen, und nur 20 Prozent hatten ihr Auto geleast.[108]

In einer viele Jahre später durchgeführten Untersuchung fand Stanley heraus, dass in den vergangenen zehn Jahren über 99 Prozent der befragten Millionäre keines der folgenden Autos gekauft oder geleast hatten: Aston Martin, Lamborghini, Lotus, Ferrari, Rolls-Royce, Bentley. 79 Prozent hatten keinen BMW gekauft oder geleast, ebenfalls 79 Prozent keinen Lexus und 75 Prozent keinen Mercedes.[109] Der am meisten gefahrene Wagen der amerikanischen Millionäre war kein Luxuswagen, sondern ein ganz normaler Ford.[110]

26 Dollar für eine Flasche Wein

In der gleichen Studie wurden die Millionäre danach gefragt, wie viel sie für Wein ausgeben, wenn sie Freunde oder Nachbarn nach Hause einladen. 90 Prozent zahlten nicht mehr als 26 Dollar für eine Flasche Wein. Wenn sie für sich allein Wein kauften, war er sogar noch deutlich günstiger.[111] Und in dem Restaurant, das sie üblicherweise besuchten, gaben 95 Prozent nicht mehr als 40 Dollar für ein Essen aus.[112]

Die Forscher fanden heraus, dass Sparsamkeit und nicht etwa ein hoher Verdienst der entscheidende Grund für den Reichtum der meisten Millionäre ist. Sie bildeten zwei Gruppen unter den sehr gut verdienenden Menschen, die aber ein völlig entgegengesetztes Konsumverhalten haben: die PAW (Prodigious Accumulator of Wealth) sowie die UAW (Under Accumulator of Wealth).

Beide Gruppen haben ein vergleichbar hohes Jahreseinkommen von 730.000 bzw. 715.000 Dollar. Aber während das Vermögen der sparsamen Gruppe der PAWs bei 7,5 Millionen Dollar liegt, beträgt es bei den konsumorientierten UAWs nur 400.000 Dollar.[113] »UAWs leben oft über ihre Verhältnisse; sie legen großen Wert auf Konsum. Sie neigen dazu, viele der grundsätzlichen Schlüsselfaktoren bei der Vermögensbildung zu unterschätzen«, so das Ergebnis der Untersuchung.[114]

Die Sparsamen (PAWs) gaben im Durchschnitt jährlich 8.700 Dollar für Kleidung aus, die Konsumfreudigen (UAWs) 30.000 Dollar. Das Auto ließen sich die einen 12.000 Dollar im Jahr kosten, die anderen 72.000 Dollar, und das Immobiliendarlehen schlug hier mit 14.600 Dollar und dort mit 107.000 Dollar zu Buche.[115]

Gehören Sie eher zu den Menschen, die ein hohes Einkommen beziehen, jedoch zu viel konsumieren und zu wenig sparen? In seinem Buch *Stop Acting Rich*, das 2009 erschien, nennt Stanley diese Gruppe die »income statement affluent«. Im Gegensatz dazu stehen die »balance sheet affluent«, die effektiv ein Vermögen aufbauen.[116] Als Faustformel, die zeigt, welcher Gruppe man angehört, nennt Stanley: 10 Prozent des Lebensalters x dem Jahreseinkommen = das erwartete Nettovermögen. Eine Person, die 58 Jahre alt ist und 100.000 Euro im Jahr verdient, sollte demnach über ein Nettovermögen von 580.000 Euro verfügen.[117]

Das Interessante ist: Die Gruppe der »balance sheet affluent«, die die 25 Prozent mit dem höchsten Vermögen widerspiegelt, übertrifft den erwarteten Vermögenswert um das 2,49-Fache. Die Person in dem oben angeführten Beispiel hätte also mit 58 Jahren ein Nettovermögen von 1,44 Millionen Euro aufgebaut. Die »income statement affluent«, die das untere Viertel der Nettovermögen in dieser Gruppe widerspiegeln, haben dagegen im Median nur 66,5 Prozent des erwarteten Vermögenswertes – in unserem Beispiel also nur 379.900 Euro.

Beide Gruppen erklärten, ihr Ziel sei es, »reich zu werden«. Aber beide Gruppen verstehen darunter etwas ganz anderes: Ziel der »income statement affluent« ist es, ein möglichst hohes Konsumniveau zu erreichen. Ziel der »balance sheet affluent« ist die finanzielle Unabhängigkeit.[118]

In manchen Berufsgruppen ist der Anteil der konsumorientierten Personen sehr viel höher, in anderen Gruppen ist derjenige Teil größer, der ein hohes Vermögen aufbaut. So kamen 2006 in den USA auf 383 Spitzenverdiener bei den Ärzten und auf 275 Spitzenverdiener bei den Anwälten nur 100 Vermögensmillionäre, aber auf 53 Spitzenverdiener bei den Farmern kamen ebenfalls 100 Vermögensmillionäre.[119] Das scheint erstaunlich, zeigt aber, dass einerseits viele Spitzenverdiener keine Millionäre werden und man andererseits Millionär sein kann, ohne Spitzenverdiener zu sein.

In einer anderen Befragung untersuchte Stanley den Lebensstil von 733 Millionären. Das Ergebnis war, »dass Millionäre, sogar die meisten Multimillionäre, nicht auf Konsumgüter angewiesen sind, um ihr Leben zu genießen. Ihr Vergnügen und ihre Selbstzufriedenheit bemessen sich vielmehr an der Beziehung zu ihren Familien und Freunden, ihrer Religion, finanziellen Unabhängigkeit, körperlichen Fitness und vielleicht einer Partie Golf«.[120]

97 Prozent der befragten amerikanischen Millionäre waren Hausbesitzer, aber nur wenige wohnten in Luxusvillen. Der Preis eines Hauses lag im Median bei 750.000 Dollar, was aber zu einem großen Teil auf Wertsteigerungen nach dem Erwerb beruhte, denn der Kaufpreis lag im Median bei 453.000 Dollar.[121] Nur eine kleine Minderheit wohnte in den luxuriösen Neubausiedlungen, 75 Prozent wohnten in einem Haus, das vor 1978 gebaut worden war.[122]

Auch die Praxis vieler Amerikaner, ein Haus extrem hoch zu beleihen und nach Wertsteigerungen durch Refinanzierung Eigenkapital herauszuziehen, das dann für den Konsum verwendet wird, war bei den Millionären kaum zu beobachten. 39,9 Prozent hatten gar keine Hypothek mehr auf ihrem Haus, bei weiteren 10 Prozent war das Haus nur noch mit einem Kredit unter 100.000 Dollar belastet.[123]

Die Befragung der Millionäre förderte auch in vielen Details Ergebnisse zutage, die im Gegensatz zum Bild der verschwenderischen Reichen stehen:[124]

- 70 Prozent der Millionäre gaben an, Schuhe reparieren zu lassen, statt sie gleich durch neue zu ersetzen.
- Jeder Zweite gab an, er lasse Möbel lieber neu polstern oder aufbessern, als gleich neue zu kaufen.
- Jeder Zweite gab an, die Telefongesellschaft gewechselt zu haben, wenn ihm die Gebühren für Ferngespräche zu hoch waren.

Stanley fragte die amerikanischen Millionäre nach ihren Aktivitäten in den vergangenen zwölf Monaten. 85 Prozent hatten mit ihrem Steuerberater gesprochen, 81 Prozent hatten ein Museum besucht, 64 Prozent sammelten Geld für wohltätige Zwecke, aber nur 20 Prozent waren mit einer Yacht gesegelt, nur 20 Prozent hatten in Paris Urlaub gemacht, nur 4 Prozent waren Skifahren in den Alpen und nur 3 Prozent hatten eine Weltreise mit dem Schiff gemacht. Die zuletzt genannten Aktivitäten, so muss hinzugefügt werden, sind diejenigen, die man in Amerika gemeinhin mit Millionären verbindet.[125]

Die Wissenschaftler baten die Millionäre außerdem, 30 Tage lang über ihre typischen Aktivitäten Buch zu führen. 93 Prozent verbrachten die Freizeit mit ihren Kindern oder Enkelkindern, 88 Prozent mit engen Freunden, 86 Prozent beschäftigten sich in ihrer Freizeit mit dem Planen ihrer Investitionen, 46 Prozent waren Essen bei McDonald's oder Burger King und 31 Prozent waren Einkaufen in den Billigläden Wal-Mart und Kmart. Dagegen waren nur 26 Prozent zum Einkaufen in Edelkaufhäusern, wie dem Saks in der Fifth Avenue.[126]

Leider gibt es keine ähnlichen Befragungen über die Freizeitaktivitäten und das Konsumverhalten deutscher Millionäre. Aber Christian Rickens hat in seinem 2012 erschienenen Buch *Ganz oben. Wie Deutschlands Millionäre wirklich leben* gezeigt: »Die Reichen in Deutschland geben sich nur selten einem derart ostentativen Luxuskonsum hin wie ihre Standesgenossen in anderen Weltregionen. Auch reiche Müßiggänger gibt es in Deutschland kaum. Die deutsche Oberschicht definiert sich quer durch alle Milieus vor allem über ihre Arbeit.«[127]

Die Gruppe der »statusorientierten Vermögenden«[128], die durch Zurschaustellen von Statussymbolen und demonstrativen Konsum auffallen, ist nur eine kleine Minderheit unter den deutschen Millionären, die naturgemäß jedoch mehr Beachtung in den Medien findet als die Mehrheit derer, die Rickens den »etablierten Vermögenden«, den »konservativen Vermögenden«, den »konventionellen Vermögenden« oder den »liberal-intellektuellen Vermögenden« zuordnet.

Gerade in Deutschland spielt das Zurschaustellen von Luxus bei Millionären – im Vergleich zu anderen Ländern – eine untergeordnete Rolle. Marktforscher befragten Personen, die sich von ihrem Einkommen her Luxusgüter leisten könnten. Es sollten damit die Marktchancen für teure Edelmarken festgestellt werden. Die Frage lautete, ob man Luxus möge; die Befragten konnten auf einer Skala von 1 bis 10 antworten. Die höchste Affinität zum Luxus hatten reiche Chinesen mit einem Rating von 8,2, die Amerikaner lagen bei 6,8, die Deutschen bei 6,1 und die Japaner auf dem letzten Platz mit 5,6.[129]

Es ist also kein Zufall, dass – wie in Kapitel 2 gezeigt – unter den großen Ländern die Millionärsdichte (also der Anteil von Millionären an der gesamten Bevölkerung) weltweit in Japan am höchsten ist, danach in Deutschland und am geringsten in China. Das Konsumverhalten der hohen Einkommensbezieher und die Millionärsdichte in einem Land stehen in einem direkten Zusammenhang.

Konsum-Reiche und Vermögens-Reiche

Wenn man von »Reichtum« spricht, werden oft zwei völlig verschiedene Gruppen nicht genügend unterschieden: Es gibt diejenigen, die ein großes Vermögen haben, und diejenigen, die sehr viel verdienen, aber nicht selten nur ein geringes Vermögen haben. Der hauptsächliche Unterschied liegt im Konsumverhalten. Wer reich werden will, muss unter seinen finanziellen Möglichkeiten leben.

Sie haben an einem Rechenbeispiel im dritten Kapitel gesehen, dass jemand, der 250.000 Euro brutto im Jahr verdient, zwölf Jahre lang die Hälfte seines Nettoeinkommens sparen müsste, um aus eigener Kraft Millionär zu werden. Es gibt jedoch in der Realität nur sehr wenige Menschen, die einen so hohen Teil ihres Einkommens sparen. Die Sparquote liegt zwar bei sehr gut verdienenden Personen deutlich höher als bei weniger gut verdienenden, aber beträgt bei Weitem nicht 50 Prozent.

Nach den Daten des Sozio-oekonomischen Panels (SOEP) für das Jahr 2011 sparten die obersten 10 Prozent der Einkommensbezieher in Deutschland im Durchschnitt 17 Prozent des Haushaltsnettoeinkommens. Aber, Vorsicht: Wenn die Menschen auf die Frage antworten, wie viel sie »sparen«, dann verstehen sie unter dem Begriff zwei ganz unterschiedliche Dinge. Einmal ist es das »Sparen« in dem Sinne, wie ich es in diesem Kapitel verwende, also Ansparen für den langfristigen Vermögensaufbau. Größtenteils meinen sie jedoch mit »Sparen« eher die Bildung von Rücklagen für Unvorhergesehenes oder für größere Anschaffungen. Für die am besten verdienenden Personen liegen leider keine Zahlen vor, aber von Befragungen der Mittelschicht wissen wir, dass 38 Prozent sagen, sie sparten für ihre Urlaubsreise, 36 Prozent sparen für größere Anschaffungen, 35 Prozent sparen als Rücklage für unvorhergesehene Ereignisse und 29 Prozent für die Altersvorsorge.[130] Nur der letzte Verwendungszweck ist »Sparen« in dem Sinne, wie es hier verwendet wird.

Wenn es also heißt, dass das oberste Einkommensdezil (also die 10 Prozent der Deutschen, die am besten verdienen) 17 Prozent ihres Nettoeinkommens »sparen«, dann ist es schon recht optimistisch anzunehmen, dass die Hälfte davon (8,5 Prozent) nicht der Rücklagenbildung für Anschaffungen und Reisen, sondern tatsächlich dem langfristigen Vermögensaufbau dient. Nehmen wir wieder den Geschäftsführer eines Unternehmens, der 250.000 Euro im Jahr verdient, wovon ihm netto im Monat 11.014 Euro übrig bleiben. Wenn er 8,5 Prozent dieses Nettoeinkommens spart und er eine Bruttoverzinsung von 6 Prozent erzielt (nach Steuern sind das ca. 4 Prozent), dann braucht er etwa 38 Jahre, bis er die erste Million hat.[131]

Das sind natürlich nur beispielhafte Zahlen – einige Gutverdiener werden sehr viel weniger oder auch gar nichts sparen, andere sehr viel mehr. Sie sehen jedoch an diesem Beispiel, dass es allein mit dem »Sparen«, wie es von den meisten Menschen betrieben wird, nur schwer möglich ist, Millionär zu werden. Natürlich geht es sehr viel schneller, wenn man annimmt, dass sich das Ersparte statt mit 4 Prozent mit 12 Prozent verzinst, wie ich das auch schon in Büchern zum Thema »Reich werden« gelesen habe. Das ist jedoch als durchschnittliche Verzinsung nicht sehr realistisch und etwa doppelt so hoch, wie die langfristige Verzinsung von Aktien oder Anleihen im historischen Durchschnitt der vergangenen Jahrzehnte betrug.

So sparen Sie sich reich

Eine große Hilfe beim Sparen sind Immobilieninvestitionen. Sie können den monatlichen Sparbetrag deutlich erhöhen, wenn Sie eine Immobilie erwerben und die gesamten Überschüsse aus den Mieterträgen in die Tilgung stecken. Wichtig ist in diesem Zusammenhang, dass die regelmäßigen Zahlungen an die Bank Sie zwingen, Monat für Monat einen bestimmten Betrag zu sparen. Wenn Sie ein hohes Einkommen haben, wird Ihnen die Bank auch eher einen Kredit geben, weil dieser nicht nur auf den Beleihungswert der Immobilie abstellt, sondern auch auf Ihre persönliche Bonität. Es hat einen guten Grund, dass Immobilienbesitzer – selbst bei gleichem Verdienst – im Alter über ein viel höheres Vermögen verfügen, weil sie diszipliniert jeden Monat durch die Tilgung des Immobiliendarlehens sparen. Hierzu werde ich Ihnen einige interessante Zahlen im 13. Kapitel nennen.

Vielen Menschen fällt Sparen schwer, denn zu sparen bedeutet ja für die Gegenwart zugunsten der Zukunft auf Genuss zu verzichten. Beim Sparen ist es wie beim Essen: Die Sünden der Gegenwart summieren sich sukzessive auf, und umgekehrt führt die in der Gegenwart gezeigte Disziplin langfristig zu den ersehnten Ergebnissen – also zu einem hohen Vermögen oder zu einer guten Figur.

Die meisten Menschen mit hohem Einkommen sparen jedoch zu wenig, sie sparen nicht konsequent genug, und sie legen das Geld falsch an. Im zweiten Teil dieses Buches werden Sie sehen, welche Fehler Anleger bei der Geldanlage machen und wie Sie es richtig machen sollten. Ich möchte ein wichtiges Ergebnis schon hier vorwegnehmen: Gründen Sie Ihr Sparprogramm vor allem auf zwei Säulen, auf Immobilien und auf Aktien. Der »Nachteil« von Immobilien, dass man sie nicht so rasch verkaufen kann wie z. B. Aktien, wird für Sie zum Vorteil, weil er Ihnen hilft, diszipliniert Vermögen aufzubauen. Und der »Nachteil« von Aktien, dass diese nämlich – oft erheblichen – Wertschwankungen unterliegen, muss Sie bei einem langfristig angelegten Plan zum Vermögensaufbau nicht stören.

Entscheidend ist jedoch, dass Sie das in Aktienfonds investierte Geld niemals anrühren – erst recht nicht dann, wenn es einen Börsencrash gibt und Sie auf dem Papier erhebliche »Verluste« erlitten haben. Und auch nicht dann, wenn Sie Geld für größere Anschaffungen brauchen. Wenn Ihr Sparprogramm erfolgreich sein soll, müssen Sie zusätzlich zu den Depots, die dem Vermögensaufbau dienen, noch ein Tagesgeldkonto haben, auf dem Sie Geld zurücklegen, das Sie als Notreserve betrachten oder für größere Anschaffungen verwenden.

Bitte sagen Sie nicht: »Ich spare, wenn ich mehr verdiene.« Das ist Selbstbetrug, denn Ihre Ansprüche steigen automatisch mit einem höheren Einkommen. Wenn Sie heute vielleicht ein Nettoeinkommen von 3000 Euro haben, können Sie es sich sicher nicht vorstellen, dass Ihnen 12.000 Euro Nettoeinkommen im Monat »nicht reichen«. So geht es jedoch vielen sehr gut verdienenden Menschen, bei denen die Bedürfnisse mindestens so rasch gestiegen sind wie das Einkommen.

Mein Ratschlag ist: Vereinbaren Sie eine hohe Tilgung für Ihre Immobilie, denn das zwingt Sie zum regelmäßigen Sparen. Der monatliche Betrag, den Sie an die Bank zahlen (»Annuitätendarlehen«), bleibt immer gleich. Weil aber mit jeder Rate ihre Schulden sinken, müssen Sie weniger Zinsen zahlen. Sie tilgen von Jahr zu Jahr mehr, Ihr Vermögen wächst immer schneller! Dies ist das Geheimnis, warum, wie Sie in Kapitel 13 sehen werden, Immobilieneigentümer selbst in der gleichen Einkommensgruppe im Alter ein sehr viel höheres Vermögen aufgebaut haben.

Manchmal lese ich Berechnungen, in denen vorgerechnet wird, dass man zu mehr Vermögen komme, wenn man alles Geld in einem Investmentfonds anspart, der sich mit 8 Prozent verzinst, als in einer Immobilie, die sich vielleicht nur mit der Hälfte verzinst. Solche Berechnungen sind einerseits sehr banal und andererseits wenig realistisch, denn sie berücksichtigen nicht, dass kaum ein Investmentfonds-Sparer in der Lage ist, mit der gleichen Disziplin über Jahrzehnte durchzuhalten wie der Immobilieneigentümer.

Mein zweiter Ratschlag, um Ihre Sparquote zu erhöhen: Verwenden Sie 50 Prozent von jeder Erhöhung Ihres Einkommens oder – falls Sie selbstständig sind – von Ihrem Gewinn für langfristige Anlagen. Nehmen wir an, Sie haben heute ein Nettoeinkommen von 3000 Euro im Monat und sparen davon 15 Prozent, also 450 Euro. Steigt Ihr Nettoeinkommen auf 4000 Euro, dann erhöhen Sie Ihren monatlichen Sparbetrag um 500 auf 950 Euro. Damit hat sich Ihre Sparquote schon von 15 Prozent auf knapp 24 Prozent erhöht. Wenn sich Ihr Einkommen dann von 4000 auf 5000 Euro erhöht, sparen Sie monatlich 1450 Euro, und Ihre Sparquote liegt dann schon bei 29 Prozent.

So können Sie einerseits mehr konsumieren, wenn Ihr Gehalt steigt, und erhöhen dennoch die Sparquote. Wenn Sie keine Gehaltserhöhung bekommen, aber durch einen Nebenjob Geld verdienen, dann sparen Sie 50 Prozent der Einkünfte aus dem Nebenjob.

Auch wenn Ihnen das »Sparen« am Anfang schwerfällt: Es wird von Monat zu Monat einfacher, in dem Maße, in dem es eine Gewohnheit wird. Der amerikanische Wissenschaftler Charles Duhigg fand heraus, wie groß die Macht der Gewohnheit ist. Am Anfang einer Verhaltensänderung steht zwar die Willenskraft, aber es ist entscheidend, dass das veränderte Verhalten in der Folge zur Gewohnheit wird. Denn dann muss man nicht mehr so viel – und im besten Fall gar keine – Willenskraft aufwenden. »Die beste Methode, um die Willenskraft zu stärken«, so Duhigg, »besteht laut Studien darin, diese so fest zu verankern, dass sie quasi zur Gewohnheit wird«.[132] So ist das auch beim Konsum und beim Sparen: Sie können sich angewöhnen, jeden Monat mit vollen Händen Ihr gesamtes Gehalt (oder noch mehr) für den Konsum auszugeben, Sie können sich aber auch angewöhnen, einen Teil Ihres Einkommens Monat für Monat zu sparen und 50 Prozent Ihrer Gehaltserhöhungen oder Ihrer Einkünfte aus Nebentätigkeiten zu sparen.

Auch wenn es richtig ist, dass Sie ohne Sparen nicht reich werden, so sollten Sie es auf der anderen Seite nicht übertreiben: Es gibt Multimillionäre, die durch sehr große Sparsamkeit – man könnte auch sagen: durch Geiz – reich geworden sind und die sich dieses Verhalten auch nicht abgewöhnen können, wenn es gar nicht mehr notwendig ist. Ich erinnere mich an meine Zeit als Student. Einer unserer Kommilitonen war schon über 60 Jahre alt, er war Multimillionär und besaß zahlreiche Häuser. Er kam jedoch immer auf einem verrosteten Fahrrad und mit einer alten, unansehnlichen Aktentasche. Selbst der Erwerb eines Reclam-Büchleins für einige Mark war ihm zu teuer – er lieh sich das lieber in der Bibliothek. Auch wenn Sie sparen sollen, heißt das nicht, dass Sie als Millionär wie ein Bettler leben sollten.

Wenn Sie sparen, um ein Vermögen aufzubauen, brauchen Sie vor allem klare Ziele. Denn Sparen erfordert nicht nur Disziplin, sondern vor allem auch eine hohe Motivation, und diese Motivation werden Sie nur haben, wenn Sie Ihre Ziele konkret festlegen.

Kapitel 7

Die Bedeutung finanzieller Ziele

Lassen Sie sich bitte nicht einreden, es sei »unrealistisch«, wenn man sich das Ziel setzt, Millionär zu werden. Was bringt einen Autor, der ein Buch mit dem Titel *Making money* geschrieben hat, dazu, seinen Lesern Folgendes auf den Weg zu geben: »Ist es realistisch, ein solches Ziel (Millionär zu werden, R. Z.) zu setzen, das nur zwei Promille der Bundesbürger zu Lebzeiten schaffen? ... Da muss schon ein Kamel durchs Nadelöhr gehen, bis das klappt ... Wer glaubt, alles erreichen zu können, und darüber seinen Realitätssinn verliert, der hat in etwa 499 von 500 Fällen schon verloren. Wenigstens dann, wenn das Ziel ›Millionär‹ heißt.«[133]

Dieser Pessimismus verwundert, vor allem bei einem Finanzanalysten und Inhaber einer Firma für Finanzmarktresearch, der behauptet, seine Firma habe im zehnjährigen Mittel nur bei etwa einem knappen Drittel der Prognosen falsch gelegen.[134] Mit einer solch erstaunlich hohen Trefferquote sollte es jedenfalls ein Leichtes sein, in diesem Zeitraum am Aktienmarkt nicht nur eine, sondern sogar mehrere Millionen zu verdienen.

Millionär – ein »unrealistisches« Ziel?

Es klingt vernünftig, wenn Ihnen jemand erklärt, Sie sollten »realistisch« sein. Wer will schon unrealistisch sein? Doch die meisten Menschen übersetzen den Begriff »realistisch« mit »bescheiden« bzw. damit, dass man seine Ziele nicht zu hoch setzt. In meinem Buch *Setze dir größere Ziele!* habe ich anhand unzähliger Beispiele nachgewiesen, dass erfolgreiche Menschen ganz anders denken. Sie haben sich ihre Ziele bewusst sehr hoch gesetzt. Dies trifft insbesondere auch für finanzielle Ziele zu.

Alle Autoren, die sich ernsthaft mit den mentalen Voraussetzungen für Erfolg und Reichtum befasst haben, sind sich darüber einig, dass Sie zunächst ganz konkret wissen müssen, was Sie erreichen wollen und warum Sie dies erreichen wollen.[135] Den konkreten Weg, der dahin führt, müssen Sie zu diesem Zeitpunkt noch nicht kennen. Genau das wäre unrealistisch: Wenn Sie heute schon den genauen Weg kennen würden, wie Sie Ihre erste oder auch Ihre zehnte Million machen werden, wären Sie eine sehr seltene Ausnahme unter den Menschen, die finanziell erfolgreich sind. Die allermeisten von ihnen wussten schon früh, dass sie sich nicht mit dem Durchschnitt zufriedengeben wollten und dass sie große Ziele anstrebten. Sie wussten aber noch nicht, auf welchem Weg sie diese Ziele später erreichen würden.

Und noch eines verbindet viele erfolgreiche Menschen: Sie setzen sich ihre Ziele schriftlich. Napoleon Hill empfiehlt in seinem Klassiker *Denke nach und werde reich,* dass Sie sich eine konkrete Geldsumme aufschreiben und festlegen, bis zu welchem Datum Sie diese Summe haben wollen. Und dass Sie sich dann möglichst konkret und bildlich vorstellen sollen, Sie hätten dieses Ziel bereits erreicht.[136]

Sicherlich gibt es Menschen, die reich geworden sind, ohne dass sie so verfahren wären. Es gibt tatsächlich Menschen, denen es einfach »passiert« ist, dass sie reich geworden sind, weil sie eine richtige Nische als Unternehmer entdeckt haben und mit ihrem Produkt so erfolgreich waren, dass sich der finanzielle Erfolg gar nicht vermeiden ließ.

Aber Sie sollten sich nicht darauf verlassen, dass das bei Ihnen genauso funktioniert. Die einfachere und sicherere Methode ist es, dass Sie schriftlich ein Ziel festlegen, das Sie in zehn Jahren erreicht haben wollen. Zehn Jahre sind ein vernünftiger und »realistischer« Zeitraum. Viele Menschen überschätzen, was sie in einem Jahr erreichen können, und unterschätzen, was in zehn Jahren möglich ist. Forschungen haben ergeben, dass die meisten großen Dinge, die Menschen erreicht haben – ob nun im Bereich der Finanzen oder in ganz anderen Lebensbereichen, wie etwa in der Kunst, der Musik oder beim Sport –, zehn Jahre brauchten, bis sie Wirklichkeit geworden waren.[137] Deshalb empfehle ich Ihnen, sich bereits heute ein finanzielles Ziel vorzunehmen, das Sie in zehn Jahren erreicht haben wollen.

Wie groß sollten Sie dieses Ziel wählen? Hierauf gibt es keine Antwort, die für jeden Menschen richtig ist. Sie selbst müssen sich mit Ihrem Ziel »anfreunden« können. Was heißt das? Erstens sollte das Ziel so groß sein, dass es Sie wirklich motiviert und dass es einer großen Anstrengung bedarf, es zu erreichen. Wenn Sie heute schon genau wüssten oder genau »ausrechnen« könnten, wie Sie dieses Ziel erreichen, ist das mit Sicherheit ein Zeichen dafür, dass Sie sich Ihr Ziel viel zu klein gesetzt haben.

Andererseits darf das Ziel natürlich nicht so groß sein, dass es Ihnen nicht gelingen wird, an dessen Erreichbarkeit zu glauben. Wenn Sie sich zum Beispiel vornehmen würden, dass Sie reicher werden als Bill Gates und Warren Buffett und an Nr. 1 der *Forbes*-Liste der reichsten Menschen der Welt stehen wollen, dann werden Sie innerlich spüren, dass es Ihnen nicht möglich ist, wirklich daran zu glauben.

Aber das Ziel, eine oder auch zehn Millionen Euro Vermögen aufzubauen, ist ja völlig anderer Natur. Sie sind in einem der reichsten Länder der Welt geboren, und zudem in einem der Länder mit der höchsten Millionärsdichte. Es gibt in Deutschland etwa 800.000 Millionäre (auf Dollarbasis sind es sogar über eine Million), das ist ein Prozent der Bevölkerung. Sicherlich sind darunter auch Erben, aber – wie im zweiten Kapitel anhand der Ergebnisse der wissenschaftlichen Reichtumsforschung gezeigt wurde – die meisten dieser Menschen haben ihr Ziel aus eigener Kraft geschafft. Warum sollte Ihnen dies nicht auch gelingen?

Sie brauchen dafür weder eine überdurchschnittliche Intelligenz, noch sind unbedingt außergewöhnliche schulische oder universitäre Leistungen erforderlich. Von den amerikanischen Millionären, die als Unternehmer reich geworden sind, sagten nur 15 Prozent, ein hoher IQ sei eine sehr wichtige Voraussetzung für ihren finanziellen Erfolg gewesen. Dagegen bezeichneten es 61 Prozent dieser Unternehmer als sehr wichtig, mit anderen Menschen zurechtzukommen, 45 Prozent nannten Führungsqualitäten als sehr wichtig, und ebenfalls 45 Prozent sahen es als entscheidend an, dass sie in der Lage gewesen waren, ihre Ideen bzw. Produkte gut »verkaufen« zu können.[138]

Ich kenne einige Menschen, die auf ehrliche Weise zwei- oder dreistellige Millionenbeträge in ihrem Leben verdient haben, ohne dass sie auch nur das Abitur gemacht hätten. Ich habe im vierten Kapitel die Bedeutung verkäuferischer Fähigkeiten hervorgehoben. Viele Menschen, die im Vertrieb reich geworden sind, haben nicht studiert. Wenn es diesen Menschen gelungen ist, warum sollte Ihnen dies nicht auch gelingen?

Die meisten Menschen, die davor zurückschrecken, sich hohe Ziele zu setzen, haben Angst, sie könnten beim Versuch, diese Ziele zu erreichen, scheitern. Aber sind Sie nicht bereits heute gescheitert, wenn Sie sich – so wie der Autor des am Beginn des Kapitels zitierten Buches – selbst sagen: »Ich bin sowieso nicht in der Lage, eine Million zu machen, ich kann das nicht, das ist ein Ziel, das nur andere Menschen erreichen können«?

Wenn Sie sich ein großes finanzielles Ziel gesetzt haben, sollten Sie das jedoch am besten für sich behalten und höchstens mit ebenfalls sehr erfolgreichen Menschen darüber sprechen, die das schon erreicht haben, was Sie sich vorgenommen haben. Diese Menschen werden eher Verständnis dafür haben, dass Sie sich ein großes Ziel setzen, denn sie haben das selbst genauso getan. Sie wissen also, dass Ihr Ziel nicht »unrealistisch« ist. Wenn Sie dagegen einem erfolglosen Menschen sagen: »Ich will Millionär werden«, dann ist es sehr wahrscheinlich, dass er Ihnen entgegnet: »Bleib mal realistisch«, oder: »Träume sind Schäume«.

Es ist ganz normal, dass auch Sie selbst Zweifel hegen, wenn Sie sich beispielsweise das Ziel setzen, eine oder zehn Millionen Euro Vermögen aufzubauen. Und wenn Sie mit Menschen sprechen, die diese Zweifel bestärken, wirkt das wie Dünger auf Ihre Zweifel. Irgendwann werden Ihre Zweifel überhandnehmen, und Sie werden über kurz oder lang bei den – ganz unvermeidlichen – Schwierigkeiten und Misserfolgen, die sich auf Ihrem Weg zum Ziel ergeben, die Flinte ins Korn werfen und aufgeben.

Wenn Sie Ihr großes »Zehnjahresziel« einmal aufgeschrieben haben, sollten Sie dieses in Teilziele für jeweils ein Jahr herunterbrechen. Machen Sie aber nicht den Fehler, Ihre Teilziele durch eine lineare Berechnung zu ermitteln. Wenn Sie sich also sagen, dass Sie in zehn Jahren eine Million Euro besitzen wollen, dann ist es sehr unwahrscheinlich, dass Sie schon im ersten Jahr 100.000 Euro davon haben und in den folgenden neun Jahren jeweils weitere 100.000 Euro. Das Wachstum Ihres Vermögens wird progressiv erfolgen. Daher wäre es durchaus miteinander vereinbar, wenn Sie sich für das erste Jahr beispielsweise 50.000 oder auch »nur« 25.000 Euro als Ziel setzen, aber für das zehnte Jahr ein Vermögen von 1 Million anstreben.

Programmieren Sie Ihr Unterbewusstsein

Setzen Sie sich für jedes Jahr schriftlich finanzielle Teilziele. Die Wahrscheinlichkeit, dass Sie diese Ziele auch erreichen, steigt enorm, wenn es Ihnen gelingt, diese Ziele gleichsam in Ihr Unterbewusstsein »einzuprogrammieren«. Ich betreibe seit 30 Jahren Autogenes Training. Das ist eine Methode, die ursprünglich aus der Hypnose entstanden ist und mit der es Ihnen gelingt, sich in einen Zustand vollkommener Entspannung zu versetzen. In diesem Zustand ist Ihr Unterbewusstsein sehr aufnahmebereit für Suggestionen und für die Visualisierung Ihrer Zielsetzungen.

Es ist entscheidend, dass Sie Ihr Unterbewusstsein von Ihren finanziellen Zielen überzeugen, denn wenn Sie diese Ziele in Ihr Unterbewusstsein »einprogrammiert« haben, hilft es Ihnen, Wege zu finden, wie Sie an Ihr Ziel gelangen können. Ich habe ja bereits erwähnt, dass es am Anfang nicht wichtig ist, diesen Weg bereits zu kennen, sondern das Ziel festzulegen. Sie haben dann einen inneren Kompass, der Ihnen helfen wird, die richtige Richtung zu Ihrem Ziel einzuschlagen. Vielleicht stoßen Sie auf einmal auf eine Gelegenheit, sich selbstständig zu machen, oder es kommt Ihnen eine zündende Idee für eine nebenberufliche Tätigkeit oder für ein lukratives Investment.

Viele Menschen sind skeptisch, wenn sie solche Dinge lesen. »Funktioniert das wirklich? Das wäre ja zu einfach, dann könnte das ja jeder machen.« Tatsache ist: Es macht nicht jeder. Tatsache ist: Die allermeisten Menschen schreiben ihre Ziele nicht auf, die allermeisten Menschen setzen sich keine oder zu kleine Ziele, und die allermeisten Menschen arbeiten nicht mit mentalen Techniken, die es ihnen erlauben, große Ziele zu erreichen. Und die allermeisten Menschen lesen auch keine Bücher wie dieses.

Tatsache ist übrigens auch, dass Reiche viel häufiger als Arme Ziele definieren und aufschreiben. Der amerikanische Autor Thomas Corley hat fünf Jahre lang sowohl arme als auch reiche Menschen beobachtet und befragt. Reiche Menschen waren in diesem Fall alle, die ein Jahreseinkommen von mehr als 125.000 Dollar und ein Vermögen von mehr als 2,5 Millionen Dollar hatten. Arme Menschen waren solche, deren Jahreseinkommen weniger als 27.500 Dollar betrug und deren Vermögen niedriger war als 4000 Dollar.

Ein gravierender Unterschied war die Zielsetzung: 62 Prozent der Reichen erklärten, dass sie sich täglich auf ihr Ziel fokussierten, bei den Armen lag die Zustimmung nur bei 6 Prozent.[139] Und zwei Drittel der Reichen schreiben sich auch ihre Ziele auf.

Warum geben Sie der Sache also keine Chance? Weil Sie es für »unrealistisch« halten? Unrealistisch ist es viel mehr, wenn Sie alles weiter so machen wie bisher und weiter so denken wie bisher – und dennoch erwarten, dass Sie plötzlich Millionär werden. Das wird mit Sicherheit nicht passieren. Ihre heutige finanzielle Situation ist ein exakter Spiegel Ihrer bisherigen Denkweise. Wenn Sie diese nicht verändern, wird sich also auch Ihre finanzielle Situation nicht verändern.

Sobald Sie sich ein großes finanzielles Ziel setzen und dieses Ziel visualisieren, beginnt sich Ihr Leben zu verändern. Gelegenheiten und Menschen, an denen Sie bisher vorübergegangen sind, gewinnen auf einmal für Sie eine ganz neue Bedeutung. Sie werden Menschen und Situationen anziehen, die Ihnen helfen, Ihr Ziel zu erreichen. Und aus der Spannung zwischen Ihren Zielen (dem »Soll-Zustand«) und Ihrer gegenwärtigen Situation (dem »Ist-Zustand«) ergibt sich eine produktive Unzufriedenheit, die Sie vorwärtstreiben wird.

Ihr Unterbewusstsein hat im Laufe Ihres Lebens zahlreiche Informationen gespeichert, die Sie bewusst gar nicht abrufen können. Sie sollten es weiterhin mit positiver Nahrung füttern. Lesen Sie Bücher über Menschen, die große Ziele erreicht haben, egal in welchem Lebensbereich. Suchen Sie die Nähe von Menschen, die ebenfalls ehrgeizig und ambitioniert sind und die schon da stehen, wo Sie einmal hinwollen. Die Beobachtung dieser Menschen und die Gespräche mit diesen Menschen werden Ihr Unterbewusstsein mit weiteren Informationen füttern, die Ihnen bei der Erreichung Ihrer Ziele helfen.

Ich kann mich an eine längere Taxifahrt erinnern, bei der ich mit dem netten Taxifahrer ins Gespräch kam. Auf meine Frage, was er denn sonst so mache, antwortete er, er habe studiert. Ich dachte zunächst, er habe das Studium abgebrochen. Es stellte sich jedoch heraus, dass er ein Biologiestudium erfolgreich abgeschlossen hatte. Ich wollte natürlich wissen, warum er heute als Taxifahrer für ein Monatsgehalt von 1000 Euro netto arbeitet. Er erzählte mir eine lange Geschichte, die ich im Einzelnen vergessen habe, die aber von dem Unglück handelte, das er gehabt habe, von der Ungerechtigkeit, die ihm widerfahren sei, und von der Aussichtslosigkeit seiner Situation.

Irgendwann fragte er mich, was er denn anders machen solle als bisher. Meine Antwort: »Das kann ich Ihnen nicht sagen, ich kenne Sie ja erst seit 20 Minuten. Vielleicht sollten Sie aber mal für vier Wochen aufhören, Taxi zu fahren, und in dieser Zeit ausschließlich mit Menschen sprechen, die mindestens zehnmal so viel verdienen wie Sie.« Sein Einwand: Solche Menschen kenne er gar nicht. Seine Bekannten führen auch Taxi oder seien arbeitslos. Ich vermute, diese Menschen haben ihn eher in seinem Glauben bestärkt, dass es keine Alternative zur jetzigen Situation gebe.

Wenn sich erfolglose Menschen treffen, entmutigen sie sich gegenseitig. Sie sprechen gern und oft von der Ungerechtigkeit der Gesellschaft und geben anderen die Schuld an ihrer Situation. Sie schimpfen auf »die Politiker« und vielleicht ganz generell auf »die da oben«. Wenn sie von sich selbst sprechen, dann sprechen sie von »dem kleinen Mann«. Und weil sie sich selbst als den »kleinen Mann« sehen, berauben sie sich vieler Lebenschancen.

Reiche denken anders. Die wissenschaftliche Reichtumsforschung hat herausgefunden, dass Reiche nicht andere für ihre Situation verantwortlich machen. »Wie mein Leben verläuft, hängt von mir selbst ab«, sagen 88 Prozent der Reichen.[140] Und 59 Prozent der Reichen stimmen der Aussage zu: »Wenn jemand immer wieder bis zum Hals in Schwierigkeiten steckt, hat er meist selbst dazu beigetragen.«[141] Nur 2,5 Prozent der Reichen, so ein Ergebnis der Studie »Vermögen in Deutschland«, weisen eine sehr niedrige »Kontrollüberzeugung« auf.[142] 62 Prozent der Reichen waren dagegen felsenfest und unerschütterlich davon überzeugt, dass sie selbst die Kontrolle über ihr Leben haben und selbst verantwortlich dafür sind, ob sie Erfolg oder Misserfolg haben. Wer also Verantwortung für sein eigenes Leben übernimmt, statt die Schuld für negative Dinge bei »der Gesellschaft« oder anderen äußeren Faktoren zu suchen, wird eher zu Reichtum gelangen.

Natürlich genügt es nicht, sich große finanzielle Ziele zu setzen. Wissen über Geld und Geldanlage ist ebenso wichtig. Vor allem, damit Sie, wenn Sie Ihre Einkünfte erhöhen, das Geld nicht wieder durch unsinnige Anlagen verlieren. Wie Sie Ihr Geld am besten anlegen, um Ihr Vermögen nicht nur zu erhalten, sondern auch zu vermehren – dies ist nun Gegenstand des zweiten Teils dieses Buches. Die erste und wichtigste Voraussetzung ist, dass Sie die Verantwortung für die Geldanlage selbst übernehmen.

Teil II
Reich bleiben

Kapitel 8

Übernehmen Sie die Verantwortung für die Geldanlage

Wie Sie bei den am Anfang dieses Buches geschilderten Beispielen gesehen haben, nützt es Ihnen nichts, zu viel Geld zu kommen, wenn Sie nicht wissen, wie Sie dieses Geld erhalten und vermehren. All die Lottospieler, Sportler, Schauspieler und Popstars, deren Beispiele Sie gelesen haben, haben nichts von der Geldanlage verstanden, sondern haben den Ratschlägen von sogenannten Beratern vertraut. Sie waren nicht bereit oder fähig, die Verantwortung für ihre Finanzen zu übernehmen.

Indem Sie dieses Buch gekauft und bis hierher gelesen haben, haben Sie schon einen Schritt unternommen, um die Verantwortung für das Thema Geldanlage zu übernehmen. Die meisten Menschen vertrauen dagegen mehr oder minder kritiklos irgendwelchen »Beratern«, beispielsweise von der Bank oder der Versicherung. In regelmäßigen Abständen wird von Institutionen wie der »Stiftung Warentest« die Anlageberatung von Banken unter die Lupe genommen – und die Ergebnisse fallen meist deprimierend aus.

Ob die Tests immer sinnvoll angelegt sind, darüber kann man streiten. Manchmal sind die Tests von nicht sehr viel mehr Sachverstand geprägt als die »Beratungen« derjenigen, die getestet werden. Aber ein Ergebnis ist allen Tests gemein: Banken verkaufen am liebsten jene Produkte, bei denen für sie eine lukrative Provision anfällt. Anleger sollten das eigentlich wissen, denn die Banken sind seit einiger Zeit verpflichtet, über Provisionen und sonstige Kosten, die den Kunden entstehen, aufzuklären.

Naive Bankkunden

Das Missverständnis beginnt jedoch schon mit der naiven Annahme, der Vertriebsmitarbeiter der Bank sei ein neutraler Berater – nur weil er sich so nennt. Nein, die meisten Bankberater sind einfach Verkäufer, und ihre Aufgabe ist es, für die Bank Provisionserträge zu generieren, indem sie Finanzprodukte verkaufen. Sie bekommen dafür bestimmte Vorgaben von der Zentrale, was sie verkaufen dürfen und was nicht und welche Umsatzziele sie mit welchen Produkten erzielen sollen. Unter diesen Voraussetzungen eine neutrale »Beratung« zu erwarten, ist schon ziemlich naiv.

Heute bieten manche Banken und Vermögensverwalter auch Honorarberatung an, bei der die Berater nicht von der Vereinnahmung der Provisionen leben. Für den Kunden ist das sehr viel transparenter. Die Interessenkonflikte, die bei einer provisionsbasierten Beratung entstehen, werden weitgehend vermieden. Doch die Honorarberatung wird bislang nur von wenigen Kunden in Anspruch genommen. Und auch wenn hier die Gefahr der Interessenkollisionen geringer ist, so ist damit natürlich noch nicht gewährleistet, dass der Berater tatsächlich einen Mehrwert für den Kunden bringt.

Der durchschnittliche Bankkunde unterscheidet sich in seiner Naivität nur wenig von dem vermögenden Kunden. Viele Unternehmer oder Freiberufler, die durch ihren Beruf eine Menge Geld verdient haben, überschätzen ihr Urteilsvermögen in Anlagefragen. Dabei qualifiziert die Fähigkeit, beispielsweise als Arzt, Rechtsanwalt oder als Unternehmer viel Geld zu verdienen, noch keineswegs dazu, sinnvolle Anlageentscheidungen zu treffen. Manchmal steht der berufliche Erfolg dem finanziellen Erfolg sogar im Wege, weil Vermögende ihr Know-how in Finanzfragen überschätzen.

Viele Vermögende delegieren die Entscheidungen über ihre Finanzen an ein Family Office oder vertrauen der Beratung im Private Banking bzw. im Wealth Management einer Bank. Diese Beratungen werden den vermögenderen Kunden der Bank angeboten, die sich dadurch geschmeichelt fühlen und erwarten, eine qualitativ bessere und »individuellere« Beratung zu bekommen. Gern werben die Privatbanken mit Worthülsen wie »maßgeschneiderte Beratung« oder »Asset-Management«.

Ich war schon in vielen dieser vornehmen Privatbanken, und sie alle zeichnen sich durch Berater mit besten Manieren, ein edles Ambiente, teures Mobiliar und durch den Hinweis auf eine oft jahrhundertelange Tradition aus. Vor allem vermitteln sie ihren Kunden den Eindruck der Exklusivität, ähnlich wie teure Edelmarken oder noble Hotels, die sich nicht jedermann leisten kann. Das ist leider manchmal auch der einzige Unterschied zu der Massenabfertigung in den Filialen von Sparkassen sowie Volks- und Raiffeisenbanken.

Ich habe mich stets gewundert, warum ich auf die naheliegende Frage, wie denn die Performance der jeweiligen Privatbank im Asset-Management bzw. in der Vermögensverwaltung ausgefallen sei, eher Ausflüchte als eine befriedigende Antwort erhielt. Die Privatbanken sind recht erfinderisch bei den Gründen, warum es dazu keine Zahlen gibt. Jeder Kunde sei anders, habe andere Bedürfnisse, man wolle sich nicht an einer Benchmark messen, weil man ja einen »Total return«-Ansatz verfolge usw. Ich denke, wenn die Ergebnisse wirklich überzeugend sind, könnte man sie auch offenlegen, dokumentieren und kommunizieren. Denn was ist eine bessere Werbung als eine nachweisbar überdurchschnittliche Leistung in der Vergangenheit?

Selbst wenn es zur langfristigen historischen Performance Auskünfte gibt, sind diese jedoch nur dann aussagekräftig, wenn die Personen, die seinerzeit für diese Ergebnisse verantwortlich waren, noch in der Bank arbeiten. Sollte sich derjenige, der für die Auswahl der Fonds oder der Aktien verantwortlich war, inzwischen selbstständig gemacht oder die Bank gewechselt haben, wäre auch ein Nachweis über die in der Vergangenheit erzielten Ergebnisse nicht besonders aussagekräftig. Erstaunlicherweise gibt es keine wissenschaftlichen Untersuchungen über die langfristige historische Performance von Private-Banking-Portfolios.[143]

Die Anlageberatung ist meist schon deshalb unvollständig, weil bestimmte Assetklassen von vornherein ausgeklammert werden. Obwohl vermögende Privatkunden in Deutschland nicht selten ein Drittel oder sogar die Hälfte ihres Geldes in Immobilien angelegt haben, findet man zu diesem Thema meist keinen oder nur wenige Ansprechpartner. Der Grund dafür liegt auf der Hand: Immobilien sind individueller als standardisierte Finanzprodukte und erfordern daher eine deutlich höhere Beratungsintensität.

Zudem sind Immobilien, die in Deutschland meist für einen sehr langen Zeitraum gekauft und gehalten werden, für die Bank unattraktiv, weil das darin gebundene Eigenkapital nicht mehr für andere Anlagen zur Verfügung steht. Die Bank verdient aber gerade daran, dass Anlagen nicht – wie Immobilien – dauerhaft gehalten, sondern immer wieder »gedreht« werden. Jede Umschichtung im Portfolio führt zu neuen Provisionseinnahmen. Deshalb mögen Banken Immobilien nur, um dem Kunden eine Finanzierung zu verkaufen. Ansonsten handelt es sich aus ihrer Sicht um »totes Kapital«, das viel zu langfristig gebunden ist und daher – aus Sicht der Bank – leider nur der Ertragsgenerierung für den Kunden dient, für die viel wichtigere Ertragsgenerierung der Bank jedoch wertlos ist.

Was die Aktienanlage anlangt, so müssen sich auch das Private Banking oder das Wealth Management einer Bank letztlich daran messen lassen, ob sie dauerhaft besser abschneiden als der Markt. Die Aktienanlage erfolgt entweder, indem in Einzeltitel investiert wird oder aber in Aktienfonds. Wenn in Einzeltitel investiert wird, stellt sich die Frage, warum ausgerechnet das Private Banking oder Wealth Management dieser Bank besser als alle Fondsmanager der Welt sein sollen. Denn andernfalls könnte man das Geld ja auch einfach in einen kostengünstigen Fonds anlegen, der den Markt abbildet. Solche Fonds, die einen Aktienindex abbilden (Exchange Traded Funds, ETFs), sind sehr günstig – ich werde später noch darauf eingehen.

Und wenn die Anlage nicht in einzelne Aktien erfolgt, sondern über einen Dachfonds, der wiederum in einzelne Fonds investiert, so müsste ebenfalls bewiesen werden, dass trotz der zusätzlichen Kosten, die dafür entstehen, die Performance dauerhaft besser ist, als wenn man das Geld in einen günstigen Indexfonds anlegt.

Ich wundere mich immer wieder über Bankkunden, die im Ernst glauben, ausgerechnet ihr Anlageberater könne es im weltweiten Wettbewerb mit der Elite der Investoren aufnehmen. Denn genau darum geht es tatsächlich. Sie müssen sich verdeutlichen, dass Sie bzw. Ihr Anlageberater in der Privatbank im direkten Wettbewerb mit den besten Profis der Welt stehen. Ray Dalio, der Gründer von Bridgewater Associates, dem weltgrößten Hedgefonds, der 2014 160 Milliarden Dollar managte, erklärt, warum es etwas naiv ist, anzunehmen, man könne in diesem Wettstreit dauerhaft gewinnen: »Ich beschäftige 1500 Angestellte und verfüge über 40 Jahre Berufserfahrung – und trotzdem ist es sogar für mich ein knallhartes Spiel. Das ist wie ein Pokerspiel mit den besten Spielern der Welt … Sobald du in das Spiel einsteigst, pokerst du nicht nur mit dem Typen, der dir am Tisch gegenüber sitzt. Vielmehr handelt es sich um ein weltweites Spiel, bei dem nur eine ganz kleine Prozentzahl von Leuten wirklich gut verdient. Und die verdienen dann wirklich viel. Sie können denen, die nicht ebenso gut spielen, Geld wegnehmen.«[144]

Gerd Kommer zeigt in seiner Dissertation, dass selbst dann, wenn es dem Management eines Private-Banking-Portfolios gelingt, eine dauerhafte, um einen Prozentpunkt über der Marktrendite liegende Bruttorendite zu erwirtschaften, eine Nettorendite erzielt wird, die einen Prozentpunkt unter jener liegt, die mit einem Indexfonds (ETF) ohne Berater erzielt werden kann. Die laufenden Mandatskosten von etwa 2 Prozent, laufende Produktkosten und ggf. noch performanceabhängige Vergütungen führen zu einer Renditeminderung, die oftmals deutlich über dieser Differenz liegt.[145]

300.000 Euro verschenkt

Die langfristigen Konsequenzen von Kosten werden von Anlegern fast immer unterschätzt. Ich möchte Ihnen dies an einem Beispiel demonstrieren: Nehmen wir an, Sie haben 100.000 Euro und legen diese in einem aktiv gemanagten Fonds an oder vertrauen diese einem Vermögensverwalter an. Die laufenden Kosten summieren sich auf 2 Prozent im Jahr, was durchaus konservativ gerechnet ist. Im anderen Fall legen Sie die 100.000 Euro in einen ETF an, bei dem die Kosten 0,5 Prozent betragen. Nehmen wir an, in beiden Fällen würde über einen Zeitraum von 30 Jahren eine Rendite vor Kosten von 8 Prozent jährlich erwirtschaftet.

Bei dem »passiven« Investment haben Sie nach 30 Jahren (nach Kosten) aus den 100.000 Euro 875.000 Euro gemacht. Bei dem »aktiv« gemanagten Investment haben Sie, selbst wenn die Rendite vor Kosten identisch ist, nur durch die höheren Kosten lediglich 574.000 Euro. Das heißt: Sie haben über 300.000 Euro weniger! Diese 300.000 Euro sind der Preis, den Sie für das »aktive Management« gezahlt haben. Hätten Sie gedacht, dass eine Kostendifferenz von nur 1,5 Prozent so viel ausmacht? Hätten Sie sich für das Management entschieden, wenn man Ihnen gesagt hätte, dass Sie über 300.000 Euro dafür bezahlen?

Mit diesen Bemerkungen will ich Sie nicht davon abhalten, sich einer Vermögensverwaltung oder einer Privatbank anzuvertrauen. Aber »anvertrauen« darf nicht gleichbedeutend mit »blindem Vertrauen« sein. Im besten Fall ist Ihr Berater beim Private Banking oder beim Wealth Management ein Sparringspartner, der (hoffentlich) über das notwendige Know-how verfügt, um mit Ihnen Anlageideen durchzusprechen.

Gleichgültig, ob Sie die Geldanlage in die eigene Hand nehmen oder ob Sie eine Bank, einen Vermögensverwalter oder einen anderen Berater hinzuziehen: Die Verantwortung für Ihr Geld tragen allein Sie. Warum weigern sich die meisten Menschen, diese Verantwortung zu übernehmen?

Wenn man die Verantwortung an andere delegiert, ist das bequemer, weil man im Fall von misserfolgreichen Investments die »Schuld« bei der Bank oder dem Berater suchen kann. Läuft die Anlage so, wie man es sich wünscht, kann man sich die positiven Ergebnisse selbst zuschreiben, läuft es anders, dann hat man einen »Schuldigen«. Solange Sie jedoch so denken, werden Sie niemals ein erfolgreicher Anleger werden.

Die meisten Menschen – ob vermögend oder nicht – interessieren sich nicht in dem Maße für ihre Finanzen, wie das eigentlich notwendig wäre. Die Finanzen sind aber neben unserer Gesundheit, dem Beruf und der Familie einer der wichtigsten Lebensbereiche. Viele Menschen haben insgeheim eine negative Einstellung zum Thema »Geld« und wollen sich daher nicht intensiver damit beschäftigen. Sie werden jedoch nie ein erfolgreicher Anleger, wenn Sie ein finanzieller Analphabet sind. Wie in allen anderen Lebensbereichen ist auch die Geldanlage eine Fähigkeit, die man lernen kann – durch eigene Erfahrungen oder durch Bücher wie diesem, das sie gerade lesen.

Hinzu kommt: Viele Anleger überschätzen und unterschätzen gleichzeitig die Komplexität des Themas. Viele sogenannte strukturierte Produkte sind in der Tat äußerst kompliziert und komplex. Viele davon brauchen Sie jedoch nicht. Es genügt vollkommen, wenn Sie die in diesem Buch behandelten Themen der Aktien- und der Immobilienanlage verstehen und wissen, wie Fonds funktionieren, die direkt in Aktien und Immobilien investieren. Zertifikate sind völlig überflüssig, und durch die geschickte »Verpackung« werden häufig nur die hohen Kosten versteckt und ein transparenter Vergleich erschwert.

Nehmen wir beispielsweise die Kapitallebensversicherung. Auch sie ist ein Kombiprodukt, das zwei völlig verschiedene Themen zusammenbindet: Ein Teil des Anlagebetrags wird in eine Risikolebensversicherung investiert, ein anderer Teil wird zur Kapitalbildung verwendet, also in Anleihen und – zu einem geringeren Teil – auch in Immobilien oder Aktien angelegt. Um eine Absicherung Ihrer Frau oder Familie für den Todesfall zu gewährleisten, brauchen Sie eine Risikolebensversicherung. Die Kombination mit einem Sparprogramm für die Kapitalbildung hatte vielleicht noch einen Reiz, solange es dafür erhebliche Steuervorteile gab und nach einer gewissen Zeit der Anlagebetrag steuerfrei ausgezahlt wurde. Nachdem dieser Steuervorteil aber seit Ende 2004 entfallen ist, gibt es keinen vernünftigen Grund, warum man in eine Kapitallebensversicherung investieren soll. Auch fondsgebundene Lebensversicherungen sind nicht sinnvoll, denn kostengünstiger können Sie direkt in einen Investmentfonds ansparen und dazu eine Risikolebensversicherung abschließen.

Ich wollte Ihnen an diesem Beispiel nur zeigen, dass viele der komplexen Produkte entbehrlich sind und die Sache mit der Geldanlage schon sehr viel einfacher wird, wenn Sie verstehen, dass es in erster Linie um die beiden Hauptkomponenten Immobilien und Aktien geht – vielleicht noch ergänzt durch eine Absicherung in Edelmetallen. Wenn Sie verstehen, was Sie bei der Anlage in Immobilien und Aktien zu beachten haben, haben Sie das wesentliche Grundwissen, das Sie brauchen, um als mündiger Anleger entweder Ihre Geldanlage selbst zu managen oder aber auf Augenhöhe mit Ihrem Bank- oder Vermögensberater zu sprechen.

Kapitel 9

Anlage-Mythen über Diversifikation und Volatilität

Sie werden kaum ein Anlagegespräch in einer Privatbank erleben und kaum einen Artikel in einem Finanzmedium lesen, in dem nicht bestimmte, scheinbar in Stein gemeißelte Wahrheiten wiederholt werden. Dazu gehören vor allem folgende pauschale Aussagen:

1. Legen Sie nicht alle Eier in einen Korb! Diversifizieren Sie, das vermindert Ihr Risiko!

2. Eine Anlage ist umso weniger riskant, je geringer deren Wertschwankung (= Volatilität) ist.

Beide Aussagen stehen in einem gewissen Zusammenhang, denn durch die Diversifikation, also z. B. die Streuung des Kapitals auf viele verschiedene Aktien oder Immobilien, soll die Volatilität des gesamten Portfolios reduziert werden. Und eine geringere Volatilität bedeutet nach Meinung vieler Experten ein geringeres Risiko.

Zu denken geben sollte Ihnen vielleicht, dass Warren Buffett sein ganzes Leben damit verbracht hat, in zahllosen Reden und Aufsätzen, aber vor allem auch durch sein eigenes Handeln, diese beiden scheinbar unumstößlichen Wahrheiten zu widerlegen.

Doch bevor wir uns kritisch mit diesen beiden Aussagen auseinandersetzen, sollen sie zunächst kurz erläutert werden. Sie werden kaum einen

Artikel zum Thema »Diversifikation« lesen und kaum ein Beratungsgespräch mit einem Wealth Manager erleben, in dem nicht bedeutungsvoll auf die klassische Portfoliotheorie, die Harry M. Markowitz in den 1950er-Jahren entwickelt hat, verwiesen wird. Dessen zentrale These war, dass durch eine geschickte Zusammenstellung unterschiedlich riskanter Wertpapiere das Gesamtrisiko einer Investition verringert werde. Je geringer die Korrelation zwischen den Wertpapieren sei, desto geringer sei die Standardabweichung im Gesamtportfolio. Der Diversifikationseffekt und damit die Risikoreduktion hängen dabei vor allem davon ab, dass in Wertpapiere investiert wird, bei denen die Korrelation zwischen den Renditen der einzelnen Vermögensgegenstände möglichst gering ist.

Gedankenexperiment Zeitreise

Wann und unter welchen Voraussetzungen ist es sinnvoll, dass Sie Ihre Anlagen möglichst breit streuen? Hierzu ein Gedankenexperiment: Wenn Sie heute eine Zeitreise zehn Jahre zurück in die Vergangenheit machen und dann investieren könnten, würden Sie bestimmt nicht diversifizieren. Sie wüssten ja, welche Anlage sich zehn Jahre später am besten entwickelt haben würde, und würden Ihr gesamtes Geld in diese eine Anlage stecken. Hätte sich beispielsweise Gold über zehn Jahre am besten entwickelt, würden Sie als Zeitreisender so viel Gold wie nur möglich kaufen – und sonst nichts. Hätte sich die Aktie von Google über zehn Jahre hinweg am besten entwickelt, würden Sie auf keinen Fall einen Aktienfonds kaufen, der in möglichst viele einzelne Aktien investiert, sondern würden all Ihr Geld allein in die Google-Aktie stecken.

Diversifikation ist also stets ein Eingeständnis von Unsicherheit und Unwissenheit: Weil wir nicht wissen, wie sich die Zukunft entwickelt, streuen wir unser Geld lieber über unterschiedliche Anlagen, um damit das Risiko zu mindern, dass wir auf das falsche Pferd setzen.

Jede Investition bedeutet eine Zukunftsprognose, ob Sie sich nun dessen bewusst sind oder nicht. Denn wenn Sie in Anlage A investieren und Anlage B meiden, heißt dies ja, dass Sie erwarten, die erste Anlage werde sich künftig besser entwickeln als die zweite. Ob Ihre Prognose richtig oder falsch ist, erweist sich erst in der Zukunft.

Wenn ich vor 15 Jahren in den Berliner Wohnungsmarkt investiert habe, dann deshalb, weil ich der Meinung war, dieser werde sich besser entwickeln als andere Immobilienmärkte. Wäre ich unschlüssig gewesen, welcher Immobilienmarkt sich am besten entwickelt, hätte ich vielleicht in einen offenen Immobilienfonds investiert, der Hunderte Immobilien auf der ganzen Welt kauft. Meine Rendite hätte dann jedoch bestenfalls im unteren einstelligen Bereich gelegen, während ich mit meinen Immobilieninvestitionen in Berlin Renditen im oberen zweistelligen Bereich realisieren konnte.

Wenn ich »nicht alle Eier in einen Korb« lege, kann ich es vermeiden, die allerschlechtesten Investitionen zu tätigen, aber gleichzeitig begebe ich mich auch der Chance, die besten Investitionen zu machen. Vertreter der Theorie der »effizienten Kapitalmärkte« behaupten, es sei für einen Anleger gar nicht über längere Zeit möglich, eine Überrendite durch Investments in einzelne gute Anlagen zu erzielen, da alle relevanten Informationen am Markt bekannt und »eingepreist« seien.

Dies trifft jedoch erstens allenfalls für sehr transparente und effiziente Märkte zu – wozu beispielsweise der Berliner Immobilienmarkt vor 15 Jahren mit Sicherheit nicht gehört hat. Zweitens kommt es nicht nur auf die Menge der Informationen an, sondern darauf, wie man diese interpretiert. Eine Information an sich ist wenig wert, sondern entscheidend ist, wie ich diese Information verarbeite, mit welchen anderen Informationen ich sie verknüpfe und welche Folgerungen ich aus dieser Verknüpfung ableite. Nicht derjenige muss der bessere Anleger sein, der über mehr Informationen verfügt, sondern derjenige, der aus den Informationen die richtigen Folgerungen ableitet.

Bernd Niquet, dessen Überlegungen über die Funktionsweise der Börse ich sehr schätze, schreibt völlig zu Recht: »Eine umfassende Betrachtung der Börse zeigt, dass anscheinend zu jedem Zeitpunkt sowohl die Anzahl der positiven wie auch der negativen Nachrichten immer groß genug ist, um gleichzeitig sowohl eine Hausse als auch eine Baisse mit jeweils zwingender Logik ableiten zu können. Es ist also möglich, aus ein und demselben Datenkranz für den nächsten Tag sowohl schönes als auch schlechtes Wetter zu prognostizieren, was letztlich jedoch nur heißt, dass man an der Börse sehr vorsichtig mit ›Wissen‹ aller Art umgehen sollte.«[146]

Ein Beispiel: Es werden neue Arbeitslosenzahlen gemeldet, die höher ausfallen als erwartet. Für die einen ist das eine schlechte Nachricht, weil sie davon ausgehen, dass sich die Konjunktur eintrüben wird und die Gewinne der Unternehmen zurückgehen werden. Für den anderen ist es eine gute Nachricht, weil er daraus ableitet, dass die Zentralbank die Zinsen weiter senken könnte, was wiederum zu steigenden Aktienkursen führt.

Prognosen für die Zukunft ergeben sich eben nicht absolut zwangsläufig aus der Zusammenstellung von Informationen, denn andernfalls würden alle Menschen, denen man die gleichen Informationen gibt, die gleiche Prognose treffen. Das ist jedoch ganz offensichtlich nicht der Fall: Ein Großteil der Transaktionen kommt nur dadurch zustande, dass zwei Marktteilnehmer, die die gleichen Informationen haben, diese Informationen verschieden interpretieren. Der Käufer einer Aktie oder einer Immobilie erwartet, dass sie sich positiv entwickeln wird, der Verkäufer erwartet, dass dies nicht der Fall sein wird. Nur einer von beiden kann Recht behalten.

Daraus ergibt sich: Je ineffizienter ein Markt ist und je mehr Sie von diesem Markt verstehen und je besser Ihre Fähigkeit ist, künftige Entwicklungen vorauszusehen, desto weniger sind Sie darauf angewiesen zu diversifizieren. »Diversifikation ist eine Vorsichtsmaßnahme gegen Ignoranz. Sie ist nicht nötig für die, die wissen, was sie tun«, hat Warren Buffett immer wieder gesagt.[147]

Man kann das auch freundlicher formulieren: Wenn ich es mir nicht zutraue, beispielsweise die besten Aktien oder Immobilien selbst herauszusuchen, dann investiere ich in einen möglichst breit diversifizierten Aktien- oder Immobilienfonds. Das Eingeständnis von »Nicht-Wissen« ist ja kein Ausdruck von Dummheit, sondern von Klugheit, denn wer weiß, dass er nichts weiß, ist auf jeden Fall dem überlegen, der sich Wissen anmaßt über Dinge, von denen er eigentlich nichts versteht.

In Kapitel 12 werde ich den »agnostischen« Ansatz für die Investition in Aktien entwickeln. Aus der Einsicht, dass es den allermeisten Privatanlegern nicht möglich ist, systematisch besser zu sein als der Aktienmarkt, folgere ich, dass eine möglichst breite internationale Streuung von Aktien, indem man auf einen weltweiten Aktienindex setzt, die beste Lösung ist. Freilich erzielt man damit auf keinen Fall die Renditen, die ein Warren Buffett erzielen konnte. Aber verkraftet es Ihr Selbstbewusstsein nicht, dass Sie sich eingestehen, weniger von Aktien zu verstehen als Buffett?

Die Folgerung für Sie lautet: Unternehmen Sie eine kritische und selbstkritische Prüfung.

1. Wie transparent ist der Markt, um den es sich handelt? Beispielsweise ist der Aktienmarkt für Werte aus dem DAX transparenter als der Wohnimmobilienmarkt für deutsche B-Städte. Die Chance, in weniger transparenten Märkten höhere Renditen zu erzielen, ist im Durchschnitt höher, vorausgesetzt, Sie können die zweite Frage uneingeschränkt bejahen.

2. Wie viel verstehe ich von dem betreffenden Markt? Sie können auch in einem transparenten Markt mehr verdienen als andere, wenn Sie es besser verstehen, die für alle Marktteilnehmer zugänglichen Informationen zu analysieren, und wenn Sie es verstehen, in einer Anlage nicht nur das zu sehen, was sie heute ist, sondern auch das, was sie einmal werden könnte.

Ich möchte Ihnen zu dem zweiten Punkt ein Beispiel geben: Ich kenne Christoph Kahl, Gründer und Inhaber des deutsch-amerikanischen Unternehmens Jamestown, seit 20 Jahren. Seit Beginn seines Berufslebens beschäftigt er sich ausschließlich mit dem amerikanischen Immobilienmarkt. Einen Großteil seiner Investitionen hat er in Manhattan vorgenommen. Mit seinen Fonds erzielte er in 25 Jahren Renditen von durchschnittlich 20 Prozent. Nach der Theorie der »effizienten Kapitalmärkte« dürfte so etwas gar nicht möglich oder nur Zufall sein. Denn der amerikanische Immobilienmarkt zeichnet sich durch eine sehr hohe Transparenz aus.

Warum hatte Kahl aber diesen Erfolg? War es das »Glück«, weil er auf die richtigen Immobilien setzte? Das ist sehr unwahrscheinlich bei mehreren Hundert Immobilien, die er erworben hat. So viele »Glückstreffer« landet niemand. War es das »Glück«, dass er im richtigen Marktzyklus investierte? Auch das ist unwahrscheinlich, denn der amerikanische Markt durchlief in den vergangenen drei Jahrzehnten viele sehr unterschiedliche Zyklen.

Der Grund war vielmehr erstens, dass Kahl immer wieder Immobilien entdeckte, deren Potenzial die vorherigen Besitzer nicht gesehen hatten. Er kaufte gerne »unfertige«, nicht perfekte Immobilien und verkaufte sie dann wieder, wenn sie durch aktive, wertsteigernde Maßnahmen an Wert gewonnen hatten. Eine zweite Eigenschaft kommt für den erfolgreichen Investor hinzu, und diese trifft auch für Kahl zu: Er ließ sich nicht von allgemeinen Moden und Stimmungen anstecken (zu diesem Thema werden Sie mehr in Kapitel 11 erfahren), sondern handelte anti-zyklisch und verkaufte am Höhepunkt der Euphorie, kurz vor Ausbruch der Finanzkrise, fast das gesamte Immobilienportfolio zu einem sehr hohen Preis.

»Nonsense« über Volatilität und Risiko

Zu Beginn dieses Kapitels habe ich zwei anscheinend in Stein gemeißelte Anlage-Weisheiten zitiert. An der zweiten dieser »Weisheiten« ist noch weniger dran als an der ersten. Und ich behaupte sogar, dass sie eine Menge Schaden und Verwirrung angerichtet hat.

Nach der Portfoliotheorie, wie sie von Harry Markowitz und seinem Schüler William Sharpe formuliert wurde, wird Risiko als Volatilität definiert, also als das Ausmaß der Ertragsschwankungen um einen Durchschnittswert. Je stärker die Preise einer Anlage schwanken bzw., mathematisch ausgedrückt, je höher die Standardabweichung ist, desto größer auch das Risiko.

Bevor ich mich kritisch mit dieser Theorie der Risikomessung auseinandersetze, will ich auf einen verbreiteten Anlegerirrtum eingehen: Viele Anleger glauben, die Volatilität einer Anlage sei geringer, nur weil deren Wert nicht regelmäßig ermittelt wird. Ein Beispiel: Sie halten Immobilien für »sicher«, weil sie deren Wertschwankungen nicht täglich in der Tageszeitung nachlesen können. Wer ein Einfamilienhaus vor zehn Jahren gekauft hat, weiß nicht, wie viel es heute wert ist. Keine Zeitung berichtet darüber. Er könnte es erst erfahren, wenn er versucht, es zu verkaufen. Zwischen dem Zeitpunkt des Kaufes und des Verkaufes kann er sich der Illusion hingeben, der Wert seines Hauses sei gestiegen, auch wenn dieser in Wahrheit gefallen ist.

Auch Immobilienpreise schwanken, aber der Immobilieneigentümer erfährt das meist nicht. Als ich 2004 ein Einfamilienhaus in Berlin kaufte, bezahlte ich nur den halben Preis, den der Vorbesitzer 1994 gezahlt hatte. Er wollte natürlich nicht wahrhaben, dass der Wert seiner Immobilie so stark gesunken war. Er versuchte zwei Jahre lang vergeblich, sie zu einem Preis zu verkaufen, den er für gerechtfertigt hielt, der jedoch ganz offensichtlich unrealistisch war. Er fand aber keinen Käufer, der bereit war, diesen Preis zu zahlen. Schließlich musste er erkennen, dass seine Vorstellungen nicht durchsetzbar waren, und verkaufte das Haus zum halben Preis an mich.

Kürzlich habe ich erwogen, das Haus vielleicht zu verkaufen. Ein Makler setzte den Preis 75 Prozent höher an als den, den ich damals bezahlt hatte. Ob sich dieser Preis – oder ein höherer oder nur ein niedriger – erzielen lässt, habe ich nicht erfahren, weil ich mich entschieden habe, das Haus doch zu behalten. Dieses Beispiel zeigt, dass auch Preise von Immobilien starken Schwankungen ausgesetzt sind. Schwankungen, die man jedoch normalerweise nicht sieht.

Auch bei geschlossenen Immobilienfonds oder bei vermieteten Eigentumswohnungen bzw. Mietshäusern fand bzw. findet keine regelmäßige Bewertung statt. Und selbst wenn ein Fonds bzw. eine Immobilie einmal im Jahr bewertet wird (was beispielsweise bei Immobilienfonds für institutionelle Investoren der Fall ist), dann ist die Volatilität schon wegen der selteneren Bewertung naturgemäß weniger sichtbar als bei einer Aktie, die jede Sekunde am Kapitalmarkt neu bewertet wird.

In Befragungen von privaten und institutionellen Investoren nach den Motiven für die Immobilienanlage erklären die meisten, dass sie die hohe

»Stabilität« schätzen. Der Eindruck der »Stabilität« resultiert jedoch nicht zuletzt daraus, dass man die tatsächlichen Wertschwankungen wegen fehlender, selteneren oder auch wegen geschönten (»geglätteten«) Bewertungen nicht sieht. Weil die Wertschwankungen, anders als bei Anleihen, Aktien oder Rohstoffen, unsichtbar sind, kann man sich einreden, sie seien sehr gering.

Doch auch bei Anleihen, Aktien und anderen Assets ist die Volatilität ein ungeeignetes Risikomaß. Im Folgenden referiere ich einige Argumente aus einem ausgezeichneten Beitrag des Ökonomen Michael Keppler, der in der Zeitschrift *Die Bank* unter der Überschrift »Risiko ist nicht gleich Volatilität« erschienen ist.[148]

Er demonstriert den Trugschluss, dass Risiko sich durch die Volatilität messen lasse, am folgenden Beispiel: Angenommen, eine Aktie steigt in einem Monat um 10 Prozent, im nächsten Monat um 5 Prozent und im darauffolgenden Monat um 15 Prozent. Ein Investment in diese Aktie wäre auf Basis der Standardabweichung der monatlichen Erträge als riskanter einzustufen als eine Aktie, die in jedem Monat kontinuierlich um 15 Prozent fällt. Während der Besitzer der vermeintlich »riskanten« Aktie jedoch 32,8 Prozent verdient, verliert der Anleger der zweiten Aktie im gleichen Zeitraum 38,6 Prozent. Der Autor fügt ironisch hinzu: Der zweite Anleger, der also erheblich verliert, »kann sich jedoch damit trösten, dass dieser Verlust ›risikolos‹ zustande kam, denn die Standardabweichung ist in seinem Fall null«.

Die Folgerung, die Keppler zieht: »Risiko als Volatilität zu definieren, widerspricht – ungeachtet der weiten Verbreitung dieser Praxis – schlicht dem gesunden Menschenverstand. Denn die Standardabweichung oder der Beta-Faktor haben nichts mit dem zu tun, was der Börsenpraktiker als sein eigentliches Risiko betrachtet: die Möglichkeit, Verluste zu erleiden.« Der einzige Vorteil der Volatilität als Risikomaß ist, dass sie sich leicht messen lässt. Wahrscheinlich ist das der Grund, warum viele so zäh an diesem unsinnigen Maß festhalten.

Buffett und sein Partner Charlie Munger lehnten die Definition von Risiko als Volatilität als »nonsense« ab. Für die beiden hatte Risiko vor allem damit zu tun, ob man Geld verliert oder nicht. Zudem war ihrer Meinung nach das Risiko »untrennbar mit der geplanten Haltedauer eines Assets verbunden«.[149] Wer langfristig denkt und ein Asset langfristig hält, braucht sich nicht für die Volatilität zu interessieren.

Die Volatilität einer Anlage ist kein Nachteil, sondern sogar ein großer Vorteil: Nur deshalb, weil die Kurse von Aktien oft so stark schwanken, ist es möglich, eine Aktie sehr günstig – unter ihrem fairen Wert – zu kaufen und in Phasen der Euphorie sehr teuer – über ihrem fairen Wert – wieder zu verkaufen. Und je länger Ihr Anlagehorizont ist, desto weniger müssen Sie die Schwankungen im Preis interessieren.

Der Irrtum, Volatilität mit Risiko gleichzusetzen, und der zweite Irrtum, dass Anlagen wie Immobilien, deren Preise nicht regelmäßig am Markt ermittelt werden, allein deshalb kaum im Wert schwanken, hat gerade bei deutschen Anlegern zu einer Vielzahl unsinniger und schädlicher Anlagestrategien geführt. So legen deutsche Anleger ihr Geld vorzugsweise auf das Sparbuch oder in Sparverträgen an und meiden Aktien, da Letztere ja Wertschwankungen unterliegen. Dieses Verhalten wird in Zukunft zu einem sehr ernsten Problem führen: Denn da die gesetzliche Rentenversicherung wegen des sogenannten »Umlageverfahrens« in einer alternden und schrumpfenden Gesellschaft nicht funktionieren kann, wäre es umso wichtiger, dass jeder Einzelne privat vernünftig vorsorgt. Da jedoch Aktien konsequent gemieden werden und die Anleger ihr Geld lieber in extrem niedrig bzw. heute fast gar nicht mehr verzinste Anlagen »investieren«, wird Altersarmut in Zukunft ein immer schwereres Problem für die deutsche Gesellschaft werden.

Wer sein Geld erhalten und vermehren möchte, sollte also nicht unkritisch auf das hören, was ihm in Beratungsgesprächen erzählt wird. Die scheinbar wissenschaftlichen Diagramme, die Anlegern in einer Privatbank im Beratungsgespräch mit wichtiger Miene offeriert werden, beruhen größtenteils darauf, Risiko mit Volatilität gleichzusetzen. Und sie beruhen pauschal auf der Annahme, dass eine möglichst hohe Diversifikation der Königsweg sei, wobei dies in Wahrheit nur die zweitbeste Lösung ist, die sich allerdings manchmal zwingend aus der Einsicht ergibt, dass man nicht fähig ist, besser als der Markt zu sein.

Wenn Sie verstanden haben, dass Volatilität kein geeignetes Risikomaß und auch kein Nachteil einer Anlage ist, wenn Sie darüber hinaus ein Verständnis dafür gewonnen haben, wann Diversifikation sinnvoll ist und wann nicht, dann ist es an der Zeit, dass Sie sich mit einer weiteren Anlegerfalle beschäftigen, die dafür verantwortlich ist, dass viele Anleger ihre Ziele verfehlen, dem »Home Bias«.

Kapitel 10

Anlegerfalle »Home Bias«

Durch die Globalisierung und das Internet ergeben sich Chancen für den Anleger, die er früher nicht nutzen konnte. Wer heute in Spanien überlegt, ob er eine vermietete Eigentumswohnung als Kapitalanlage kaufen möchte, der ist nicht darauf angewiesen, diese Wohnung unbedingt in Spanien zu erwerben. Im Internet findet er alle Informationen beispielsweise über den Wohnimmobilienmarkt in Berlin oder in New York. Kommt er zu dem Ergebnis, dass dort die Chancen für ein Investment größer sind als in seiner Heimat, so kann er ohne Probleme dort investieren.

Auch ein Anleger in Frankreich ist nicht darauf angewiesen, sein Geld unbedingt im französischen Aktienmarkt anzulegen. Er kann weltweit investieren, gleichgültig, ob das nun in Anleihen, Rohstoffen, Aktien oder Immobilien ist. Meine Firma berät ein Unternehmen, das Wohnungen in Berlin an Kapitalanleger verkauft. Ein Drittel der jährlich etwa 1000 Käufer sind heute ausländische Anleger. Sie kommen aus 40 (!) Ländern, aus Italien und aus Russland, aus Frankreich und aus Spanien, ja sogar aus Taiwan oder der Mongolei. Ohne das Internet wäre diese Entwicklung nicht möglich gewesen.

Dennoch nutzen die meisten privaten und institutionellen Anleger diese Chancen nicht in dem Maße, wie sie diese nutzen könnten. Vielmehr bevorzugen sie es auch im Zeitalter der Globalisierung, hauptsächlich in ihrem Heimatmarkt zu investieren. Dieses Phänomen, das mit dem Begriff »Home Bias« bezeichnet wird, ist vor allem für den Aktienmarkt sehr gut erforscht.

Bereits Anfang der 90er-Jahre zeigten Untersuchungen, dass in den USA 93,8 Prozent, in Japan 98,1 Prozent und in Großbritannien 82 Prozent der von heimischen Anlegern gehaltenen Aktien aus dem Inland kamen.[150] Zwar ist das heute nicht mehr so extrem, aber auch im Zeitalter einer fortschreitenden Globalisierung bevorzugen Anleger den eigenen Heimatmarkt in einer Weise, für die es schwer ist, rationale Erklärungen zu finden. Eine Untersuchung aus dem Jahr 2001 zeigte, dass der Anteil der Investitionen in die jeweiligen heimischen Aktienmärkte in Australien, Kanada, Frankreich, Deutschland, Italien, Japan, den Niederlanden, Spanien, Schweden, Großbritannien und den USA bei jeweils mindestens 75 Prozent, teilweise sogar über 90 Prozent lag.[151] In einer 2005 erstellten Untersuchung konnte gezeigt werden, dass in Deutschland, den USA, Japan, Großbritannien, Kanada, Frankreich, Italien, Spanien, Australien und der Schweiz der Anteil der Investitionen im Heimatland jeweils über 70 Prozent lag – in einigen dieser Länder sogar deutlich über 90 Prozent.[152]

Im Jahr 2005 untersuchten Wissenschaftler die Empfehlungen von amerikanischen, japanischen und europäischen Banken für die Aktieninvestitionen: Die amerikanischen Banken empfahlen überwiegend amerikanische Aktien, die japanischen Banken empfahlen japanische Aktien und die europäischen Banken empfahlen europäische Aktien.[153]

Auch bei Immobilieninvestitionen institutioneller Investoren spielt der »Home Bias« eine wichtige Rolle. So zeigt z. B. eine Studie von FERI EuroRating aus dem Jahr 2014, dass deutsche institutionelle Investoren 63,3 Prozent ihrer Immobilien in Deutschland halten, aber nur insgesamt 1,4 Prozent in den Wachstumsregionen Asien/Pazifik.[154] Und dies, obwohl die demografischen Rahmenbedingungen dort viel besser sind und das wirtschaftliche Wachstum viel imposanter. Und obwohl es heute zahlreiche Möglichkeiten gibt, über Immobilien-Spezialfonds oder über sogenannte REITs (Real Estate Investment Trusts) auch im asiatisch-pazifischen Raum zu investieren. Auch in anderen Ländern investieren die dortigen institutionellen Investoren ganz überwiegend in einheimische Immobilien – unabhängig davon, wie groß oder attraktiv der Markt dort ist.

Was Fußball und Geldanlage gemeinsam haben

So wie bei einer Fußballweltmeisterschaft viele Bürger eines Landes sich nicht nur wünschen, sondern darüber hinaus auch ganz fest daran glauben, ihre eigene Mannschaft werde gewinnen, so ist das auch bei Investoren. Wissenschaftler fanden sogar heraus, dass amerikanische Fondsmanager jedes zehnte Wertpapier nur deshalb kauften, weil das Unternehmen seinen Sitz in derselben Stadt hatte wie der entsprechende Fondsmanager.[155] Das zeigt, dass die Investoren den eigenen Heimatmarkt eben nicht nur deshalb bevorzugen, weil sie Währungsrisiken oder politische Risiken in anderen Ländern meiden möchten oder weil sie deren Sprache nicht verstehen: Denn innerhalb der USA gibt es hier ja keine Unterschiede, und dennoch bevorzugten die Fondsmanager Unternehmen mit Sitz in ihrer Heimatstadt.

Der Vergleich mit einer Fußballweltmeisterschaft, bei der der Nationalstolz eine Rolle spielt, wenn man eher glaubt, dass die eigene Mannschaft gewinnt, ist gar nicht so abwegig. Wissenschaftler konnten nachweisen, dass die ausländischen Anlagen umso geringer sind, je größer der Patriotismus ist. Ein zehnprozentiger Rückgang des Patriotismus in den Vereinigten Staaten, so die Autoren, würde eine Zunahme von 260 bis 440 Milliarden Dollar in ausländischen Investments bedeuten. Die amerikanische Regierung erkannte diese Zusammenhänge intuitiv und taufte nach den Anschlägen des 11. September 2001 einen Teil ihrer Staatsanleihen in »Patriot Bonds« um. Das Verkaufsvolumen stieg daraufhin um 43 Prozent gegenüber dem Vorjahr.[156]

Wissenschaftler fanden bei zahlreichen Befragungen von privaten und institutionellen Anlegern heraus, dass die jeweiligen Investoren in Bezug auf ihren Heimatmarkt relativ optimistischer waren. Zum gleichen Zeitpunkt erwarteten Briten, Japaner, Amerikaner und Kontinentaleuropäer, dass sich ihr jeweiliger heimischer Aktienmarkt besser als der der anderen Länder entwickeln würde.[157]

Andere Wissenschaftler befragten Absolventen eines Investmentkurses an einer deutschen und an einer amerikanischen Universität. Die deutschen Teilnehmer waren sehr viel optimistischer in der Beurteilung deutscher im Vergleich zu amerikanischen Aktien, und umgekehrt fanden die amerikanischen Teilnehmer, dass US-Aktien viel bessere Chancen böten als deutsche Aktien.[158]

Dieses als »Home Bias« bezeichnete Verhalten kostet die jeweiligen Anleger Renditen bzw. erhöht ihr Risiko. Eine weitere Untersuchung zeigte beispielsweise, dass diese Renditeeinbußen zwischen 1,48 Prozent und 9,79 Prozent für verschiedene Märkte lagen[159], andere Untersuchungen kamen zu dem Ergebnis, die Renditeeinbuße liege im Schnitt immerhin bei einem Prozent[160], wieder andere Untersuchungen ermittelten eine Renditeeinbuße von 0,82 bis 0,95 Prozent.[161] Das klingt vielleicht nach nicht viel, macht aber beispielsweise über einen Zeitraum von zehn Jahren einen gewaltigen Unterschied.

Wissenschaftler schütteln über solche Anlagestrategien den Kopf und suchen nach Erklärungen. Was sind die Gründe für dieses Verhalten? Eine Erklärung lautet, dass es bestimmte Anlagebarrieren in Ländern gibt, die den Anteil ausländischer Investitionen beschränken. Ein extremes Beispiel sind amerikanische Versicherungsgesellschaften, die nur maximal 3 Prozent ihrer Gelder in ausländischen Wertpapieren halten dürfen.[162] In Deutschland gibt es beispielsweise bei offenen Immobilienfonds Obergrenzen für Investitionen im Ausland, bei denen das Währungsrisiko nicht abgesichert ist.

Doch diese Erklärungen überzeugen nur zum Teil: Denn erstens gibt es solche extremen Beschränkungen nur in wenigen Ländern und zweitens werden die Obergrenzen, die es dort gibt, meist nicht einmal ausgeschöpft. Die Regelungen sollen dem Anlegerschutz dienen (in diesem Fall zum Beispiel der amerikanischen Versicherungsnehmer), aber darin spiegelt sich nur einmal mehr der Irrglaube wider, Investitionen im Ausland seien per se riskanter als solche im Inland.

Ein anderes naheliegendes Argument zur Erklärung des »Home Bias« ist, dass Investoren die Anlagen in ihrem eigenen Land besser beurteilen könnten als in einem anderen Land. Doch auch diese Erklärung ist nicht befriedigend. Sie kann allenfalls dann teilweise überzeugen, wenn Investoren einzelne Aktien auswählen. Wenn sie jedoch eine breit diversifizierte Anlagestrategie verfolgen und eher in einzelne Aktienmärkte als in einzelne Aktien investieren, kann diese Erklärung nicht mehr überzeugen. Zudem sind die Informationsbarrieren im Internetzeitalter sehr viel geringer geworden. Es ist heute schließlich ohne Weiteres möglich, über einzelne Unternehmen und Aktien, auch aus fremden Ländern, eine Fülle von Daten und Informationsmaterial zu recherchieren.

Für Anleger, die wirklich über die Fähigkeit verfügen, einzelne Erfolg versprechende Aktien herauszusuchen, mag es vernünftig sein, sich auf den Heimatmarkt zu fokussieren, insbesondere dann, wenn er groß genug ist. Letztere Einschränkung sollte man schon machen, denn es mutet geradezu absurd an, wenn z. B. der Anteil, den spanische Investoren an Aktien ihres eigenen Landes halten, bei über 95 Prozent liegt[163] und der Anteil, den mexikanische Investoren in Aktien ihres eigenen Landes anlegen, sogar bei 100 Prozent.[164]

Anders sieht es in den Vereinigten Staaten aus: Warren Buffett, über Jahrzehnte der erfolgreichste Aktieninvestor, investierte lange Zeit hinweg ausschließlich in amerikanische Aktien. Sein Argument: In seinem eigenen Land gebe es genug lohnenswerte Investitionschancen. Allerdings gehört Buffett zu den wenigen Investoren, denen es tatsächlich gelang, langfristig besser als der Markt zu sein und durch eine intelligente Auswahl der Aktien eine deutliche Überrendite zu erzielen. Aber die meisten privaten und institutionellen Investoren verfügen nicht über diese Fähigkeit, und sie sind daher besser beraten (wie in Kapitel 12 gezeigt wird), in Fonds zu investieren, die den Gesamtmarkt abbilden, statt in einzelne Aktien.

Einen Vorteil, sich überwiegend auf den eigenen Heimatmarkt zu fokussieren, gibt es allerdings dann, wenn Märkte relativ intransparent sind, man tatsächlich über eine höhere Kompetenz im eigenen Markt verfügt und es zudem gute Argumente dafür gibt, dass sich der eigene Markt besser als andere Märkte entwickeln wird.

Ich möchte das am Beispiel von Immobilieninvestments erläutern. Ein Großteil meiner eigenen Immobilieninvestitionen befindet sich in Berlin. Warum? Bin ich als Berliner selbst möglicherweise der Anlegerfalle

»Home Bias« aufgesessen? Was waren meine Gründe, in den Berliner Wohnimmobilienmarkt zu investieren?

Der Wohnimmobilien-Investmentmarkt ist im Vergleich zum Aktienmarkt vergleichsweise weniger transparent. Das galt noch mehr vor 10 bis 15 Jahren, als ich in Berlin investiert habe. Bevor ich eine Immobilie erwerbe, muss ich sie mir anschauen, und die allermeisten Immobilien, die ich mir angeschaut habe, habe ich nicht gekauft. Das ist natürlich in der eigenen Stadt sehr viel einfacher als in einer fremden Stadt oder gar in einem fremden Land. Man kann in der eigenen Stadt auch eine bestimmte Wohnlage besser beurteilen als in einer fremden Stadt.

Das allein ist jedoch kein zwingender Grund, in den heimischen Immobilienmarkt zu investieren. Hätte ich nicht zufällig in Berlin gewohnt, sondern in Saarbrücken oder Frankfurt/Oder, dann wäre es trotz der beschriebenen Vorteile der Standortnähe und Ortskenntnis sicher nicht Erfolg versprechend gewesen, dort zu investieren.

Es müssen also noch andere Argumente hinzukommen. Im Falle Berlins war das meine Analyse, dass die Preise und Mieten für Wohnimmobilien nicht nur ganz deutlich unter denen anderer europäischer Metropolen lagen (was gute Gründe hat), sondern auch deutlich unter denen von Köln, Frankfurt/Main, Hamburg, Düsseldorf und anderen Städten. Dafür suchte ich nach Erklärungen.

Die Erklärung dafür war, dass es in Berlin bis Ende der 90er-Jahre nie einen richtigen Wohnungsmarkt gegeben hatte. Im Osten Berlins herrschte der Sozialismus, und im Westen bestimmten Subventionen und Steuervorteile das Geschehen. Die niedrigen Mieten und Preise spiegelten diese Sondersituation wider. Zudem mieden viele Investoren Berlin, weil sie in den 1980er- und 90er-Jahren, als es zahlreiche Steuersparmodelle gab, schlechte Erfahrungen gesammelt hatten. Zu dem Zeitpunkt, als ich investierte, hatte Berlin einen sehr schlechten Ruf bei Investoren.

Deshalb waren die Preise für Immobilien niedriger. Sie würden steigen, so mein Kalkül, wenn die Menschen nach einer gewissen Zeit ihre negativen Erfahrungen vergessen und wenn aufgrund der rückläufigen Bautätigkeit die Leerstände abgebaut und die Mieten steigen würden. Zudem hoffte ich, dass Berlin allein aufgrund seiner Größe langfristig auch in- und ausländische Investoren anziehen würde, die bisher dort nicht investiert waren, was ebenfalls zu anziehenden Preisen führen sollte. Genau das ist dann auch geschehen.

Einige Jahre später kam ich zu dem Ergebnis, dass es andere nicht beachtete Märkte gibt, in denen es sich ebenfalls lohnen könnte, Immobilien zu erwerben. Ich kaufte einige Wohnungen in Bremen, einem bis dahin viel zu wenig beachteten Standort. Manchmal ist es eben gut, gerade an Standorten zu investieren, die andere für uninteressant halten. Denn dann sind die Preise dort entsprechend moderat.

Ich sah im Jahr 2014, dass der Immobilienmarkt in den meisten großen deutschen Städten inzwischen zunehmend überhitzt war, und erwartete, dass ausgesuchte »B-Städte« in Deutschland ein höheres Potenzial bieten würden. Einige wissenschaftliche Untersuchungen bestätigten diese These. Allerdings hatte ich weder das Geld noch die Kompetenz, in solchen Städten Mietshäuser zu kaufen. Also suchte ich nach einem Fondsmanager, dem ich vertraute und der diese Strategie systematisch verfolgte, und investierte in einen Immobilienfonds, der in diese bislang weniger von Investoren beachteten Städte investierte.

Diese Überlegungen lassen sich auch auf die globale Ebene übertragen. Wenn Sie wirklich sicher sind, dass Sie einen bestimmten Markt sehr gut verstehen, dann können Sie direkt in diesen Markt investieren und einzelne Anlagen herauspicken, ob das nun Immobilien oder Aktien sind. Hier kann die räumliche Nähe dann ein Vorteil sein, wenn der Markt relativ intransparent ist. Im anderen Fall müssen Sie indirekt investieren, also in der Regel über Fonds. Über Aktien und Aktienfonds werden Sie mehr in Kapitel 12 erfahren, über Immobilien in Kapitel 13.

Bei indirekten Investitionen, also über Fonds, sollten Sie jedoch global denken. Heimatliebe hat ihre Berechtigung, aber nicht bei Kapitalanlagen. In dem Fall ist Patriotismus nicht besonders sinnvoll. Wenn zur gleichen Zeit die Menschen in Italien, Kanada, Australien, Deutschland und Mexiko glauben, die Aktien oder Immobilien ihres jeweils eigenen

Landes würden sich künftig besser entwickeln als die vom Rest der Welt, dann können sie nicht alle gleichzeitig Recht behalten. Sie irren sich, weil sie intuitiv der Meinung sind, das Fremde berge höhere Risiken als das Vertraute, das Nahe sei sicherer als das Ferne.

Das Beispiel des »Home Bias« zeigt, wie uns unsere Gefühle und Vorurteile bei der Anlage oft ein Schnippchen schlagen. Nehmen Sie einen Anleger, der in Aktien investieren möchte. Die meisten werden zuerst daran denken, einzelne deutsche Aktien zu kaufen oder sich an einem Fonds zu beteiligen, der in den deutschen Aktienmarkt investiert. Und genau so tun das auch die Anleger in anderen Ländern.

Die Intuition kann in vielen Lebensbereichen ein guter und wichtiger Ratgeber sein, aber bei der Kapitalanlage führt sie häufig in die Irre. Das Beispiel des »Home Bias« soll Ihnen zeigen, dass Sie lernen müssen, Ihren spontanen Reflexen zu widerstehen. Statt intuitiv in den eigenen Heimatmarkt zu investieren, wie dies die allermeisten privaten und institutionellen Anleger tun, sollten Sie sich die Frage stellen, ob es dafür wirklich einen vernünftigen Grund gibt. Seien Sie sich selbst gegenüber misstrauisch: Oft erfinden wir hinterher Gründe für unser Handeln, die vernünftig klingen, obwohl die eigentlichen Motive eher irrational waren. Ein erfolgreicher Anleger muss lernen, Distanz zu sich selbst aufzubauen und sich ständig zu fragen, ob ihm nicht bestimmte Vorurteile und Emotionen ein Schnippchen schlagen.

Die allerwichtigste Fähigkeit für einen langfristig orientierten Anleger, um erfolgreich zu sein, ist dabei, dass es ihm gelingt, sich nicht von den Stimmungen der Mehrheit anstecken zu lassen und Anlagemoden zu widerstehen.

Kapitel 11

»Rückspiegel-Investments« und Anlagemoden

Ich wünsche Ihnen, dass Sie dieses Buch zu einem Zeitpunkt lesen, nachdem es an den Aktien- und Immobilienmärkten zu einem erheblichen Einbruch gekommen ist. Obwohl sich die meisten Investoren – wie ich im Folgenden zeigen werde – genau dann nicht getrauen, zu investieren, ist das für einen sehr langfristig orientierten Anleger der beste Zeitpunkt, um am Aktien- und Immobilienmarkt einzusteigen. Sollten Sie das Buch dagegen zu einer Zeit stark steigender Aktienkurse und Immobilienpreise lesen, dann werden Sie davon profitieren, weil dieses Kapitel Sie für die damit verbundenen Gefahren sensibilisieren wird.

In den Monaten, in denen ich dieses Buch geschrieben habe, stiegen die Preise für alle Anlagen fast unaufhörlich – für Aktien ebenso wie für Anleihen oder Immobilien. In einer solchen Situation werden viele Anleger übermütig und glauben, diese Preissteigerungen würden sich auch in der Zukunft fortsetzen. Ein Blick in die Geschichte ist lehrreich, denn er zeigt, welche Gefahren gerade in Zeiten stark steigender Aktien- und Immobilienpreise lauern. Das Beispiel der Entwicklung der Aktienmärkte Ende der 1990er-Jahre und des amerikanischen Hausmarktes am Beginn des Jahrtausends sollte Anlegern eine deutliche Warnung sein.

»Ein Lehrer fragt: Warum soll ich noch arbeiten?«

1996 war ein tolles Jahr für deutsche Aktien. Der Deutsche Aktienindex DAX legte um mehr als 27 Prozent zu auf 2889 Punkte. Die Medien begannen, positiv über deutsche Aktien zu berichten. Und das Interesse der Deutschen an Aktienfonds nahm zu. Hatten die Bundesbürger im Jahr 1996 netto nur 1,3 Milliarden Euro in Aktienfonds investiert[165], so waren es 1997 schon 15 Milliarden Euro.

1997 stieg der Aktienmarkt sogar noch weitaus deutlicher, legte fast 47 Prozent zu und stand am Jahresende bei 4250 Punkten. Das Interesse der Anleger an Aktien nahm weiter zu, und 1998 flossen den Aktienfonds sogar 19,5 Milliarden Euro zu.

Die Aktienhausse schien kein Ende zu nehmen. Auch 1998 war wieder ein gutes Aktienjahr, und der DAX stieg um 18,5 Prozent auf über 5000 Zähler. In den Medien wurde gejubelt, der DAX habe die »psychologisch wichtige« Marke von 5000 Punkten geknackt. Von einer angeblich »psychologisch wichtigen Marke« schreiben die Medien übrigens etwas einfältig stets, wenn eine 1000er-Zahl über- oder unterschritten wird.

Die Deutschen, einstmals Aktienmuffel, waren nun im Aktienfieber. »Die Aktienanlage«, konstatierte ein Beobachter in dem 1998 erschienenen Buch mit dem Titel *Börsenfieber*, »wird zum Königsweg für die Vermögensanlage hochstilisiert und der Aktienkauf als Bürgerpflicht verkündet«. Die Beobachtung des Autors, »es wird alles gekauft, wo Aktie draufsteht«, erscheint vielleicht übertrieben, spiegelt aber genau die damalige Stimmung wider.[166]

Jetzt bekamen die Deutschen richtig Appetit auf Aktien, und 1999 investierten sie 35,3 Milliarden Euro in Aktienfonds. Kurzfristig wurden sie dafür fürstlich belohnt, denn am Ende des Jahres 1999 konnten sie sich über ein Kursplus von 39 Prozent freuen. Auch weltweit herrschte Euphorie an den Finanzmärkten.

In solchen euphorischen Phasen werden meist phantastische Kursziele in den Medien verbreitet. Im September 1999 erschien das Buch *Dow 36.000. The New Strategy for Profiting from the Coming Rise in the Stock Market* von James K. Glassman und Kevin A. Hassett. Die Autoren prophezeiten, der Dow Jones Index werde in fünf Jahren bei 36.000 Punkten stehen. Das Buch wurde in den USA ein Bestseller und erschien wenige

Monate später in deutscher Sprache unter dem Titel: *Dow 36.000, warum Aktien weiter steigen*. Damals stand der Dow Jones Index übrigens bei etwa 11.000 Punkten – aber er stieg in den Folgejahren nicht, wie von den Autoren prophezeit, auf 36.000, sondern erreichte im Jahr 2003 ein Tief von 7524 Punkten.

Anfang 2000 erreichte in Deutschland die Stimmung den Siedepunkt. Der DAX stieg schneller und schneller. Hatte er Ende 1999 noch die Marke von 6858 Punkten erreicht, so stieg er bis zum März 2000 auf 8070 Punkte! In den ersten Monaten des Jahres 2000 gab es kein Medium mehr – von der *FAZ* bis zur *Bild-Zeitung* –, in dem nicht die Chancen der Aktienmärkte in den höchsten Tönen gepriesen worden wären.

Die *Bild-Zeitung* titelte am 22. Februar 2000, also kurz vor dem Platzen der Blase, auf Seite 1 in großen Buchstaben: »Geld-Rausch! Ein Lehrer fragt: Warum soll ich noch arbeiten? Deutsche reden nur noch über Aktien-Tipps. Frauen spekulieren mit dem Haushaltsgeld. 300 Prozent Gewinn mit Internet. Kann ich auch reich werden?«[167] Ich erinnere mich noch heute, wie mir mein Friseur Aktientipps gab und die Eltern meiner damaligen Freundin, die sich bisher noch nie in ihrem Leben für Geldanlagen interessiert hatten, gebannt vor dem Fernseher saßen, die neuesten Aktientipps von »Experten« aufsogen, um gleich am nächsten Tag die empfohlenen Aktien zu kaufen. Das alles waren untrügliche Zeichen, dass die Blase kurz vor dem Platzen war.

Und tatsächlich brachen die Aktienkurse ein. Im Jahr 2000 sank der DAX nach jahrelanger Hausse, allerdings nur um 7,5 Prozent, auf 6376 Punkte. Für die Anleger, die im März bei 8000 Punkten eingestiegen waren, war der Verlust freilich schon empfindlicher.

Aber wie bei einem Alkoholrausch endet auch der Aktienrausch nicht abrupt. Nachdem die Medien jahrelang geschrieben hatten, dass Aktien die allerbeste Anlageform und durch keine andere Anlage zu schlagen seien, nutzten viele Anleger die Kursrückgänge, um nachzukaufen. Experten beruhigten, es handle sich mit Sicherheit nur um einen vorübergehenden Rückschlag. Die Verkaufsmaschinen für Aktienfonds in den Banken liefen weiter auf Hochtouren, und niemand wollte sie stoppen.

Allein im Jahr 2000 flossen fast 74 Milliarden Euro in Deutschland in Aktienfonds. Der DAX brach zwar im Folgejahr 2001 deutlicher ein und verlor fast 20 Prozent, aber die Verkaufsmaschinen liefen noch weiter, und es flossen immerhin 13 Milliarden Euro in Aktienfonds.

Dann kam jedoch das Jahr 2002, der deutsche Aktienmarkt verlor weitere 44 Prozent und fiel auf 2839 Punkte. Im Jahresverlauf hatte er sogar einen Tiefststand von 2593 Punkten erreicht. Wer im März 2000 in den Aktienmarkt eingestiegen war, hatte damit mehr als zwei Drittel verloren. Aus 10.000 Euro waren 3200 Euro geworden – vorausgesetzt, man realisierte die Verluste.

Jetzt versiegte der Zustrom in die Aktienfonds. Viele verkauften in dieser Situation ihre Fonds, und es gab nur noch wenige Käufer. Nur noch 2,9 Milliarden Euro wurden 2002 netto in deutsche Aktienfonds investiert – zur Erinnerung: Zwei Jahre zuvor hatten die Deutschen netto 25-mal mehr Kapital in Aktienfonds angelegt. Die wenigen Anleger, die auch 2002 in Aktienfonds investierten, wurden jedoch für ihren Mut belohnt. Denn schon im Folgejahr 2003 stieg der DAX um mehr als 37 Prozent, und auch in den Jahren 2004, 2005, 2006 und 2007 sollte er Jahr für Jahr weiter steigen. Wer 2002 auf dem Tiefpunkt von 2593 Punkten eingestiegen war, konnte sich im Jahr 2008 bei einem Jahreshöchststand von 8046 Punkten über eine Verdreifachung seines Geldes freuen. Wer auf dem Tiefpunkt 2002 mit 10.000 Euro eingestiegen war, hatte über 31.000 Euro daraus gemacht, vorausgesetzt, er realisierte nunmehr die Gewinne.

Selbst die Anleger, die im Februar oder März 2000, angesteckt von der Aktieneuphorie, viel zu spät eingestiegen waren, aber ihre Aktien zwischenzeitlich nicht verkauft hatten, konnten sich immerhin damit trösten, dass 2008 der alte Stand wieder erreicht war.

Doch dann schockte die Finanzkrise die Märkte, und 2008 fiel der DAX um über 40 Prozent! Die Anleger hatten das Vertrauen in Aktienfonds längst verloren. Schon 2006 waren 7,8 Milliarden Euro abgeflossen, 2007 waren es noch einmal 14,2 Milliarden Euro, und 2008 floss auch über eine Milliarde Euro ab.

Die Zahl der Besitzer von Aktienfonds in Deutschland, die im Jahr 2001 fast die Marke von 10 Millionen Menschen (über 15 Prozent der Bevölkerung) erreicht hatte, sank kontinuierlich bis auf etwa 6 Millionen Menschen im Jahr 2010.[168] Selbst in den Jahren 2012 und 2013, als der DAX um 29 Prozent bzw. um 25,5 Prozent zulegte, zogen die Deutschen weiter Geld aus Aktienfonds ab. In diesen beiden Jahren betrugen die Mittelrückflüsse 11,2 Milliarden Euro.

Nach den zwei Einbrüchen im Jahr 2000/2001 und in der Finanzkrise 2008 waren die Deutschen skeptisch geworden und legten ihr Geld lieber auf ein Sparbuch oder kauften Bausparverträge. 41 Prozent der Deutschen hatten 2013 ihr Geld in Bankeinlagen »angelegt«, weitere 30 Prozent in Lebens- und Rentenversicherungen. Nur 9 Prozent hatten ihr Geld in Investmentfonds investiert.[169]

Was lehrt die Geschichte vom Auf und Ab des Aktienmarktes und den Zu- und Abflüssen in Aktienfonds? Die meisten Anleger folgen Modetrends. Erinnern wir uns: Auf dem Höhepunkt der Aktieneuphorie 1999/2000 investierten deutsche Anleger fast 110 Milliarden Euro in Aktienfonds. Das war genau der falsche Zeitpunkt, um einzusteigen. Als es klug gewesen wäre einzusteigen, nämlich Ende 2002, als der DAX fast 44 Prozent verloren hatte, betrugen die Mittelzuflüsse nur noch 2,9 Milliarden Euro.

Warum verhalten sich die meisten Anleger so unklug? Ich nenne dieses Phänomen »Rückspiegel-Investments«. Die meisten Anleger beurteilen die Chancen einer Anlage danach, wie sie sich in den vergangenen Monaten und Jahren entwickelt hat. Konnte man mit einer Anlage gewinnen, dann gewinnen sie Vertrauen. Zunächst zögern viele Anleger noch. Doch dann lesen sie fast jeden Tag in der Zeitung, wie toll die Gewinne sind, die man – beispielsweise – mit Aktien machen kann.

Die Medien spielen hierbei eine wichtige Rolle. Auf dem Höhepunkt einer Aktienhausse bringen sie verstärkt euphorische Prognosen von solchen Experten, die prophezeien, dass der Höhenflug noch lange nicht zu Ende sei und der Aktienmarkt bald vor neuen Höchstständen stehe. Im Bekanntenkreis kaufen immer mehr Menschen Aktien. Die Frau weist ihren Mann, der bisher noch nicht in Aktien investiert war, darauf hin, was für tolle Gewinne der Nachbar mit seinen Aktienfonds gemacht habe. Der Bankberater rät dringend dazu und rechnet vor, dass Aktien auf Sicht nicht nur von einem Jahr, sondern auch auf Sicht von drei, fünf, zehn und zwanzig Jahren immer die allerbeste Anlage gewesen seien. Auf dem Höhepunkt einer Hausse ist dieser Nachweis natürlich keine Kunst. Schließlich steigt auch derjenige ein, der bisher zögerlich war. Er will nicht mehr abseits stehen.

Es handelt sich dabei um ein psychologisches Phänomen, das etwas mit dem Konformitätsdruck in Gruppen zu tun hat. Psychologen haben Experimente gemacht und einer Gruppe von Teilnehmern ein Blatt vorgelegt, das viele Punkte zeigte. Die Teilnehmer sollten sagen, welche die längste und welche die kürzeste Verbindungslinie zwischen jeweils zwei Punkten sei. Wenn die Mehrheit (das waren Komplizen der Psychologen, die das Experiment arrangierten) behauptete, die in Wahrheit längste Verbindungslinie sei die kürzeste, schlossen sich die meisten Versuchsteilnehmer (also jene, die nicht »eingeweiht« waren) dieser Mehrheitsmeinung an.

Auch die psychologische Lerntheorie kann das oben skizzierte – objektiv irrationale – Verhalten der Anleger erklären, die (anders als im Supermarkt) am liebsten teure Aktien kaufen. Nehmen wir an, eine Aktie steigt von 2 auf 10 Euro und fällt dann wieder auf 3, um danach wieder bis auf 15 zu steigen. Bei 2 Euro werden die wenigsten Anleger einsteigen. Wenn die Aktie jedoch auf 4 gestiegen ist, also um 100 Prozent zugelegt hat, fangen Anleger an, zuzugreifen. Sie haben die tollen Gewinne im Auge, die man mit dieser Aktie erzielen konnte, und hoffen, dass es so weitergeht.

Sie werden bestärkt durch positive Medienberichte und Analystenkommentare, die dringend zum Kauf dieser Aktie raten und verlockende Kursziele verkünden. Die Anleger, die jetzt kaufen, werden kurzfristig für ihr Verhalten belohnt. Sie schauen freudig zu, wie die Aktie auf 5 Euro steigt, dann auf 6, auf 7 usw. Sie fühlen sich jedes Mal in ihrer Entscheidung bestätigt. Der Mann kann sich vor seiner Frau damit brüsten, was er für ein cleverer Aktienanleger ist, und auch der Bankberater fühlt sich bestätigt.

Irgendwann beginnt die Aktie jedoch zu fallen, von 10 auf 9. Die meisten Anleger trösten sich damit, dass sie immer noch einen schönen Gewinn (auf dem Papier) erzielt haben, und hoffen, dass das nur ein vorübergehender Rückgang sei. Viele sehen sogar eine Chance, auf diesem Niveau nachzukaufen. Die Aktie sinkt weiter, auf 8, dann auf 7 usw. Die meisten Anleger halten immer noch an ihrer Investition fest. Sie wollen die Verluste nicht realisieren, es herrscht das »Prinzip Hoffnung«. Irgendwann verzweifeln die meisten Anleger jedoch. Wenn die Aktie auf 5 oder 4 sinkt, herrscht Hoffnungslosigkeit. Es werden fast nur noch negative Nachrichten über die Aktie kommuniziert. Sogar die Analysten, die sonst immer optimistisch sind, raten zu verkaufen. In dieser Situation verkaufen viele Anleger. Sie werden kurzfristig in der Richtigkeit ihrer Entscheidung bestärkt, weil die Aktie weiter fällt, bis auf 3.

Ein Anleger, der sich umgekehrt verhält und antizyklisch vorgeht, wird kurzfristig für sein Verhalten bestraft und nur langfristig belohnt. Nachdem die Aktie von 5 auf 4 gefallen ist, kauft er. Er muss jedoch zusehen, wie er kurzfristig Geld (auf dem Papier) verliert, weil die Aktie weiter an Wert verliert und auf 3 sinkt. Dazu bedarf es schon eines großen Beharrungsvermögens, zumal in dieser Zeit fast nur noch negative Nachrichten über die Aktie verbreitet werden. Manchmal fragt er sich, ob er wirklich richtig liegt oder ob er vielleicht nur der Geisterfahrer auf der Autobahn ist, der denkt, dass alle anderen falsch fahren.

In diesem Fall wird er jedoch belohnt, wenn er langfristig dabeibleibt, denn die Aktie steigt wieder auf 15. Vielleicht wird er bei 8 verkaufen und hat damit zwar die Chance eines noch größeren Gewinns verpasst, aber seinen Einsatz verdoppelt.

Die meisten Menschen denken nicht sehr langfristig, sonst gäbe es nicht so viele Raucher und so viele Übergewichtige. Die kurzfristige Belohnung wiegt schwerer als die Furcht vor langfristigem Schaden. Bei der Aktienanlage – und generell bei allen Kapitalanlagen – verhält es sich auch so. Wir suchen nach kurzfristiger Belohnung, und die erhalten wir, wenn die Aktie steigt. Und wir vermeiden Schmerz, der entsteht, wenn die Aktie fällt. Das ist der Grund, warum die meisten Anleger nicht in der Lage sind, gegen den Strom zu schwimmen, sondern pro-zyklisch investieren. Und genau deshalb verdienen so wenige Anleger Geld mit Aktien.

Bitte folgen Sie nicht Redewendungen wie »The trend is your friend« oder »Greife nie in ein fallendes Messer«. Diese Weisheiten mögen für kurzfristige Aktienhändler vielleicht eine Berechtigung haben – für langfristig orientierte Investoren jedoch nicht.

Natürlich ist es aber auch kein Rezept, einfach das Gegenteil dessen zu machen, was Mode ist, und Aktien zu kaufen, die stark gefallen sind. Das wäre ja zu einfach, und wenn es so einfach wäre, würden es viel mehr Menschen machen. Manchmal verlieren Aktien immer stärker an Wert und erholen sich nie mehr – sodass es ebenso dumm ist, eine Aktie nur deshalb zu kaufen, weil sie gefallen ist, wie es dumm ist, sie nur darum zu kaufen, weil sie gestiegen ist. Eine Aktie kann, auch wenn sie schon um 50 Prozent gefallen ist, ohne Weiteres von diesem Niveau aus noch um weitere 90 Prozent fallen.

»Historisch betrachtet, werden Aktien mit schöner Regelmäßigkeit entweder als Investitionsform angenommen oder zum Glücksspiel abgewertet – und dies stets genau zum falschen Zeitpunkt. Aktien werden voraussichtlich immer dann als kluge und vernünftige Anlage angesehen, wenn sie es gerade nicht sind«, so schreibt Peter Lynch, einer der erfolgreichsten Aktienfondsmanager des 20. Jahrhunderts (Fidelity Magellan Fund).[170]

Wie absurd das von mir als »Rückspiegel-Investments« bezeichnete Anlagenverhalten ist, zeigt auch die faszinierende Untersuchung des amerikanischen Professors Robert J. Shiller. In seinem Buch *Irrationaler Überschwang* hat er die größten realen Einjahres- und Fünfjahresanstiege bei Aktienindizes verschiedener Länder untersucht. Von jenen Ländern, die in fünf Jahren den größten Anstieg ihres Aktienindex erlebten, gab es bei zwei Dritteln in den darauf folgenden fünf Jahren einen Kursverfall. Und von den Ländern mit dem größten Kursverlust innerhalb von fünf Jahren erlebten in den folgenden fünf Jahren 94 Prozent einen Kursanstieg, der inflationsbereinigt bei 122 Prozent lag. »Man erkennt also eine massive, wenn auch nicht vollständige Tendenz, dass große Kursausschläge in beide Richtungen innerhalb der darauf folgenden fünf Jahre revidiert werden«, so Shiller.[171] Wer also Aktien nur deshalb kauft, weil sie in den vergangenen Jahren gestiegen sind, geht ein hohes Risiko ein.

Dies trifft jedoch nicht nur für Aktien zu, sondern auch für alle anderen Vermögensgegenstände. Selbst ein jahrzehntelanger Preisanstieg ist keineswegs eine Garantie dafür, dass es in Zukunft so weitergeht. Insbesondere ein sehr stark beschleunigter Preisanstieg kann ein Warnsignal sein, wenn es sich nicht um ein »Aufholen« übertriebener Rückgänge handelt.

Immobilien-Flipper in Amerika

Ein Beispiel dafür sind amerikanische Immobilien. Der U.S. National Home Price-Index wurde 1987 erstmals veröffentlicht und zurückgerechnet bis in das Jahr 1890. Er stieg von 5 Punkten im Jahr 1941 fast ohne Unterbrechung bis auf 189 Punkte im Jahr 2006. Auffällig ist jedoch, dass er sich in den sieben Jahren von 1999 bis 2006 mehr als verdoppelte, und zwar von 92 auf 189 Punkte. Heute wissen wir, dass es sich damals um eine der größten Blasenbildungen in der Geschichte handelte.

Wie kam es zu dieser extremen Entwicklung in nur sieben Jahren? Die amerikanische Zentralbank Fed unter ihrem damaligen Chef Alan Greenspan hatte als Reaktion auf das Platzen der Aktienblase in den Jahren 2000 bis 2002 die Zinsen immer wieder gesenkt, bis auf nur noch ein Prozent. Von seinem Höchststand im Jahr 2000 fiel der Index der amerikanischen Technologiebörse Nasdaq um 74 Prozent, und der S&P 500-Index der 500 wichtigsten amerikanischen Aktien verlor im gleichen Zeitraum 43 Prozent.[172]

Alan Greenspan senkte nicht nur die Zinsen, sondern die Politiker erleichterten die Bedingungen für bonitätsschwache Kreditnehmer, Immobiliendarlehen zu nehmen. Dieses ideologisch motivierte Programm, um die Wohneigentumsquote von »Minderheiten« zu erhöhen, hatte – zusammen mit den Zinssenkungen – fatale Folgen. Alan Greenspan verteidigte in seiner Autobiografie diese Lockerung mit den Worten: »Mir war bewusst, dass die Lockerung der Bedingungen für Subprime-Kreditnehmer die Risiken an den Finanzmärkten erhöhen würde. Ich glaube aber damals wie heute, dass die Vorzüge eines breiteren Wohneigentums das Risiko wert waren.«[173]

Jeder in den USA begann, Häuser zu kaufen. Sogenannte »Flipper« kauften Häuser nur deshalb, um sie sofort wieder mit Gewinn zu verkaufen. Es war genau wie in einer Aktienhausse, in der es steil aufwärts geht und jeder erwartet, dass die Kurse weiter steigen werden und er seine Aktie zu einem noch höheren Preis wieder verkaufen kann. In den Jahren von 1997 bis 2002 stiegen die Hauspreise in den USA um 42 Prozent. In New York City stiegen sie sogar um 67 Prozent, in Jersey City um 75 Prozent, in Boston um 69 Prozent und in San Francisco um 88 Prozent.[174]

Finanzierer und Hauskäufer befanden sich in einem wahren Rauschzustand, alle Regeln der Vernunft wurden außer Kraft gesetzt. Untersuchungen belegen[175], dass bei fast 60 Prozent aller »stated income loans«, bei denen keine schriftlichen Nachweise wie Einkommensbestätigungen für den Darlehensnehmer verlangt werden, die Angaben zum Einkommen um mindestens 50 Prozent übertrieben waren. Laut einer Analyse der Credit Suisse wurden 2006 in den USA für 276 Milliarden Dollar Kredite vergeben, für die keine oder nur geringe Einkommensdokumentationen vorgelegt wurden. Beliebt waren vor allem sogenannte 2/28-Hypotheken, die zwei Jahre mit niedrigen Raten begannen, worauf 28 Jahre mit sehr hohen Zinsraten folgten.

Wieder zeigte sich die Gefahr der »Rückspiegel-Investments«. Die sogenannten Subprime-Darlehen, die an bonitätsschwache Darlehensnehmer ausgegeben worden waren, wurden als CDOs (collateralized debt obligations) verbrieft und sodann an Investoren – z. B. an deutsche Landesbanken – weiterverkauft. Da die Immobilienpreise in den vergangenen Jahrzehnten niemals gesunken, sondern immer gestiegen waren, waren die mathematisch berechneten historischen Ausfallwahrscheinlichkeiten für diese Papiere extrem gering. Dies zeigt jedoch nur, wie gefährlich »Rückspiegel-Investments« sind, denn in dem Moment, als die Immobilienpreise fielen, erwiesen sich all die statistischen Berechnungen als Makulatur.

Der Case-Shiller Home Price-Index für 20 Regionen der USA ging vom Juli 2006 bis zum Februar 2012 um 35 Prozent zurück. In Tampa (Florida) fielen in diesem Zeitraum die Hauspreise um 48 Prozent, in Detroit um 49 Prozent, in Miami um 51 Prozent und in San Francisco um 46 Prozent.[176]

Viele Hauskäufer, die auf dem Höhepunkt der Hauspreisblase Eigentum erworben hatten, verloren nun ihr Heim. Denn die Schulden überstiegen oft den Wert der Immobilie, und wer kein Eigenkapital nachschießen konnte, musste zusehen, wie die Bank sein Haus in die Zwangsversteigerung gab.

Auch die Käufer von CDOs, also der verbrieften Immobilienkredite, bekamen massive Probleme. Aber wie immer, wenn eine Blase platzt, gibt es Gewinner und Verlierer. Die Verlierer sind die, die naiv mit dem Strom schwimmen und sich von der Massenhysterie ständig steigender Preise anstecken lassen. Gewinner sind dagegen antizyklisch orientierte Investoren.

Der bis dahin weitgehend unbekannte Hedgefonds-Manager John Paulson beispielsweise war einer jener Investoren, die die Blase am amerikanischen Hausmarkt frühzeitig erkannten und es verstanden, aus dieser Erkenntnis eine Menge Geld zu machen. Im Fall von Paulson waren dies 20 Milliarden Dollar – er persönlich hat dabei 4 Milliarden Dollar verdient. Seine Strategie: Er kaufte sogenannte CDS-Kontrakte. Das waren, vereinfacht gesagt, Versicherungen gegen einen Zahlungsausfall eines Bündels von verbrieften Subprime-Darlehen.

Die Prämien für diese Versicherungen waren lächerlich niedrig, da die meisten Marktteilnehmer nicht an einen Ausfall glaubten. Die Investoren, die die verbrieften Hypothekendarlehen kauften, verließen sich auf die Urteile der Rating-Agenturen, denen wiederum Berechnungen der Ausfallwahrscheinlichkeiten zugrunde lagen. Investoren wie Paulson und andere ließen sich jedoch nicht täuschen: Die Daten, die für künftige Ausfallwahrscheinlichkeiten herangezogen wurden, stammten aus der Vergangenheit, als erstens die Hauspreise immer nur weiter stiegen und zweitens der Anteil von Subprime-Darlehen wesentlich geringer war. Deshalb, so erkannten sie, war es eben nicht sehr intelligent, im Stil von »Rückspiegel-Investments« die aus der Vergangenheit gewonnenen Erkenntnisse für die Zukunft zu extrapolieren.

Investoren wie Paulson analysierten eingehend alle verbrieften Haus-Kredite. Die Aufgabe der Analysten bestand darin, nicht die besten, sondern die schlechtesten Risiken zu identifizieren – die von den optimistischen Marktteilnehmern systematisch ignoriert wurden. Sie verbrachten viel Zeit damit, jene lokalen Wohnungsmärkte zu identifizieren, wo die Hauspreisspekulation die irrationalsten Blüten getrieben hatte, und jene Hypothekendarlehen ausfindig zu machen, die mit der geringsten Sorgfalt an die schlechtesten Kreditnehmer ausgereicht worden waren.

Bei all dem setzten sie nicht unbedingt darauf, dass die Zahlungsströme aus den minderwertigen Hypothekendarlehen wirklich komplett ausfallen und damit die CDS-»Versicherung« fällig würde. Vielmehr erwarteten sie ein starkes Ansteigen der zu zahlenden Prämien für die Kreditausfallversicherungen, wenn die Immobilienpreise zurückgingen und auch den anderen Marktteilnehmern das in Wahrheit sehr viel höhere Ausfallrisiko bewusst werden würde. Wie lange die Hauspreise steigen würden, das wussten sie allerdings nicht. Gebannt warteten sie jeden Tag auf die Nachricht, dass die Preise zurückgehen würden. Am Schluss ging ihre Rechnung auf. Sie verdienten deshalb so viel Geld, weil sie den Mut hatten, ihre Investitionen anhand der eigenen Analysen und nicht nach den vorherrschenden Marktstimmungen auszurichten.

Die vorangegangenen Beispiele vom Aufbau und Platzen der weltweiten Aktienblase und der Hauspreisblase in den USA zeigen in anschaulicher Weise die Psychologie der Märkte. Nicht nur private, sondern auch institutionelle Investoren sind in ihrem Handeln oft irrational und bestrebt, sich nicht in Widerspruch zu der in ihrer Gruppe vorherrschenden Meinung zu setzen. Dieses Verhalten muss keineswegs immer dazu führen, dass sich eine Blase bildet, aber es führt meist dazu, dass man Chancen nicht wahrnimmt und in dem Glauben, Risiken zu vermeiden, tatsächlich vermeidbare Risiken eingeht.

Oft werden der Konformitätsdruck, die Orientierung an Modetrends und der Herdentrieb als typisch für den kleinen Aktionär beschrieben.

Daher kommt beispielsweise auch der Ausdruck von der »Milchmädchenhausse«. Tatsächlich sind diese Verhaltensmuster aber keineswegs auf »Milchmädchen« an den Aktienmärkten beschränkt, sondern sie gelten für alle sozialen Gruppen, und zwar insbesondere auch für institutionelle Investoren aus Versicherungen, Versorgungswerken, Pensionskassen usw. Die hier beschriebenen psychologischen Mechanismen gelten zudem keineswegs nur für den Aktienmarkt, sondern in gleicher Weise auch für den Immobilienmarkt und andere Märkte.

Ich erinnere mich, wie sich Anfang der 2000er-Jahre fast alle institutionellen Investoren in Deutschland vom Wohnungsmarkt zurückzogen. Renommierte Versicherungen wie die Allianz verkauften in großem Stil ihre Wohnungsbestände. Ich erinnere mich an viele Gespräche mit dem damals für die Immobilien-Investments Verantwortlichen der MEAG (das ist die Vermögensverwaltungsgesellschaft der Munich RE, einem der weltweit größten Rückversicherer), der mir eindringlich erklärte, dass sich Investitionen in deutsche Wohnungen keineswegs lohnten. Die Renditen seien unattraktiv, der Verwaltungsaufwand zu hoch. So sahen das auch fast alle seine Kollegen bei anderen Versicherungsgesellschaften und Versorgungswerken. Sie alle setzten damals sehr einseitig auf Büroimmobilien (was sich übrigens später als falsch herausstellen sollte, weil das genau die Immobilien-Nutzungsart war, die sich in den folgenden zehn Jahren am schwächsten entwickelte).

Erfolgreich gegen den Strom

Ein Bekannter von mir, Reinhard Kruse, war damals beim Gerling-Versicherungskonzern für die Immobilieninvestitionen zuständig. Er hatte den Mut, sich gegen die Mehrheitsmeinung zu stemmen, und schlug seinen Gremien vor, den anderen Versicherungen ihre Wohnungsbestände abzukaufen. Seine Kollegen und die Gremien, die die Entscheidungen genehmigen mussten, fragten ihn zweifelnd: »Sind Sie da wirklich sicher? Die anderen verkaufen doch alle. Liegen die denn alle falsch und nur Sie liegen richtig?«

Am Schluss konnte er sich durchsetzen, aber dazu gehörten eine Menge Mut und Überzeugungskraft. Denn hätte sich die Entscheidung später als falsch herausgestellt, hätte er sich mit Sicherheit Vorwürfe anhören müssen: »Na ja, das war eigentlich klar, dass das schiefgehen musste. Wie konnte man damals auf die Idee kommen, Wohnungsbestände zu kaufen, wo doch alle anderen zu dem Ergebnis gekommen waren, dass der Verwaltungsaufwand zu hoch und die Renditen zu niedrig sind.«

Einige Jahre nach Kruses Ankäufen entdeckten auch angelsächsische Investoren den deutschen Wohnimmobilienmarkt und kauften im großen Stil deutsche Wohnungen. Plötzlich wurde der deutsche Wohnungsmarkt für Investoren wieder attraktiv. Kruse schwamm auch in dieser Situation wieder gegen den Strom und verkaufte mit großem Gewinn die Bestände, die er einige Jahre zuvor für einen sehr günstigen Preis von den anderen Versicherungen und Versorgungswerken übernommen hatte.

Ab dem Jahr 2006 begannen dann die Mieten und Preise am deutschen Wohnungsmarkt wieder zu steigen – zunächst langsam und bald immer schneller. Als sie bereits erheblich gestiegen waren, begannen die Versicherungen und Versorgungswerke, die sich eben noch von ihren Wohnungsbeständen getrennt und einseitig auf Büroimmobilien gesetzt hatten, Wohnungen zu kaufen. Natürlich waren die Preise jetzt sehr viel höher als sie es damals waren, als sie sich im großen Stil von Wohnungen getrennt hatten.

Auch jetzt war das Anlageverhalten wieder uniform: Plötzlich erklärten alle namhaften Versicherungen, Versorgungswerke, Pensionskassen und Stiftungen, sie wollten unbedingt Wohnungsbestände kaufen. Ich erlebte deren Präsentationen bei den Seminaren und Kongressen, die ich im Rahmen meiner »Berliner Immobilienrunde« veranstaltete und moderierte. Plötzlich waren alle von Wohnungen begeistert.

Auch die Investitionskriterien waren bei fast allen Marktteilnehmern identisch: Man wollte vor allem Wohnungsbestände in den großen deutschen Metropolen kaufen. Eine Präsentation glich der nächsten. Entsprechend stark stiegen in den von allen Investoren favorisierten Metropolen die Preise, und die Renditen sanken. Das störte aber jene Investoren, die eben noch erklärt hatten, die Renditen am Wohnungsmarkt seien zu niedrig, nicht im Geringsten.

Sie konnten sich jetzt »sicher« wähnen, weil ihre Analyse und ihre Anlagestrategie in Übereinstimmung mit der Analyse und der Strategie ihrer Wettbewerber, also den Vertretern anderer Versicherungen, Versorgungswerke, Pensionskassen und Stiftungen standen. Sie mussten also nicht befürchten, dass sie sich später Vorwürfe anhören müssten, wenn etwas »schiefgehen« sollte. Denn sie könnten sich ja dann wiederum darauf berufen, »die anderen« hätten es ebenso gesehen und ebenso gehandelt.

Hier liegt ein entscheidender Schwachpunkt bei institutionellen Investoren. Die Entscheider dort sind keine Unternehmer, deren oberstes Bestreben es ist, das Richtige zu tun. Es sind Angestellte, deren oberste Maxime meistens lautet, nicht das Falsche zu tun. Nicht der Erfolg, sondern die Vermeidung von Misserfolg ist ihre erste Handlungsmaxime. Der amerikanische Psychologe John William Atkinson unterscheidet zwischen Erfolgssuchern und Misserfolgsmeidern. Viele institutionelle Investoren sind der zweiten Gruppe zuzuordnen, denn für sie geht es vor allem darum, Misserfolge zu vermeiden.

Das ist aus ihrer subjektiven Sicht sogar nicht einmal irrational. Im Gegenteil: Denn wenn es schiefgeht, können die Konsequenzen für sie persönlich ausgesprochen negativ sein, wenn es dagegen gut geht, hält sich das Lob in Grenzen, denn sie haben ja nur das gemacht, was man von ihnen ohnehin erwartet, nämlich eine richtige Entscheidung zu treffen.

Bei Angestellten, die bei großen institutionellen Investoren für den Einkauf zuständig sind, läuft in der Entscheidungsphase bewusst oder unbewusst ein innerer Dialog ab: »Was passiert, wenn ich mich im Gegensatz zu all den anderen institutionellen Investoren verhalte? Wenn es schiefgehen sollte, wird man mir Vorwürfe machen: ›Wie konnten Sie nur Wohnungen kaufen, wo doch jeder vernünftige Mensch davon ausgegangen ist, dass man sich in dieser Marktphase besser von Wohnungsbeständen trennt?‹«

Verhält sich der Entscheider dagegen im Einklang mit seinen Wettbewerbern und es geht später schief, muss er sich keine Vorwürfe anhören. Sein Chef bzw. die Gremien, denen er berichtet, erwarten nicht von ihm, dass er klüger ist als alle anderen. Er weiß, dass er sich dann, wenn sich die Investition als Fehler herausstellen sollte, darauf berufen kann, »alle anderen« hätten es ja auch so gemacht und »damals« habe »man« die Situation »allgemein« so eingeschätzt.

Was ist die Lehre, die Sie aus all dem ziehen sollten? Als Privatanleger haben Sie einen großen Vorteil: Sie sind keinen Gremien Rechenschaft schuldig. Sie brauchen sich vor niemandem zu rechtfertigen. Es ist viel leichter für Sie, rational zu entscheiden und auf Ihren eigenen Verstand zu vertrauen. Denken Sie an den Satz der Investmentfonds-Legende Sir John Templeton, der schrieb: »Zu kaufen, wenn andere verzweifelt verkaufen, und zu verkaufen, wenn andere gierig kaufen, erfordert größte innere Stärke und macht sich am meisten bezahlt.«[177]

Zwar muss allein die Tatsache, dass die Preise für Aktien oder Immobilien steigen, noch kein Beleg für eine Blase sein. Aber wenn sie in kurzer Zeit sehr stark ansteigen und in Ihrem Umfeld fast alle anderen einhellig davon ausgehen, dass sie auch weiter steigen werden, dann sollten Sie näher hinschauen und Vorsicht walten lassen. Und umgekehrt sollten Sie, wenn Sie überall negative Nachrichten hören, nicht in Pessimismus verfallen, bevor Sie nicht genau geprüft haben, ob der Markt vielleicht übertrieben reagiert und die Preise stärker fallen, als dies gerechtfertigt wäre.

Misstrauen Sie auch den Medien: In Zeiten der Euphorie neigen diese dazu, negative Nachrichten auszublenden und nur die positiven Argumente für eine Anlage zu verbreiten. Umgekehrt neigen sie dazu, in Phasen des Abschwungs und stark sinkender Preise positive Gesichtspunkte zu ignorieren und nur negative Nachrichten zu verbreiten. Wenn Sie diese Tendenz berücksichtigen und sich immer die Frage stellen, ob das gezeichnete Bild möglicherweise übertrieben positiv oder übertrieben negativ ist, besteht eine gute Chance, dass Sie nicht in die Falle der »Rückspiegel-Investments« tappen und erfolgreich investieren.

Kapitel 12

Aktien: Der agnostische Ansatz und die Odysseus-Strategie

Bei der Geldanlage ist es anders als in sonstigen Lebensbereichen: Es ist schon sehr viel damit gewonnen, wenn Sie wissen, was Sie *nicht* tun und in welche Fallen Sie *nicht* tappen sollten. Einige der häufigsten Fehler, die Anleger machen, haben Sie schon in den beiden vorangegangenen Kapiteln kennengelernt, nämlich den »Home Bias«-Fehler und den Fehler der »Rückspiegel-Investments«. Auch in diesem Kapitel geht es zunächst noch einmal um verbreitete Fehler und Irrtümer bei der Aktienanlage. Sie werden sehen, wie sich aus dem Ausschluss all dieser Irrwege fast zwingend ein Weg ergibt, den ich als den »agnostischen« Ansatz bezeichne.

Es gibt drei Wege, wie Sie in Aktien investieren können: Sie können direkt einzelne Aktien kaufen, Sie können in Fonds investieren, die aktiv gemanagt werden, oder Sie können in sogenannte »passive« Fonds investieren, die einen Aktienindex nachbilden.

Wenn Sie direkt in einzelne Aktien investieren, ist das nur sinnvoll, wenn Sie der Meinung sind, dass Sie das besser können als die professionellen Fondsmanager und dass Sie zudem auch besser als der Markt sind, der durch einen Aktienindex abgebildet wird. Zahlreiche Untersuchungen belegen jedoch, dass dies Privatanlegern nur selten gelingt.[178]

95 Prozent der Akteure am Aktienmarkt sind professionelle Händler, also Menschen, die sich von Berufs wegen den ganzen Tag mit nichts anderem als mit Aktien befassen. Wenn Sie eine Aktie kaufen oder verkaufen,

steht Ihnen also fast immer auf der anderen Seite ein Profi gegenüber. Die meisten privaten Anleger haben jedoch ein überdurchschnittliches Zutrauen in ihre eigenen Fähigkeiten, sodass sie der Meinung sind, sie könnten die Profis durchaus schlagen.

Untersuchungen belegen, dass Privatanleger ihre Kompetenz meist ganz erheblich überschätzen. Eine Studie unter deutschen Privatanlegern zeigte, dass sich 70 Prozent für »überdurchschnittliche Anleger« hielten, tatsächlich erzielten sie jedoch eine Rendite, die nur etwa ein Viertel des DAX-Zuwachses betrug.[179] Optimismus ist eine schöne menschliche Eigenschaft, aber bei der Kapitalanlage kann er zum Verhängnis werden. Wissenschaftler haben untersucht, in welchem Maße und warum sich Anleger überschätzen. Experimente zeigen, dass Menschen oft glauben, sie hätten einen persönlichen Einfluss auf zufallsgesteuerte Ereignisse. So ließ man Spieler wetten, wie ein Würfelspiel ausgehen werde. Sie setzten eine höhere Summe ein, wenn der Würfel noch nicht geworfen war, lag der Würfel hingegen schon, aber das Ergebnis war noch nicht offengelegt, sanken die Wetteinsätze. Man spricht hier von der Kontrollillusion, die auch bei der Aktienanlage dazu führt, dass Anleger ihre Chancen überschätzen.[180]

Andere Studien zeigen, dass Studenten die Wahrscheinlichkeit, dass ihnen selbst bestimmte Ereignisse zustoßen, überschätzen, wenn es um positive Ereignisse geht, und unterschätzen, wenn es um negative Ereignisse geht. So glaubten die Studenten, die man dazu befragt hatte, dass sie mit einer Wahrscheinlichkeit von mehr als 40 Prozent höhere Anfangsgehälter als ihre Kommilitonen verdienen werden, zugleich schätzten sie jedoch die Wahrscheinlichkeit, dass sie vor dem 40. Lebensjahr einen Herzinfarkt erleiden, um 38 Prozent niedriger ein als für ihre Mitstudenten.[181]

Der dümmste Grund, eine Aktie zu kaufen

Wie fällen private Anleger ihre Entscheidungen? Viele kaufen einfach solche Aktien, die bereits stark zugelegt haben. Sie haben in den Medien über eine Aktie gelesen, die schon 20, 30 oder gar 100 Prozent gestiegen ist. Das ist natürlich einer der dümmsten Gründe, eine Aktie zu kaufen, zumindest für langfristig orientierte Investoren. Als kurzfristiger Händler kann man vielleicht mit solchen Systemen Geld verdienen, aber gegen die Profis, die heute oft in Nanosekunden über automatisierte Computersysteme handeln, haben Sie als Privatanleger ohnehin kaum eine Chance.

Viele Privatanleger folgen »heißen Tipps«, die sie entweder von Bekannten beziehen oder aus Geldanlage-Journalen. Dort werden Analysten zitiert, die in den meisten Fällen zum Kauf von Aktien raten. Stephen McClellan, der drei Jahrzehnte als Aktienanalyst an der Wall Street tätig war, hat einen ernüchternden Erfahrungsbericht über die Prognosefähigkeit von Analysten veröffentlicht. Analysten, so sein Ergebnis, schneiden bei der Aktienauswahl ziemlich schlecht ab. Ihre Empfehlungen sind meist sehr kurzfristig ausgerichtet, da die meisten ihrer Kunden nur auf kurzfristiges Trading ausgerichtet sind. Daher, so seine These, bedienten Analysten eher einen Trader-Markt als einen Anlegermarkt, und deshalb betrieben sie eigentlich ein Research, das eher für kurzfristig orientierte Händler einen Nutzen hat. Für langfristig orientierte Anleger seien ihre Empfehlungen meist ungeeignet.[182]

Wenn man schon einzelne Aktien kauft, dann vielleicht lieber solche, die von Analysten gar nicht beachtet werden. McClellan zeigt, dass im Jahr 2006 die 50 Aktien im S&P 500, die von den wenigsten Analysten verfolgt wurden, einen Gewinn von 24,6 Prozent verzeichneten, während der gesamte S&P-Index im gleichen Zeitraum lediglich um 13,6 Prozent stieg. Im gleichen Jahr habe übrigens die durchschnittliche »Broker-Empfehlungsliste« eine schlechtere Performance gebracht als der S&P 500.

Die Anlegermedien feiern auch sogenannte »Börsengurus«, die sich meist dadurch auszeichnen, dass sie ein- oder zweimal Recht behielten, beispielsweise, indem sie einen Börsencrash vorhergesagt hatten. Was jedoch oft verschwiegen wird, sind die zahlreichen Fälle, in denen sie mit ihren Prognosen komplett daneben lagen.

Im deutschen Fernsehen wird gerne Dirk Müller gezeigt, bekannt als »Mr. DAX«. Im Januar 2009 veröffentlichte er das Buch *Crashkurs*, in dem er warnte: »Aktien und Aktienfonds gehören in diesen unsicheren Zeiten einfach nicht ins Depot.«[183] Das Buch stand mehrere Wochen auf Platz 1 der Bestseller-Liste des *Spiegel*, aber die Anleger, die dem Rat von »Mr. DAX« folgten, waren schlecht beraten. Denn vom Erscheinen des Buches im Januar 2009 bis zum März 2015 konnte sich der DAX von 4171 bis auf 12,167 Punkte fast verdreifachen. Dennoch wird »Mr. DAX« heute von einer Fondsgesellschaft als ganz besonders weitsichtiger Experte vermarktet ...

Es gibt »Gurus«, die ganz generell als ausgemachte »Pessimisten« oder »Crash-Propheten« gelten, ebenso wie andere, die sich als hartgesottene Optimisten positioniert haben. In Zeiten, in denen die Aktienkurse sinken, geben die Medien gerne den »Crash-Propheten« ein Forum, in Zeiten steigender Aktienkurse kommen dagegen verstärkt die Optimisten zu Wort. Dadurch werden Anleger in die Irre geführt, und es verstärkt sich der Trend zum prozyklischen Investment.

Natürlich handeln nicht alle Privatanleger, die einzelne Aktien kaufen, so naiv und folgen den Tipps in Medien oder aus dem Bekanntenkreis. Andere versuchen ernsthaft, sich mit den Unternehmen zu beschäftigen, deren Aktien sie kaufen. Beliebt ist besonders der Rat, man solle auf »Qualitätsunternehmen« setzen. Anleger bevorzugen gerne große, bekannte Unternehmen, die gute Finanzkennzahlen haben.

Doch auch dieses Vorgehen ist nicht klug. Denn die positiven Daten sind natürlich allen anderen Investoren der Welt auch bekannt, insbesondere, wenn es sich um große Unternehmen handelt. Die positiven Bewertungen sind daher in der Regel bereits in den Kursen enthalten, sodass es unwahrscheinlich ist, mit solchen Aktien eine Überrendite zu erzielen und den Markt zu schlagen. Ob ein Unternehmen »gut« oder weniger gut ist, muss für die weitere Entwicklung des Aktienkurses nicht unbedingt entscheidend sein, sondern ausschlaggebend ist, ob der Aktienkurs dem Wert des Unternehmens entspricht oder ob er zu billig oder zu teuer ist.

Ich will damit nicht sagen, dass es niemals eine gute Idee ist, einzelne Aktien zu kaufen. Ich habe auch in einigen wenigen Fällen Aktien gekauft, aber stets nur mit einem Anlagehorizont von mehreren Jahren, wenn ich der Meinung war, dass aufgrund extrem negativer Marktstimmungen eine Aktie derzeit nicht fair bewertet wurde.

Als kurzfristig handelnder »Trader« haben Sie meiner Meinung nach keine Chance, besser als die Profis zu sein. Als extrem langfristig orientierter Anleger kann es dagegen ausnahmsweise sinnvoll sein, einzelne Aktien zu kaufen. Aber ich empfehle Ihnen, nicht mehr als maximal 5 bis 10 Prozent Ihres für Aktienanlagen zur Verfügung stehenden Geldes für den Erwerb von einzelnen Titeln auszugeben.

Fonds-Hitlisten und andere Irrtümer

Die Alternative zum Erwerb von Einzelaktien ist der Kauf von Aktienfonds. Hier muss zwischen zwei Fondskategorien unterschieden werden. Bei aktiv gemanagten Fonds wählt der Fondsmanager die Papiere aus. Sein Anspruch ist es, mit seiner Auswahl besser abzuschneiden als der Markt. Bei passiven ETFs (Exchange Traded Funds) wird dagegen ein Aktienindex nachgebildet, z. B. der DAX oder der Dow Jones Index. Diese Fonds sind deshalb naturgemäß niemals besser und niemals schlechter als der Markt.

Es erschließt sich schon logisch, dass die Gesamtheit der aktiv gemanagten Fonds stets schlechter abschneiden muss als der Markt. Denn das gesamte Fondsuniversum bildet ja den Markt ab, sodass sich die Unterschiede in der Performance der einzelnen Fonds im Durchschnitt ausgleichen. Was bleibt, sind jedoch die Kosten, die bei aktiv gemanagten Fonds deutlich höher sind als bei denjenigen, die nur den Index abbilden. Schließlich will der Fondsmanager für seine Leistung der Aktienauswahl vergütet werden.

Es gibt inzwischen eine Fülle von Studien, die belegen, dass die Mehrzahl der aktiv gemanagten Fonds schlechter abschneidet als der jeweilige Index. Gerd Kommer zitiert in seiner 2012 erschienenen ausgezeichneten Dissertation *Herleitung und Umsetzung eines passiven Investmentansatzes für Privatanleger in Deutschland* zahlreiche Studien, die alle zu dem übereinstimmenden Ergebnis kommen, »dass nach Berücksichtigung von Kosten und Risiko der durchschnittliche Aktienfonds über den jeweiligen Gesamtzeitraum betrachtet seine Benchmark underperformt, also das Ziel nicht erreicht, das ein aktiv gemanagter Fonds definitionsgemäß haben muss, nämlich seinen Vergleichsindex (›den Markt‹) zu schlagen«.[184]

Vertreter der aktiv gemanagten Fonds erklären, möglicherweise sei es in »guten Zeiten« tatsächlich eine vernünftige Idee, auf Indexfonds zu setzen, wenn jedoch der Markt einbreche, sei man mit einem Indexfonds der negativen Marktentwicklung schonungslos ausgeliefert, während der Manager eines aktiv gemanagten Fonds dagegenhalten und beispielsweise seine Barmittelquote erhöhen könne. Theoretisch klingt das überzeugend, aber in der Praxis wurde der Beweis dafür, dass dies funktioniert, nicht erbracht.

Nehmen wir den großen Einbruch im Jahr 2008/2009, als der S&P 500-Index, der die 500 größten amerikanischen Aktien zusammenfasst, von seinem höchsten Stand bis zum Tiefstpunkt um 51 Prozent einbrach. Das wäre eine gute Zeit für die aktiv gemanagten Fonds gewesen, ihre Überlegenheit in schwierigen Börsenzeiten zu beweisen. Es wäre ja schon ein Erfolg gewesen, wenn diese Fonds im Durchschnitt vielleicht nur um 40 oder 30 Prozent eingebrochen wären. Nach den Vergütungsregeln vieler Fonds hätten die Manager auch dafür schon eine großzügige Belohnung erhalten, weil sie ja selbst bei solchen Verlusten besser als der Markt gewesen wären. Tatsache ist jedoch, dass in diesem Zeitraum 89,9 Prozent der aktiv gemanagten Fonds schlechter abschnitten als der Vergleichsindex.[185]

Ähnliche Untersuchungen gibt es auch für andere Zeiträume, in denen die Börse einbrach. Für den amerikanischen Aktienmarkt repräsentierten die drei Jahre von 2000 bis 2002 die schlechteste Drei-Jahres-Periode seit 1941. Aber auch in diesen drei Jahren schnitten – je nach Fondskategorie – über die Hälfte bis mehr als drei Viertel aller aktiv gemanagten Fonds schlechter ab als der Vergleichsindex.[186]

Angesichts dieser Tatsachen verwundert es übrigens nicht, dass die meisten Manager von aktiv gemanagten Fonds überhaupt nicht oder nur kleine Summen in ihre eigenen Fonds investieren. In einer 2009 veröffentlichten Studie der Rating-Agentur Morningstar, die insgesamt 4300 Fonds untersuchte, ergab sich, dass 2216 Fondsmanager keinen einzigen Cent in den von ihnen gemanagten Fonds investiert hatten. 159 Manager hatten zwischen 1 und 10.000 Dollar angelegt, 393 zwischen 10.001 und 50.000 Dollar. Für Fondsmanager, die oft Millionen verdienen, sind das natürlich keine relevanten Summen. Nur 610 der 4300 Manager der aktiv gemanagten Fonds, also gerade einmal 15 Prozent, investierten mehr als eine halbe Million Dollar in ihren eigenen Fonds.[187]

Die Begeisterung der Fondsmanager für ihre eigenen Fonds hält sich also durchaus in Grenzen, um es vorsichtig zu formulieren. Aber die Fonds haben eine starke Lobby, da die Banken an deren Vertrieb wesentlich mehr verdienen als an passiven ETF-Fonds. Ich erinnere mich, dass ich vor vielen Jahren einmal meinen Ansprechpartner bei der Deutschen Bank danach fragte, nach welcher Methode die ETF-Fonds der Deutsche-Bank-Tochter db X-trackers den Index nachbilden. Die Antwort: »Wir können dazu keine Aussage machen, weil wir solche Fonds nicht empfehlen.« Mein Einwand, es handle sich hier ja immerhin um Produkte der eigenen Tochter und nicht um völlig fremde Fonds, ließ der »Berater« nicht gelten. Es ist kein Wunder, dass die Bank solche passiven Fonds nicht empfiehlt, da sie damit wesentlich weniger verdient als mit aktiv gemanagten Fonds.

Verfechter von aktiv gemanagten Fonds argumentieren, es sei im Grunde gleichgültig, ob die Mehrzahl dieser Fonds besser als der Markt sei oder nicht. Es komme eben nur darauf an, den richtigen Fonds zu finden. Zunächst: Auch alle anderen (also die »falschen« Fonds) finden ihre Käufer, und die hätten besser einen Fonds mit einem passiven Ansatz gekauft. Wenn man die Fonds, die in Zukunft besser abschneiden als der Markt, einfach von denen unterscheiden könnte, die schlechter abschneiden, dann müsste es einen in der Tat nicht scheren, ob die Mehrheit der aktiv gemanagten Fonds schlechter abschneidet. Hauptsache, der Fonds, den man selbst auswählt, ist besser als die anderen.

Das Problem beginnt jedoch dann, wenn ein Anleger vor der Frage steht, welche Fonds denn »besser« sind als der Markt. Auch hier versprechen die zahlreichen Anlegermedien wieder Hilfe. Sie veröffentlichen regelmäßig »Hitlisten« der besten Fonds. Zu jeder Kategorie kann man in diesen Tabellen nachlesen, was die besten Fonds waren – die besten Fonds mit deutschen Aktien, mit japanischen Aktien oder mit amerikanischen

Aktien. Die besten Fonds, die in große Unternehmen investieren, und die besten, die in kleine Unternehmen investieren, usw. Sind diese Hitlisten wirklich eine Hilfe?

Das wäre nur dann der Fall, wenn die Wertentwicklung, die ein Fonds in der Vergangenheit erzielt hat, einen Hinweis darauf gäbe, wie er in Zukunft abschneiden wird. Alle Auswahlsysteme, die auf der Wertentwicklung eines Fonds in der Vergangenheit beruhen, basieren letztlich auf dieser Prämisse. Und genau diese Prämisse ist leider nachweislich falsch.

Es gibt zahlreiche Studien, die belegen, dass die Wertentwicklung eines Fonds in der Vergangenheit wenig über die Zukunft aussagt. Eine Untersuchung analysierte beispielsweise, wie sich das oberste Viertel der Fonds eines Jahres in den Folgejahren entwickelte. Bereits im dritten Jahr betrug der Anteil an allen Fonds, die sich ununterbrochen (also im ersten, zweiten und dritten Jahr) im obersten Viertel der Hitliste behaupten konnten, nur noch 1,85 Prozent, und keinem einzigen Fonds gelang es, sich über fünf Jahre unter den besten 25 Prozent zu behaupten.[188] Lediglich für die schlechtesten Fonds kann man eine gewisse Konstanz beobachten, was aber vor allem daran liegt, dass die Kosten dieser Fonds so hoch sind und damit systematisch die Performance verhagelt wird.[189]

Neben den sogenannten Fondsrankings gibt es noch Fondsratings. Was ist der Unterschied zwischen beiden? Bei einem bloßen Ranking ist das Kriterium dafür, ob ein Fonds auf Platz 1, 2, 18 oder 98 kommt, ausschließlich die Tatsache, wie sich der Fonds in der Vergangenheit entwickelt hat. Bei Fondsratings ist das anders. Sie beanspruchen, mehr als nur die Vergangenheit abzubilden und eine Aussage darüber zu treffen, welche Fonds sich in der Zukunft besser oder schlechter entwickeln werden. Es gibt verschiedene Rating-Agenturen, die solche Ratings anbieten.

Bei manchen sind die Ratings relativ ähnlich zu Rankings, weil die Rendite und die Volatilität eines Fonds in der Vergangenheit zu einem maßgeblichen Teil in das Rating einfließen. Bei anderen Ratings spielt die Bewertung des Fondsmanagers eine wichtigere Rolle. Untersucht wird dabei, ob es dem Fondsmanager in der Vergangenheit häufig gelungen ist, mit seinen Fonds besser abzuschneiden als andere Fondsmanager.

Ziel eines Ratings ist es, zu prognostizieren, welche Fonds sich – im Vergleich zu anderen Fonds – in Zukunft wahrscheinlich besser oder schlechter entwickeln werden. Sogenannte »Back-Testings« können Auskunft darüber geben, wie treffsicher diese Prognosen in der Vergangenheit waren, also ob sich die Fonds, denen überdurchschnittliche Chancen prognostiziert worden waren, im Durchschnitt besser entwickelt hatten als jene, bei denen die Prognose unterdurchschnittlich war. Die Agentur FERI Euro-Rating konnte nachweisen, dass jene Fonds, die sie besser bewertet hatte, sich auch im Durchschnitt später relativ zum Markt besser entwickelten als diejenigen, die sie schlechter bewertet hatte.

Warren Buffetts Wette

Eine Alternative zu aktiv gemanagten Fonds sind passive Fonds, auch Indexfonds genannt. Sie bilden jeweils einen Index ab, z. B. den DAX. Sogenannte ETFs, die einen solchen passiven Ansatz verfolgen, haben in den vergangenen Jahren erheblich an Beliebtheit gewonnen – bei institutionellen Investoren allerdings in höherem Maße als bei privaten Anlegern. Das entscheidende Argument der Anhänger dieser Fonds lautet: Wenn die meisten aktiv gemanagten Fonds den Index sowieso nicht schlagen und es auch schwer oder unmöglich ist, herauszufinden, welche Fonds künftig besser abschneiden werden als der Index, dann ist es besser, gleich einen passiven ETF-Fonds zu kaufen. Zumal, dies ist ein weiteres Argument, die Kosten bei diesen Fonds deutlich niedriger sind als bei aktiv gemanagten Fonds.

Jedoch gibt es auch bei den ETFs Unterschiede. Alle haben das gleiche Ziel, nämlich den Index möglichst genau abzubilden. Aber die Methoden, wie sie das tun, sind unterschiedlich. Unterschieden werden Fonds, die die Methode der »physischen Replikation« verfolgen, und solche, die den Index synthetisch mit sogenannten Swaps abbilden.

Fonds mit physischer Replikation kaufen, vereinfacht gesagt, die Wertpapiere in dem entsprechenden Mix, wie er dem Index entspricht. Ein ETF auf den DAX 30 würde also alle 30 Aktien, die im DAX enthalten sind, im Verhältnis zu ihrer jeweiligen Gewichtung erwerben. Bei sehr großen

Indizes, wie etwa dem MSCI World, werden nicht alle Aktien gekauft, sondern eine Auswahl, die die Wertentwicklung möglichst präzise nachbildet.

Bei sogenannten unfunded Swaps dagegen enthält der Fonds einen Wertpapierkorb, der in der Regel aber wenig mit den Aktien zu tun hat, die in dem betreffenden Index enthalten sind. Erst ein Vertrag zwischen dem Fonds und einer Bank sorgt dafür, dass die Wertentwicklung des Wertpapierkorbes gegen die des abzubildenden Index getauscht wird. Damit soll gewährleistet werden, dass der Fondsanleger tatsächlich an der Wertentwicklung des Index partizipiert.

Durch die Bankenkrise wurden Anleger jedoch zunehmend sensibel für das Kontrahenten-Risiko, das bei dieser Art von ETFs besteht. Denn was ist, wenn der Vertragspartner, also die Bank, ausfällt? Bei sogenannten funded Swaps wird dieses Risiko abgesichert, indem die Bank liquide Sicherheiten bei einer neutralen Verwahrstelle hinterlegt. Sollte die Bank also ihre Zahlungsverpflichtungen aus dem Swap-Vertrag nicht leisten können, hätte der Fondsmanager des ETFs oder der Treuhänder das Recht, diese Sicherheiten zu verwerten.[190] Dennoch: Bei allen Varianten der »synthetischen Replikation« bleibt auch trotz Besicherung ein Restrisiko. Denn schließlich sind auch die hinterlegten Sicherheiten Wertschwankungen ausgesetzt. Bei einem Börsencrash kann im schlimmsten Fall die Zahlungsverpflichtung der Bank durch die Verwertung der hinterlegten Sicherheiten nicht ausgeglichen werden.[191]

Das alles ist Ihnen zu kompliziert? Dann sollten Sie sich einfach für solche ETFs entscheiden, die »physisch replizieren«, bei denen also die Aktien tatsächlich gekauft werden, die in dem Index enthalten sind, den der Fonds nachbildet. Die entscheidende Frage ist nun, welchen ETF Sie kaufen sollen. Es gibt inzwischen Tausende ETFs auf fast jeden denkbaren Index.

Sie stehen damit scheinbar vor einer schweren Auswahl. Sollen Sie einen ETF kaufen, der beispielsweise den DAX abbildet? Warum das? Nur weil Sie zufällig in Deutschland leben? Dann wäre das kein guter Grund, wie Sie wissen, wenn Sie das Kapitel über den »Home Bias« gelesen haben. Oder sollen Sie vielleicht lieber einen ETF kaufen, der die Indizes beispielsweise der asiatischen Märkte abbildet, oder vielleicht ganz allgemein der »Emerging Markets«? Das wäre dann sinnvoll, wenn Sie davon ausgehen, dass sich diese Märkte künftig besser entwickeln werden als der Durchschnitt der anderen Aktienmärkte der Welt. Doch woher wissen Sie das?

Anleger machen in diesem Zusammenhang häufig zwei Fehler. Den einen Fehler kennen Sie bereits: Sie führen qualitative Argumente ins Feld (»Die asiatischen Aktienmärkte wachsen schneller«, »Die demografische Entwicklung ist besser« usw.), vergessen jedoch, dass diese Einsichten Allgemeingut und daher bereits in den Preisen enthalten sind. Kann vielleicht das Wachstum in einem Land einen Hinweis darauf geben, dass sich die Aktienkurse hier künftig besser entwickeln werden? Untersuchungen haben ergeben, dass die Korrelation zwischen den Wachstumsraten des Bruttoinlandsproduktes eines Landes und den Aktienmarktrenditen nahe bei null liegt oder sogar negativ ist. Und dies trifft übrigens sowohl für entwickelte Industriestaaten wie auch für Schwellenländer zu.[192]

Wenn Sie also zu der Einsicht gelangen, dass es schwer oder unmöglich für den durchschnittlichen Privatanleger ist, die besten Aktien oder die besten gemanagten Fonds auszuwählen, wenn Sie zudem erkennen, dass es schwer oder unmöglich ist, vorherzusagen, welche Aktienmärkte sich künftig besser entwickeln werden als andere, dann sind Sie das, was ich einen »Anlage-Agnostiker« nenne.

Das gilt freilich nicht im wörtlichen Sinne. Der Agnostizismus ist eine Weltanschauung, die die Begrenztheit des menschlichen Wissens betont. Bereits im 5. Jahrhundert vor Chr. erklärte der griechische Philosoph Protagoras: »Über die Götter habe ich keine Möglichkeit zu wissen, weder, dass sie sind, noch, dass sie nicht sind, noch, wie sie etwa an Gestalt sind; denn vieles gibt es, was das Wissen hindert: die Nichtwahrnehmbarkeit und dass das Leben des Menschen zu kurz ist.«

Der Begriff des Agnostizismus, der ursprünglich theologische Fragen betraf, wird in einer erweiterten Bedeutung auch in erkenntnistheoretischen Zusammenhängen verwendet. Und so möchte ich ihn hier verstanden wissen. Dabei gehöre ich jedoch nicht zu den Verfechtern der sogenannten »effizienten Kapitalmarkttheorie«, die davon ausgeht, dass Märkte so effizient sind, dass alle wesentlichen Informationen zu jedem Zeitpunkt bereits in den Aktienkursen enthalten sind. Systematisch ist es nach dieser Theorie über einen längeren Zeitraum unmöglich, den Markt zu schlagen. Wer es trotzdem tut, hätte damit nur Glückstreffer gelandet. Aus Sicht der Vertreter dieser Theorie ist jemand wie Warren Buffett, der über Jahrzehnte immer wieder den Markt geschlagen hat, auf eine Stufe zu stellen mit einem glücklichen Lottogewinner, der statt einmal vielleicht 20-mal gewonnen hat. Daran glaube ich jedoch nicht.

Auf der anderen Seite gibt es für einen Warren Buffett Millionen Privatanleger, denen es nicht gelingen wird, besser als der Markt zu sein – weder durch die Auswahl einzelner Aktien noch durch die Auswahl einzelner Fonds. Selbst Warren Buffett hat mehrfach geäußert, für den durchschnittlichen Privatanleger sei die beste Form des Aktieninvestments ein passiver Ansatz mit ETF-Fonds. In dem Brief, den er jährlich an seine Anleger schreibt, erklärte er 2013: »Das Ziel eines Laien sollte es nicht sein, die besten Aktien herauszupicken, da weder er selbst noch seine ›Helfer‹ dazu in der Lage sind; vielmehr sollte man sich bemühen, einen Querschnitt von Titeln zu besitzen, die zusammen genommen Erfolg versprechen. Ein günstiger S&P 500-Indexfonds dürfte diese Erwartungen erfüllen.«[193]

Im Januar 2008 wettete Buffett um 1 Million Dollar gegen die New Yorker Hedgefonds-Spezialisten Protégé Partners. Der Gewinn soll für wohltätige Zwecke verwendet werden. Worum ging es in dieser Wette? Würde es Protégé gelingen, fünf Spitzenmanager für Hedgefonds herauszusuchen, die in der Lage wären, in zehn Jahren gemeinsam den S&P 500-Index zu schlagen? Im Februar 2014 hatte der S&P 500 43,8 Prozent im Vergleich zum 1. Januar 2008 zugelegt, die fünf Hedgefonds 12,5 Prozent. Man darf neugierig sein, wer die Wette bis Ende 2017 gewinnen wird.[194] Buffett hat nach eigenem Bekunden jedenfalls in seinem Testament verfügt, dass seine Frau, wenn sie einmal erbt, 90 Prozent des Vermögens in einen ETF anlegen soll und 10 Prozent in Anleihen.

Wenn Sie meinen, dass die fünf Hedgefonds-Manager den Markt zwar nicht schlagen können, Sie aber über zehn Jahre, unterstützt von Ihrem

Sparkassenberater, besser abschneiden, dann wünsche ich Ihnen viel Glück. Ich selbst glaube das jedenfalls nicht, obwohl ich mich auch schon seit 20 Jahren mit Aktienanlagen befasse.

Wenn Sie aber mit mir der Meinung sind, dass es sich nicht lohnt, Zeit und Mühe für ein Spiel einzusetzen, das man nur schwer gewinnen kann, wenn Sie zusätzlich auch der Meinung sind, dass es kaum möglich ist, vorherzusagen, welche Aktienmärkte welcher Länder sich künftig besser oder schlechter entwickeln werden als ein Aktienindex, der die ganze Welt abbildet, dann ist die logische Konsequenz, dass Sie einen passiven Aktienfonds (also einen ETF) auf einen weltweiten Aktienindex kaufen. Ich habe mich daher schon vor vielen Jahren dafür entschieden, meine Aktienanlage primär auf einen ETF zu stützen, der den Index »MSCI World« abbildet.

Sie müssen dafür nur eine einzige Überzeugung teilen: dass Aktien als Sachwerte, bei denen Sie Anteile an Unternehmen erwerben, langfristig ein gutes Investment sind und dass weltweit Aktien auf längere Sicht eine gute Rendite erwirtschaften werden. Insofern sind Sie auch mit dieser Strategie natürlich kein kompletter »Anlage-Agnostiker«.

Zwei entscheidende Fragen sind damit jedoch noch nicht beantwortet: Wann sollen Sie einen solchen Fonds kaufen? Und wie lange sollen Sie ihn halten? Zunächst zur zweiten Frage: Aktieninvestitionen haben für Sie als Privatanleger nur dann einen Sinn, wenn Sie wirklich langfristig denken. Mit »langfristig« meine ich: am besten über Jahrzehnte. Leider sind jedoch die meisten Menschen nicht fähig, so langfristig zu denken. Das ist einer der Gründe, warum sie mit Aktien nicht erfolgreich sind.

Allerdings, und auch dies soll nicht verschwiegen werden, gab es durchaus einige Phasen in der Geschichte, bei denen Aktien auch über einen sehr langen Zeitraum schlecht abschnitten. Das war zwar selten der Fall, aber eine Garantie, dass Aktien »immer« eine gute Langfristanlage seien, gibt es nicht. Deshalb bin ich auch sehr skeptisch, wenn jemand empfiehlt, ganz überwiegend das Geld in Aktien anzulegen.

Denn wer das Pech hat, ausgerechnet auf dem Höchststand, kurz vor einer lang andauernden Aktienbaisse in den Aktienmarkt einzusteigen, hat ein erhebliches Problem. Und so etwas geschieht nicht selten, denn die meisten Anleger – sowohl private wie auch institutionelle Investoren – verhalten sich genau so. Sie meiden den Aktienmarkt nach einem Einbruch und begeistern sich ausgerechnet dann für Aktien, wenn sie ihren Höchststand erreicht haben. Schlimm traf es Anleger in japanische Aktien, die Ende der 1980er-Jahre bei einem Höchststand des Nikkei von fast 40.000 Punkten einstiegen. Der japanische Index erreichte seitdem nie mehr wieder auch nur annähernd einen solchen Stand. Mitte September 2015 lag er bei 16.614 Punkten. Dieses Beispiel zeigt übrigens, dass die manchmal wie ein dogmatischer Glaubenssatz vorgetragene Aussage, Aktien seien auf sehr lange Sicht »immer« eine gute oder sogar die beste Anlage, so nicht stimmt. Es gibt schließlich keine Garantie dafür, dass sich Entwicklungen, wie wir sie seit Ende der 80er-Jahre in Japan erlebten, nicht zu einer anderen Zeit in einem anderen Markt wiederholen.

Zum Glück steigt kaum ein Anleger mit seinem gesamten Geld ausgerechnet auf dem Höchststand in den Aktienmarkt ein. Am besten wäre es natürlich, wenn Sie ihr ganzes Geld am Tiefpunkt investieren. Doch das wird kaum einem Anleger gelingen, zumal wir erst im Nachhinein wissen, was der Tiefpunkt war. Sind wir auf dem Tiefpunkt, wissen wir ja nicht, ob es nicht noch weiter nach unten geht. Auch ist es unwahrscheinlich, dass Sie das gesamte Kapital, das Sie in Aktien investieren wollen, zufällig genau zu dem Zeitpunkt zur Verfügung haben, wenn der Aktienmarkt am Tiefpunkt ist. Zudem wird das den allermeisten Anlegern psychologisch gesehen sehr schwerfallen.

Ich habe mich so entschieden, dass ich – unabhängig vom Auf und Ab der Aktienmärkte – regelmäßig jeden Monat Anteile an einem ETF auf den MSCI World kaufe. Die meisten Anleger handeln jedoch nicht so, sondern sie kaufen – wie im vorherigen Kapitel gezeigt – Aktienfonds verstärkt dann, wenn Aktien teuer sind. Das ist übrigens der Grund, warum die meisten Anleger mit Fonds viel geringere Renditen erwirtschaften als die in den Fondsberichten ausgewiesene Rendite des Fonds. So zeigten Wissenschaftler für die Jahre 1991 bis 2004, als die Marktrendite in den USA bei 12,2 Prozent jährlich lag, dass die Fondsrendite bei 7125 Fonds nur 7,7 Prozent betrug (das lag vor allem an den hohen Fondskosten, die über die Zeit stark zu Buche schlugen), aber die Anlegerrendite mit 6,1 Prozent noch einmal niedriger war.[195] Die Differenz zwischen der Fondsrendite und der Anlegerrendite ergab sich einfach daraus, dass die Anleger zum falschen Zeitpunkt in den Fonds ein- bzw. ausgestiegen sind.

Deshalb empfehle ich Ihnen eine »Odysseus-Strategie«. Nach dem Besuch in der Schattenwelt segelte Odysseus, König von Ithaka, der Sage nach an der Insel der Sirenen vorüber, die mit ihrem betörenden Gesang Seefahrer auf die Klippen und damit in den Tod lockten. Um ihnen gefahrlos lauschen zu können, ließ sich Odysseus an den Mastbaum des Schiffes fesseln. Seinen Gefährten ließ er die Ohren mit Wachs verschließen. Die gefährlichen Klippen am Aktienmarkt sind für Sie die Zeiten der Euphorie (in denen Sie es vermeiden müssen, überproportional viel in Aktienfonds zu investieren) und die Zeiten der Panik (in denen Sie es vermeiden müssen, Ihre Aktienfonds zu verkaufen).

Schützen können Sie sich damit, dass Sie sich selbst fesseln, indem Sie sich verpflichten, einem eisernen Sparplan zu folgen, bei dem Sie unabhängig vom Auf und Ab der Märkte stets die gleiche Summe investieren.

Sie sehen also: Die Philosophen und Dichter der Antike haben uns auch heute einiges zu sagen. Wenn Sie bei Ihren Aktieninvestments die Erkenntnisse der wissenschaftlichen Forschung berücksichtigen, die ich in diesem Kapitel zusammengefasst habe, und wenn Sie – so wie die Agnostiker – Ihr Nicht-Wissen anerkennen und sich – so wie Odysseus – selbst fesseln, um den Gefahren der Märkte zu trotzen, dann haben Sie eine gute Chance, mit Aktien Ihr Vermögen zu vermehren.

Wirklich reich werden Sie jedoch, um dies noch einmal zu wiederholen, als durchschnittlicher Anleger mit Aktien nicht. Die Chancen bei Immobilien stehen da schon besser. Das hat viele Gründe. Ein Grund ist der, dass der Markt, beispielsweise für Mehrfamilienhäuser, lange nicht so transparent ist wie der internationale Aktienmarkt. Mit gesundem Menschenverstand können Sie hier viel einfacher gute Investmentmöglichkeiten finden als bei Aktien.

Ein anderer, sehr wichtiger Grund ist, dass Sie bei Immobilien die Rendite durch Aufnahme von Fremdkapital hebeln können – was die meisten

Investoren auch tun –, während das bei Aktien zwar auch möglich ist, jedoch sehr viel riskanter. Dass dies so ist, sehen Sie an folgenden Unterschieden:

Die Banken geben zwar Wertpapierkredite für Aktienkäufe, allerdings beträgt die Beleihungsquote in der Regel nur 50 Prozent, während sie bei Immobilien teilweise 80 Prozent und mehr beträgt. Dies zeigt, dass auch die Bank das Risiko fremdfinanzierter Aktieninvestments höher veranschlagt als das von Immobilieninvestments. Demgemäß sind auch die Zinssätze für Aktienkredite deutlich höher als die für Immobiliendarlehen.[196]

Und wenn der Aktienmarkt einbricht, wird die Bank rasch zusätzliche Sicherheiten verlangen und – wenn diese nicht geliefert werden können – anfangen, Ihre Aktien zu verkaufen, ob Sie das nun wollen oder nicht. Sie sollten also Aktien nicht fremdfinanziert kaufen. Das Risiko ist zu groß. Bei Immobilien ist das anders, und dies ist ein Grund, warum Sie schon mit einem überschaubaren Eigenkapital vergleichsweise hohe Investitionsvolumina stemmen können.

Kapitel 13

Reich werden mit Immobilien

Im April 2013, mitten in der Eurokrise, überraschte eine Studie der Europäischen Zentralbank (EZB): Die Menschen in Italien, Spanien, Malta und Zypern besitzen ein höheres Vermögen als die Deutschen. Dieses Ergebnis war überraschend – aber die Zahlen der auf einer Umfrage unter 62.000 Haushalten basierenden Studie ließen keinen Zweifel.[197]

Das mittlere Nettovermögen deutscher Haushalte beläuft sich auf rund 51.400 Euro. Dagegen beträgt das Haushaltsvermögen der Italiener 163.900 Euro, der Spanier rund 178.300 Euro. Der Hauptgrund dafür sind laut der Studie die unterschiedlichen Wohneigentumsquoten. Während in Deutschland nur 47,7 Prozent Wohneigentum besitzen, sind es in Italien 68,4 Prozent und in Spanien 82,7 Prozent. Die Studie zeigte, dass die Tilgungsleistung für die eigene Immobilie ein »wichtiger Motor für den Vermögensaufbau« sei. Eigentümer haben ein wesentlich höheres Vermögen als Mieter.

Paradox? Reiche Italiener und arme Deutsche

Eine andere Untersuchung weist in die gleiche Richtung und stützt sich dabei auf die Daten des »Survey of Health Ageing and Retirement«, für die in ganz Europa 22.271 Personen ab 50 Jahren befragt wurden. Diese Untersuchung[198] zeigt, dass in Spanien und Italien Wohnimmobilien 76 Prozent bzw. 70 Prozent des Vermögens der Personen über 50 Jahre ausmachen. Das überrascht nicht, da in diesen Ländern die Wohneigentumsquote am höchsten ist.

In Spanien und Italien ist aber auch die sogenannte Vermögensrate am höchsten. Diese Rate zeigt, wie hoch das Vermögen der Bürger eines Landes im Verhältnis zum Einkommen in diesem Land ist. In diesem Fall wurde die Rate für Bürger ab 50 Jahre ermittelt. In Spanien ist demnach das Vermögen 22-mal höher als das Jahreseinkommen (beides im Median). In Italien ist das Vermögen 15-mal höher als das Einkommen. Ganz anders ist es in Deutschland und in Schweden, wo die Wohneigentumsquote deutlich niedriger liegt. Hier sind die Vermögensraten am niedrigsten, die Bürger besitzen also deutlich weniger Vermögen im Verhältnis zu ihrem Einkommen. Übrigens zeigte die Studie auch, dass die Vermögensungleichheit in jenen Ländern am niedrigsten ist, in denen die Wohneigentumsquote am höchsten ist.

Nicht nur der Vergleich zwischen einzelnen Ländern mit hoher und niedriger Eigentumsquote, sondern auch der Vergleich zwischen dem Vermögen von Mietern und Immobilieneigentümern innerhalb eines Landes zeigt, wie wichtig Immobilien zur Vermögensbildung sind.

Nach Zahlen der Deutschen Bundesbank beträgt das Nettovermögen (Median) in Deutschland bei Immobilieneigentümern ohne Hypothek 255.620 Euro, bei Eigentümern mit Hypothek 160.200 Euro und bei Mietern nur 10.290 Euro. Die Durchschnittswerte für das Nettovermögen betragen bei Immobilieneigentümern ohne Hypothek 457.820 Euro, bei Eigentümern mit Hypothek 270.130 Euro und bei Mietern nur 47.750 Euro.[199]

Der Einwand liegt nahe, diese Diskrepanz lasse sich daraus erklären, dass eher die besser verdienenden und vermögenden Personen Immobilien kaufen. Der Immobilienbesitz wäre demnach nicht die Ursache, sondern die Wirkung der besseren Vermögenssituation. Das Institut empirica[200] kam jedoch zu dem Befund, der Wirkungszusammenhang gehe keineswegs nur in diese Richtung. Die Wissenschaftler verglichen Personen mit einem gleichen monatlichen Haushaltsnettoeinkommen, und auch hier zeigte sich die erhebliche Diskrepanz in der Vermögenssituation von Personen mit und ohne Immobilieneigentum: In der gleichen Alters- und Einkommensgruppe (50 bis 59 Jahre, 2000 bis 3000 Euro Haushaltseinkommen) haben Besitzer von Ein- und Zweifamilienhäusern 161.288 Euro, Besitzer von Eigentumswohnungen 113.440 Euro und Mieter nur 15.475 Euro Nettovermögen.[201]

Der Hauptgrund für die beschriebene Diskrepanz in den Vermögensverhältnissen von Mietern und Immobilieneigentümern ist das sehr unterschiedliche Sparverhalten. Beide Gruppen, also Mieter und Wohnungseigentümer, sparen – sieht man von der Tilgung ab – etwa gleich viel. Sie legen also gleich hohe Beträge in Lebensversicherungen, Sparplänen und anderen Kapitalanlagen an. Man hätte vielleicht erwarten können, dass die Immobilieneigentümer etwas weniger in anderen Anlageformen sparen, weil sie das Geld für die Tilgung ihres Darlehens brauchen. Dem ist jedoch nicht so.

Bei den Immobilieneigentümern kommt die Tilgung der Immobilie zu den sonstigen Sparleistungen noch hinzu. Im Alter verfügen diese Menschen über eine entschuldete Immobilie und können dann die zur Gewohnheit gewordene Sparleistung in anderen Anlageformen fortsetzen.

So löst sich auch das Rätsel, warum die vermeintlich »reichen« Deutschen deutlich weniger Vermögen besitzen als die »ärmeren« Italiener oder Spanier: Der Unterschied erklärt sich zu einem Großteil daraus, dass – wie gezeigt – die Wohneigentumsquote in Italien und Spanien deutlich höher ist als in Deutschland. Immobilienbesitz zwingt die Menschen zu einer hohen Disziplin bei der Sparleistung. Das ist das »Geheimnis«, warum Immobilieneigentümer mehr Vermögen aufbauen als Mieter und warum das durchschnittliche Vermögen in Ländern mit hoher Wohneigentumsquote deutlich höher ist als das in Ländern mit niedriger Wohneigentumsquote.

Dass Immobilien einen entscheidenden Beitrag zur Vermögensbildung leisten, zeigt auch die schon im zweiten Kapitel erwähnte Dissertation von Melanie Böwing-Schmalenbrock, die Interviews mit 472 Deutschen mit einem durchschnittlichen Vermögen von 2,35 Millionen Euro ausgewertet hat. Das Ergebnis: Natürlich spielt die Erwerbstätigkeit die zentrale Rolle für die Reichtumsbildung – gefolgt von Erbschaften. Direkt nach diesen beiden Gründen sind jedoch Immobilien ein zentraler Aspekt bei der Bildung von Reichtum. 48 Prozent der Befragten gaben an, Immobilien seien »ein wichtiger Aspekt« für ihre persönliche Reichtumsbildung gewesen. Von Aktien sagten das dagegen nur 20 Prozent.[202]

Immerhin gab jeder Zehnte sogar an, Immobilienbesitz sei der allerwichtigste Aspekt für die Reichtumsbildung gewesen. Börsengewinne wurden dagegen nur von 2,4 Prozent der Befragten als wichtigster Grund für die Reichtumsbildung genannt. Das heißt: Immobilien spielen beim Vermögensaufbau von deutschen Millionären viermal häufiger als Aktien die zentrale Rolle.

Leider wurde bei der Befragung nicht ermittelt, ob die betroffenen Haushalte mit der Bedeutung von Immobilien beispielsweise die Vermietung eigener Immobilien, den gewinnbringenden Verkauf von Immobilien oder lediglich die Einkommensvorteile von selbstgenutzten Immobilien meinten.

Tatsächlich spielen Immobilien für die Reichtumsbildung sogar eine noch größere Rolle, wenn man nämlich die Erbschaften mit berücksichtigt. Auch dies zeigen die Ergebnisse der oben zitierten Befragung: 81 Prozent derjenigen vermögenden Haushalte, die bereits geerbt haben, erhielten Geldvermögen, 68 Prozent haben Immobilien vererbt oder geschenkt bekommen. Der Wert der vererbten Immobilien war jedoch mit 300.000 Euro (Median) doppelt so hoch wie der Wert des vererbten Geldvermögens.

Ein weiteres Ergebnis der Dissertation war, dass besonders vermögende Unternehmer eine Affinität zum Immobilienerwerb haben. Wenn von den Befragten Unternehmertum als wichtigster Aspekt für die Reichtumsbildung genannt wurde, spielte in mehr als der Hälfte der Fälle auch Immobilienbesitz eine wichtige Rolle. Und auch umgekehrt gilt: Wurde Immobilienbesitz als wichtiger Aspekt der Reichtumsbildung genannt, dann wurde in 40 Prozent der Fälle auch Unternehmertum genannt.[203] Meist ist es so, dass Menschen durch Selbstständigkeit bzw. Unternehmertum Vermögen bilden und dieses dann in Immobilien investieren und damit in vielen Fällen ihr Vermögen ausbauen.

In dem »Wealth Report 2015« von Knight Frank wird diese Affinität von Vermögenden zu Immobilien bestätigt. Immerhin 30 Prozent ihres Vermögens haben die UHNWIs (Ultra-High-Net-Worth-Individuals; Personen mit einem Nettovermögen ab 30 Millionen Dollar) dieser Welt in eigengenutzten Immobilien angelegt. Neben dem Hauptwohnsitz haben sie im Schnitt 2,4 Zweitwohnungen. Diese Zahl ist bemerkenswert, denn üblicherweise werden in den »Wealth Reports« eigengenutzte Immobilien nicht mit erfasst.[204]

Darüber hinaus sind weitere 24 Prozent des Vermögens der UHNWIs in vermietete Immobilien investiert. Davon wieder sind etwa zwei Drittel direkte Investments und ein Drittel indirekte Investments, also beispielsweise in Immobilienfonds. Offenbar sind die Reichen mit ihren Immobilien sehr zufrieden, denn in der Befragung, die für den »Wealth Report« durchgeführt wurde, gaben 47 Prozent der Millionäre an, dass sie ihren Immobilienanteil noch weiter erhöhen wollen, bei 46 Prozent sollte er gleich bleiben und nur 7 Prozent wollten ihren Immobilienanteil reduzieren.[205]

Eine Immobilie in Neukölln

Meine erste Immobilie kaufte ich im Jahre 1996, damals arbeitete ich noch als Angestellter. Das war eine kleine Wohnung mit nur 44 qm in Potsdam, die ich für (umgerechnet) 93.568 Euro erwarb. Es handelte sich damals um ein Steuersparmodell im Rahmen des sogenannten Fördergebietsgesetzes für die neuen Bundesländer.

Das heruntergekommene Mietshaus wurde modernisiert, und die Erwerber der Wohnungen konnten die gesamten Modernisierungskosten über einen Zeitraum von zehn Jahren vollständig abschreiben. Diese Modernisierungskosten entsprachen etwa 70 Prozent des Kaufpreises. Ich gebe zu, dass sich die Investition ohne die erheblichen Steuerersparnisse nicht gelohnt hätte. Ich hatte die Immobilie jedoch gut ausgewählt, und sie ist nun seit fast zwei Jahrzehnten durchgehend – mit nur wenigen Tagen Unterbrechung – gut vermietet und inzwischen auch entschuldet.

2004, damals war ich seit vier Jahren Unternehmer, erwarb ich ein Mehrfamilienhaus mit 24 Wohnungen in Neukölln. Jeder riet mir damals von dieser Investition ab – außer dem Makler Jürgen-Michael Schick, der es mir verkaufte und es übrigens elf Jahre später auch wieder für den vierfachen Preis an einen anderen Investor weiterverkaufte. Als ich meinen Bekannten, darunter auch vielen Immobilienexperten, berichtete, ich plane ein Mehrfamilienhaus in Neukölln zu kaufen, waren die Reaktionen einhellig negativ. Die Deutsche Bank lehnte die Finanzierung ab, weil Neukölln ein zu riskanter Standort für ein Immobilieninvestment sei.

Als ich dieses Kapitel schrieb, habe ich noch einmal in alten Zeitungen geblättert, denn heute, da der Berliner Wohnimmobilienmarkt als der attraktivste in Europa gilt, kann man sich kaum noch vorstellen, wie absurd eine Investition in Berlin-Neukölln damals erscheinen musste. Im Berliner *Tagesspiegel* vom 20.3.2002 wird über ein »Berlin Future Panel« des Deutschen Instituts für Wirtschaftsforschung (DIW) berichtet. Das DIW konstatierte, wenn Deutschland beim Wachstum die rote Laterne in Europa habe, dann hinke Berlin in Deutschland noch einmal hinterher. Der Tourismus gehe zurück, die Umsätze im Einzelhandel seien drastisch eingebrochen. In der *Berliner Morgenpost* vom 22.8.2003 heißt es, der Leerstand auf dem Berliner Wohnungsmarkt sei »auf einen Rekordstand« gestiegen. 160.000 Wohnungen stünden leer. Streit gab es zwischen dem Bausenator Peter Strieder (SPD) und Gernot Klemm von der PDS: Sie diskutierten, so die Zeitung, ob nur Plattenbauten in großem Stil abgerissen werden sollten oder ob es nicht erforderlich sei, wegen des Überangebots auch Altbauten in der Innenstadt abzureißen, wie die PDS forderte.

Die *Immobilien Zeitung* veröffentlichte am 10.2.2004 einen Beitrag mit der Überschrift »Berliner Wohnungsmarkt unter Druck«. Da wurde vom Leerstand von 130.000 Wohnungen berichtet. Die Zeitung zitierte eine Studie der HypoVereinsbank, wonach die Grundstückspreise für Eigenheime weiter nachgeben. Für einfache Wohnlagen prognostizierten die Banker einen »Preisverfall«. Eigentumswohnungen würden zwischen 1000 und 5000 Euro/qm verkauft, aber »fast niemand« wolle Neubauwohnungen oder Wohnungen mit mehr als zwei Zimmern erwerben. *Spiegel TV* brachte im November 2004 einen Bericht über Neukölln: »Neukölln gilt als Armenhaus Berlins. In dem Stadtteil mit über 300.000 Einwohnern ist fast ein Viertel der Menschen arbeitslos. Hier herrscht die größte Sozialhilfedichte Europas.« Die Schlagzeile der *Berliner Zeitung* im Januar 2004 lautete »Neukölln – Bald ein unregierbares Gebiet«. Und *Die Welt* titelte am 9.9.2004: »Neukölln: Zentrum der Armut – Sozialhilfe als Normalität«.

Hatte ich damals die Zeitungen und die negativen Researchberichte über Berlin nicht gelesen? Doch, das hatte ich. Ich war aber der Meinung, dass das alles mehr als eingepreist war. Denn das Haus in Neukölln war ja gerade deshalb extrem günstig, weil es sonst niemand kaufen wollte. Immobilienpreise werden berechnet nach einem Multiplikator zur Jahresnettokaltmiete. Die Jahresnettokaltmiete betrug damals 151.000 Euro, und ich erwarb die Immobilie für 1.020.000 Euro. Das war tatsächlich ein Schnäppchenpreis, denn ich erwarb sie für einen Multiplikator von 6,8 bzw. mit einer Bruttoanfangsrendite von fast 15 Prozent!

Inklusive der Kosten für den Makler und die Grunderwerbsteuer sowie für anfängliche Instandhaltungsmaßnahmen bezahlte ich 1.215.000 Euro. Zum Glück hatte ich einen klugen Banker, der damals bei der DKB arbeitete. Er begriff, dass das ein Schnäppchen war und dass ich mit dieser Investition nichts falsch machen konnte. Die Bank lieh mir 1.164.000 Euro für den Kauf und die Grunderwerbsteuer sowie noch einmal 78.000 Euro für die Modernisierung. Das waren zusammen 1.242.000 Euro, also sogar 27.000 Euro mehr als Kaufpreis, Nebenkosten und Kosten für die Modernisierung. Ich erwarb die Immobilie also ohne Eigenkapital.

Allerdings vereinbarte ich eine sehr hohe anfängliche Tilgung, und zwar von 6 Prozent. Die Restschuld betrug Ende März 2015 nur noch 224.000 Euro. Als die Preise am Berliner Immobilienmarkt extrem stark anstiegen und teilweise Preise bezahlt wurden, die ich nicht nachvollziehen konnte, entschloss ich mich, die Immobilie zu verkaufen, und erzielte einen Kaufpreis von 4,2 Millionen Euro. Ich hatte in den zehn Jahren nach dem Kauf die Mieten nur moderat angehoben, aber während ich 2004 das Mehrfamilienhaus zum 6,8-Fachen der Jahresnettokaltmiete gekauft hatte, konnte ich es 2015 zum 24-Fachen der Jahresnettokaltmiete verkaufen. Auf diese Weise ist es mir also in etwa zehn Jahren gelungen, aus null Euro 4 Millionen Euro zu machen. Das ist natürlich ein außergewöhnliches Immobilieninvestment, wie es nur selten gelingt. Trotzdem

– oder auch: gerade deshalb – kann man eine Menge aus diesem Investment lernen.

Wenn Sie eine Immobilie kaufen, dann müssen Sie – wie bei jeder anderen Investition – ein Bild der Zukunft haben. Ich hatte damals, so wie andere auch, die Probleme am Berliner Immobilienmarkt gesehen: hohe Leerstandsraten, stagnierende oder sogar sinkende Mieten. Ich hatte auch die Probleme in einem Stadtteil wie Neukölln wahrgenommen, war jedoch der Meinung, dass alle diese negativen Nachrichten im Preis enthalten waren. Ich hatte gleichzeitig aber auch bemerkt, dass damals in Berlin aufgrund der hohen Leerstandsraten und der niedrigen Mieten überhaupt nicht mehr gebaut wurde. Es entstanden in der Millionenstadt nur wenige Tausend Wohnungen im Jahr, denn bei den niedrigen Mieten lohnte sich der Neubau einfach nicht. Ich hatte daher erwartet, dass die ausbleibende Bautätigkeit früher oder später zu einem Rückgang des Leerstandes sowie zu steigenden Mieten und Kaufpreisen führen würde. Deshalb kaufte ich die Immobilie in Neukölln.

Der niedrige Kaufpreis erlaubte eine sehr hohe anfängliche Tilgung. Der Bankfinanzierer meinte beim Kauf, ich werde deshalb schon bald »ein Steuerproblem« bekommen. »Welches Problem?«, fragte ich. »Nun, Sie werden positive Einkünfte aus Vermietung und Verpachtung haben und damit entsprechend Steuern bezahlen müssen.« »Das ist genau die Art von Problemen, die ich liebe«, war meine Antwort. Wer nichts verdient, zahlt auch keine Steuern, wer wenig verdient, zahlt wenig Steuern und wer viel verdient, zahlt viel Steuern.

Wie bei allen Investitionen werden Sie auch mit Immobilien am meisten verdienen, wenn Sie gegen den Strom schwimmen und sich eine eigene, begründete Meinung bilden. Natürlich ist der Erwerb einer Immobilie mit einer Finanzierungsquote von über 100 Prozent nach gängiger Lehrmeinung sehr riskant. Das war in diesem Fall nur deshalb möglich, weil die Bank den Beleihungswert schon sehr hoch eingeschätzt hatte. Die Rechnung ging für mich auf, weil ich die hohen Überschüsse aus der Vermietung vollständig in die Tilgung steckte, statt sie zu konsumieren, und weil der Immobilienmarkt sich tatsächlich in die von mir erwartete Richtung entwickelte.

Ich habe die Investition damals überhaupt nicht als riskant empfunden. Denn auch wenn es keinerlei Wertsteigerung gegeben hätte, wäre doch schon allein der sehr hohe Mietüberschuss, der eine hohe Tilgung erlaubte, ungemein attraktiv. Wenn sich weder die Mieten noch die Einkaufsfaktoren an diesem Standort erhöht hätten, dann hätte das doch nur geheißen, dass ich statt aus null Euro 4 Millionen zu machen aus null Euro »nur« eine Million Euro gemacht hätte. Deshalb war die Investition in einer einfachen Lage mit extrem hohem Fremdkapitaleinsatz aus meiner Sicht nicht riskant.

Das Beispiel dieser Investition zeigt auch, wie oberflächlich einige allgemeine Redensarten zum Thema Immobilienanlage sind: So heißt es oft, man solle Immobilien in »guten Lagen« bevorzugen. Da sich die meisten Marktteilnehmer von solchen vermeintlich allgemeingültigen Wahrheiten leiten lassen, ist die Wahrscheinlichkeit, dass man in einer von fast allen Marktteilnehmern als »gut« eingeschätzten Lage günstig einkaufen kann, oft geringer als die Chance, in einer »einfachen Lage« gut zu investieren.

Warum Anleger mit Immobilien Geld verlieren

Viele Menschen haben mit Immobilien keineswegs gute Erfahrungen gesammelt, und die Ergebnisse ihrer Investitionen sind ernüchternd. Dies belegt eine im Jahr 2014 von dem Unternehmen Wertgrund in Auftrag gegebene Studie des Deutschen Instituts für Wirtschaftsforschung (DIW) mit dem Titel »Renditen von Immobilieninvestitionen privater Anleger«.[206]

Im Wesentlichen stützt sich die Studie auf das Sozio-oekonomische Panel (SOEP). Es handelt sich dabei um eine repräsentative Längsschnittbefragung von Haushalten in Deutschland. Das Ergebnis der Forschungsarbeit: 54 Prozent der privaten Immobilienvermögen erzielten eine Rendite von unter 2 Prozent, 21 Prozent erzielten zwischen 2 und 4 Prozent, 25 Prozent erzielten eine Rendite von über 5 Prozent. Dies sind jedoch sogenannte Bruttorenditen, also ohne Berücksichtigung von Ausgaben. Die im Durchschnitt nach den SOEP-Zahlen erzielten Nettorenditen liegen bei 1,5 bis 2 Prozent.

Es gibt zwar Zahlen der Deutschen Bundesbank, die eine deutlich höhere Rendite ausweisen (4 Prozent), jedoch besteht hier laut den DIW-Forschern eine hohe Schätzunsicherheit aufgrund geringer Fallzahlen. Doch selbst wenn man diese – wahrscheinlich zu hohen – Zahlen ebenfalls heranzieht, ergibt sich eine Rendite für private Immobilienanleger, die nicht höher ist als 3 Prozent. Mit »Immobilien Geld verdienen« ist also keineswegs ein Selbstläufer. Was sind die Gründe, warum viele Anleger ernüchternde Erfahrungen machen?

In den 1980er- und 90er-Jahren war ein Grund die extreme Steuerorientierung. Ich habe Ihnen ja berichtet, dass auch die ersten Wohnungen, die ich kaufte, sogenannte »Steuersparimmobilien« waren. Die Steuerersparnis machte viele Anleger blind. Sie achteten nicht mehr auf die für eine Immobilieninvestition wichtigen Faktoren wie Lage, Gebäudequalität, Vermietbarkeit, und vor allem achteten sie nicht auf den Kaufpreis. Ihnen ging es ausschließlich um die Steuerersparnis. Doch die Steuersparimmobilien wurden oft zu stark überhöhten Preisen verkauft. In der Einleitung zu diesem Buch habe ich von vielen Schauspielern, Sportlern und Fußballern berichtet, die erhebliche Verluste erlitten und nicht selten sogar Privatinsolvenz anmelden mussten, weil sie zu Zeiten der sogenannten »Sonderabschreibung Ost« in Häuser, Wohnungen oder Fonds in den neuen Bundesländern investiert hatten.

Heute gibt es diese Steuersparimmobilien nur noch in zwei Segmenten. Denkmalgeschützte Immobilien und in Sanierungsobjekten gelegene Immobilien eröffnen noch Möglichkeiten, Steuern zu sparen. Hier gibt es durchaus einige attraktive Angebote, aber der Anleger sollte sorgfältig prüfen, ob die Qualität der Modernisierung und der Kaufpreis stimmen.

Es gibt kaum etwas, das fachlich anspruchsvoller wäre, als die aufwendige Sanierung bzw. Modernisierung eines Altbaus. Leider ist die Qualität der Sanierung am Ende für den Laien nicht erkennbar. Wenn beispielsweise angefaulte Deckenbalkenköpfe nicht entfernt wurden, ist das nicht sichtbar, die Folgen können jedoch gravierend sein. Deshalb sollte der Anleger darauf achten, dass es eine unabhängige, baubegleitende Qualitätskontrolle gibt (beispielsweise durch den TÜV).

Leider wurde und wird nicht selten bei Denkmalobjekten die Steuerersparnis einfach auf den Kaufpreis aufgeschlagen. Als Faustformel kann gelten: Ohne Berücksichtigung der Steuervorteile sollte die Nettoanfangsrendite einer sanierten Immobilie nicht niedriger als 3 Prozent sein. Viele dieser Immobilien werden auch unnötig verteuert, weil im Kaufpreis sehr hohe »Innenprovisionen« enthalten sind. Meist werden diese vor dem Anleger versteckt, und das hat einen guten Grund: Sie sind teilweise stark überhöht und liegen nicht selten bei 15 Prozent oder höher. Was der Anleger an Steuern gespart hat, fließt dann nicht ihm zu, sondern dem Vertrieb. Wenn die Provision eine zweistellige Höhe erreicht, sollten Sie schon aus diesem Grund nicht kaufen.

Ganz allgemein sollte ein Anleger wissen, dass der Kauf einer Eigentumswohnung im Verhältnis fast immer teurer ist als der Kauf eines Mehrfamilienhauses. Bauträger und sogenannte »Aufteiler« von Mehrfamilienhäusern erzielen ja genau aus dieser Diskrepanz ihren Gewinn: Sie erwerben ein Mehrfamilienhaus beispielsweise zu einem Multiplikator von 18,5 (das entspricht einer Bruttoanfangsrendite von 5,4 Prozent) und verkaufen die einzelnen Wohnungen anschließend an kleine Kapitalanleger zu einem Multiplikator von 25 (das entspricht einer Bruttoanfangsrendite von 4 Prozent).

Obwohl Wohnungen also im Vergleich zu ganzen Mietshäusern relativ teurer sind, halte ich es durchaus für vernünftig, wenn Anleger ihre ersten »Gehversuche« am Immobilienmarkt mit dem Kauf von vermieteten Eigentumswohnungen beginnen, statt gleich ein ganzes Mietshaus zu erwerben. Denn auch der Umgang mit Immobilieninvestitionen muss gelernt werden. Es ist oft besser, wenn man sich erst einmal mit Eigentumswohnungen versucht, bevor man sich an größere Investments, etwa ein Mehrfamilienhaus, wagt.

Der sicherheitsorientierte Anleger sollte – gleichgültig ob er ein Mehrfamilienhaus oder erst einmal eine Wohnung erwirbt – die Risiken beachten. Ein Hauptrisiko liegt in der Finanzierung. Während in anderen Ländern – wie etwa den USA – Darlehen häufig mit einer variablen Verzinsung vereinbart werden, was das Risiko deutlich erhöht, dominieren in Deutschland Finanzierungen mit einer festen Zinsbindung. In der Vergangenheit wurden meist Immobiliendarlehen für einen Zeitraum von zehn Jahren fest vereinbart, und die anfängliche Tilgung betrug ein Prozent.

In der heutigen Zeit, in der die Zinsen sehr niedrig und die Kaufpreise für Immobilien gestiegen sind, ist eine solche Finanzierungsart jedoch hoch riskant. Denn der Tilgungsanteil der jeweiligen Rate nimmt umso langsamer zu, je niedriger der Zinssatz ist. Dadurch dauert die Tilgung länger. Ein Beispiel dazu: Sie nehmen ein Darlehen von 100.000 Euro auf, für einen Zins von 2 Prozent. Sie vereinbaren eine anfängliche Tilgung von nur einem Prozent. Dann beträgt Ihre Restschuld nach zehn Jahren noch 88.940 Euro, d. h. es sind nur 11.060 Euro getilgt. In Zeiten, in denen Sie 4 Prozent Zinsen hätten zahlen müssen, wären im gleichen Zeitraum bei einer anfänglichen Tilgung von 2 Prozent immerhin 22.120 Euro getilgt worden.

Dem sicherheitsorientierten Anleger empfehle ich daher:

1. Sie sollten eine höhere Tilgung vereinbaren. Ein oder 2 Prozent sind in der heutigen Zeit sehr niedriger Zinsen nicht genug. Wenn Sie bei einem Zins von 2 Prozent eine anfängliche Tilgung von 4 Prozent vereinbaren, sind nach zehn Jahren 44.240 Euro getilgt. Wenn Sie sagen, dass Sie nicht in der Lage sind, insgesamt 6 Prozent (also für Tilgung und Zinsen) zu zahlen, dann ist diese Investition möglicherweise zu riskant für Sie, denn es ist wahrscheinlich, dass Sie nach Auslaufen der Zinsbindung deutlich höhere Zinsen bezahlen müssen.

2. Sie sollten die Zinsen für 15 oder 20 Jahre festschreiben, nicht nur für zehn Jahre. Das macht allerdings nicht jede Bank, weil Sie nach zehn Jahren auf jeden Fall das Darlehen kündigen können, was Sie natürlich tun würden, wenn die Zinsen zu diesem Zeitpunkt noch niedriger wären (was jedoch eher unwahrscheinlich ist).

Das Schlimmste, was Ihnen passieren kann, ist, dass die Zinsen nach dem Auslaufen der Zinsbindung erheblich gestiegen sind und nur ein kleiner Teil des Darlehens getilgt ist. Dies kann im Extremfall dazu führen, dass Sie die monatlichen Raten nicht mehr bedienen können und die Immobilie zwangsversteigert werden muss.

Soweit zu den Risiken bei der Finanzierung. Was sollten Sie beim Kauf beachten? Viele Anleger könnten sich eine Menge Ärger mit Fehlinvestitionen sparen, wenn sie zwei Dingen Aufmerksamkeit schenken würden, die ich stets beim Erwerb einer Immobilie beachtet habe:

1. Kaufen Sie kein Mietshaus, ohne den baulichen Zustand zuvor von einem Sachverständigen begutachten zu lassen. Holzbock, Schimmel oder sogar der gefährliche Hausschwamm müssen nicht zwingend gegen den Erwerb einer Immobilie sprechen, aber es ist unbedingt wichtig, dass Sie über solche Dinge Bescheid wissen. Denn beispielsweise eine Schwammsanierung kann extrem teuer werden.

2. Bevor Sie einen Sachverständigen in das Haus schicken, sprechen Sie mit den Mietern! Gehen Sie durch das Haus und fragen Sie die Mieter, die dort schon länger wohnen. Denn diese sind die besten Experten, die Ihnen alle wichtigen Informationen liefern können: Gibt es Probleme mit Feuchtigkeit im Haus? Gibt es eine hohe Fluktuation? Gab es längere Perioden des Leerstandes? Die meisten Mieter sind erstaunlich auskunftsbereit und zeigen Ihnen auch ihre Wohnung. Einmal erklärte mir beispielsweise der Verkäufer, es habe nie Probleme mit Feuchtigkeit oder Schimmel gegeben: Der Mieter zeigte mir dann jedoch ein Buch »Do it yourself Schimmelsanierung«, nach dessen Anleitung er und sein Nachbar versucht hatten, die Schimmelprobleme in den Griff zu bekommen.

Bei der Investition in Wohnimmobilien müssen Sie auch beachten, dass ab dem 1. Juni 2015 in Deutschland eine »Mietpreisbremse« gilt, wonach Sie bei der Neuvermietung einer Bestandswohnung in einem Gebiet mit »angespanntem Wohnungsmarkt« nicht mehr verlangen dürfen als entweder der vorherige Mieter bezahlt hat oder aber maximal 10 Prozent über der ortsüblichen Vergleichsmiete. Solche Regulierungen des Gesetzgebers sind ärgerlich, denn sie führen ja nicht dazu, dass auch nur eine einzige Wohnung zusätzlich gebaut wird, und lindern damit keineswegs die Wohnungsnot. Sie schränken jedoch die Eigentumsrechte des Vermieters ein und schmälern die Ertragsmöglichkeiten.

Außer der bei Immobilien – im Vergleich zu Wertpapieren – leichteren Fremdfinanzierung gibt es noch einen weiteren Vorteil: Bei fast allen anderen Anlagen müssen Sie Veräußerungsgewinne versteuern. Das heißt: Sie müssen geistig immer etwa ein Viertel der Gewinne für latente Steuern zurückstellen, denn diese fallen mit Sicherheit irgendwann an. Bei Immobilien, die im Privatvermögen gehalten werden, sind dagegen Veräußerungsgewinne nach zehn Jahren Haltefrist steuerfrei. Das heißt: Mit Aktien oder Anleihen müssten Sie deutlich höhere Gewinne erzielen, um nach Steuern auf den gleichen Ertrag zu kommen wie mit einer Immobilie.

Kritisch wird heute manchmal über eine »Immobilienblase« diskutiert. Nach den negativen Erfahrungen, die Immobilienkäufer in Ländern wie Spanien, Großbritannien oder den Vereinigten Staaten mit geplatzten Immobilienblasen gemacht hatten, fragen viele Anleger, ob es auch in Deutschland die Gefahr einer Immobilienblase gebe.

Und in der Tat sind die Preise für Immobilien – auch in Deutschland – in den Jahren ab 2009 sehr stark gestiegen. Zum Teil sind diese Preissteigerungen jedoch auf einen Nachholbedarf zurückzuführen, weil die Mieten über Jahre und Jahrzehnte nur sehr langsam gestiegen sind, oftmals langsamer als die Inflationsrate. Steigende Mieten führen automatisch zu steigenden Immobilienpreisen, da die Miethöhe die Grundlage für die Preisbildung ist. Zugleich gab und gibt es in Deutschland einen immer größeren Zustrom von Menschen in die großen Städte. Das Angebot an Wohnimmobilien ist in Städten wie Hamburg, Berlin oder München nicht im gleichen Maße gestiegen wie die Nachfrage. Auch das hat zu starken Preissteigerungen geführt. Soweit sind die Preissteigerungen durch normale Marktmechanismen erklärbar und noch kein Indiz für eine Blasenbildung.

Dies ist jedoch nur die eine Seite der Medaille. Auf der anderen Seite gab und gibt es durch die extrem niedrigen Zinsen und durch das Fehlen von anderen »sicheren« Anlagealternativen ein massiv gestiegenes Anlegerinteresse an Immobilien, was zu weiter steigenden Preisen und sinkenden Renditen geführt hat. Problematisch ist die Entwicklung insbesondere dann, wenn die Kaufpreise für Immobilien sehr viel rascher steigen als die Mieten.

So berechnete das Deutsche Institut für Wirtschaftsforschung (DIW), dass die Preise für Wohnungen in München seit 2010 jährlich um fast 12 Prozent gestiegen sind, die Mieten beim Erstbezug zogen jedoch lediglich um jährlich 3 Prozent an. Und nach den Daten des Portals *Immowelt* sind die Mieten in München zwischen 2004 und 2014 um 27 Prozent gestiegen, die Kaufpreise im selben Zeitraum aber um 53 Prozent in die Höhe geschossen.[207]

Die durch das »billige Geld« gestiegenen Preise sind aber, und das wird manchmal in der Diskussion über eine »Immobilienblase« nicht beachtet, keine auf Immobilien beschränkte Erscheinung. In Kapitel 14 werde ich zeigen, dass auch in allen anderen Assetklassen – insbesondere bei Staatsanleihen und Unternehmensanleihen – die Preise massiv gestiegen sind. Der Abstand zwischen den Renditen für zehnjährige Bundesanleihen und den Immobilienrenditen ist trotz der Preissteigerungen für Immobilien in den vergangenen Jahren sogar gestiegen. Keine Assetklasse, auch die Immobilien nicht, kann sich dieser Folgeerscheinung der Politik der Zentralbanken entziehen.

Immobilienfonds und Immobilienaktien

Bis hierher war vor allem von Investitionen in Wohnimmobilien die Rede. Das ist jedoch nur eine der vielen Nutzungsarten im Immobilienmarkt, in die man investieren kann. Andere Möglichkeiten bieten beispielsweise Büroimmobilien, Einzelhandelsimmobilien, Unternehmensimmobilien, Logistikimmobilien, Pflegeheime, Hotels usw.

Für die meisten Anleger sind allerdings Direktinvestitionen in diese Arten von Immobilien (man spricht hier im Unterschied zu Wohnimmobilien von Gewerbeimmobilien) schwer, weil die absoluten Kaufpreise sehr hoch sind und die finanziellen Möglichkeiten der meisten Anleger übersteigen.

In diese Immobilientypen werden daher die meisten Anleger indirekt investieren, indem sie sich an offenen und geschlossenen Immobilienfonds oder an Immobilienaktien beteiligen. Es handelt sich dabei um sogenannte »indirekte« Investments. Eignen sich Immobilienfonds auch zum Vermögensaufbau? Die Antwort darauf fällt, ebenso wie bei den Direktinvestments, differenziert aus.

Lange Zeit sehr beliebt waren die offenen Immobilienfonds in Deutschland. Der Anleger investiert dabei in ein Portfolio von meist gewerblich genutzten Immobilien (Bürohäuser, Einkaufszentren, Hotels usw.). Bis zum Jahr 2012 war die gesetzliche Regelung so, dass Anteile eines solchen Fonds täglich zurückgegeben werden konnten. Die Immobilie wurde damit, so das Versprechen, zu einem täglich handelbaren Wertpapier. Die Renditen bei offenen Immobilienfonds betrugen über viele Jahrzehnte meist zwischen 4 und 6 Prozent, was durchaus attraktiv war. Zudem war ein Großteil dieser Renditen steuerfrei. Das alles machte den offenen Immobilienfonds für viele Anleger überaus attraktiv, und auch heute noch sind etwa 80 Milliarden Euro in offene Immobilien-Publikumsfonds investiert.

Beginnend mit dem Jahre 2004 gerieten die Fonds jedoch in eine schwere Krise. Die Gründe dafür waren vielfältig. Zunächst verloren die Anleger das Vertrauen in einzelne Fonds wegen der Korruptionsskandale und zogen ihr Geld ab. Zudem hatten viele institutionelle Investoren die offenen Immobilienfonds als lukrativen Ersatz für Geldmarktfonds missbraucht. Sie sahen darin keine langfristige Anlage, sondern lediglich eine vorübergehende »Parkstation« für ihr Geld. In der Finanzkrise zogen Anleger massenhaft ihr Geld aus offenen Immobilienfonds ab. Das Versprechen, dass man seine Anteile täglich zurückgeben könne, konnte von vielen Fonds nicht mehr gehalten werden. Viele offene Immobilienfonds wurden »eingefroren«, die Anleger kamen nicht mehr an ihr Geld.

Zudem zeigte sich, dass auch die Bewertungen durch die Gutachter in der Vergangenheit oft überhöht und unrealistisch waren. Mit einigen der Fonds, so etwa mit dem TMW Immobilien Weltfonds, dem Morgan Stanley P2 Value oder dem DEGI GLOBAL BUSINESS, erlitten Anleger hohe zweistellige Verluste. Der Anteilswert in diesen Fonds von der Auflage bis Mitte September 2014 sank um 36,3 Prozent, 47,6 Prozent bzw. 48,7 Prozent.[208]

Neben den überhöhten Bewertungen war ein Grund für die Verluste auch, dass die offenen Immobilienfonds hauptsächlich auf jene Immobilien-

Nutzungsart gesetzt hatten, die in den vergangenen zehn Jahren die schlechteste Wertentwicklung zeigte. Mehr als zwei Drittel der Gelder wurden in Büroimmobilien angelegt, deren Performance nach der offiziellen Statistik der Datenbank IPD in den vergangenen zehn Jahren nur bei 2,4 Prozent lag. Dagegen betrug der Anteil der Investitionen in Wohnimmobilien, die in den vergangenen Jahren die beste Wertentwicklung zeigten, weniger als ein Prozent. Kein Wunder also, dass viele dieser Fonds unattraktive Renditen auswiesen oder sogar erhebliche Verluste für die Anleger brachten. Die Statistik der Datenbank IPD hat zum 31. Dezember 2014 berechnet, dass alle offenen Immobilienfonds auf Sicht von fünf Jahren nur 0,5 Prozent p. a. brachten. Auch bei einer Zehnjahresbetrachtung waren es nur 2,4 Prozent p. a., und dies bei einer Inflationsrate von 1,5 Prozent im gleichen Zeitraum.[209]

Der Gesetzgeber reagierte auf die Fehlentwicklungen und passte die gesetzlichen Rahmenbedingungen für die offenen Immobilienfonds an. Heute muss ein Anleger einen Fonds mindestens zwei Jahre halten, bevor er sein Geld wieder abziehen kann. Und er muss dies zwölf Monate vorher ankündigen. Damit ist die Wahrscheinlichkeit, dass auf einmal sehr große Beträge abfließen und ein Fonds eingefroren werden muss, deutlich gesunken. Trotz dieser Bestimmungen ist es für private Anleger vielfach auch vorzeitig möglich, sich von ihren Fondsanteilen zu trennen – nicht durch eine Rückgabe ihrer Anteile, sondern durch einen Verkauf an einer Börse, wie beispielsweise der Hamburger Fondsbörse.

Auch weitere Änderungen hat der Gesetzgeber beschlossen, mit denen das Risiko bei offenen Immobilienfonds begrenzt werden soll. So wurde die maximal mögliche Fremdkapitalquote bei offenen Immobilien-Publikumsfonds auf 30 Prozent begrenzt, was ebenfalls risikomindernd wirkt.

Ich selbst habe nach diesen Veränderungen in einen offenen Wohnimmobilienfonds investiert. Ich fand die Investitionsstrategie des Fonds und das Management überzeugend. Der Fonds investiert überwiegend in sogenannte B-Städte und betreibt eine aktive Wertschöpfungsstrategie.

Hier liegt auch ein Vorteil von Immobilienfonds: Wenn sie gut gemanagt werden, eröffnen sie dem Anleger Investitionschancen, die er selbst nicht wahrnehmen kann. Die meisten Anleger, die vermietete Eigentumswohnungen oder Mehrfamilienhäuser kaufen, erwerben diese in der eigenen Stadt, weil sie sich in anderen Städten nicht auskennen. Die Vorteile der Risikostreuung und des aktiven Managements sind die entscheidenden Pluspunkte, die die Initiatoren von offenen Immobilienfonds ins Feld führen.

Neben den offenen Immobilienfonds waren über viele Jahrzehnte auch geschlossene Immobilienfonds bei deutschen Anlegern sehr beliebt. Ursprünglich waren diese Fonds vor allem Steuersparvehikel – und viele Anleger sammelten damit auch negative Erfahrungen. Sie schauten nur auf die Höhe der Steuerersparnis und nicht auf die eigentlich wichtigen Kriterien einer Immobilieninvestition.

Geschlossene Immobilienfonds investierten – anders als die offenen Fonds – in der Vergangenheit in der Regel nur in eine oder wenige Immobilien. Eine vorzeitige Rückgabe war meist nicht möglich, sondern der Anleger erhielt während der Laufzeit des Fonds Ausschüttungen aus den Mieterträgen, und er bekam am Schluss nach dem Verkauf der Immobilie sein Geld zurück. Im besten Fall mit einem lukrativen Gewinn, leider aber nicht selten auch mit einem Verlust.

Wegen vieler Skandale litt das Image geschlossener Immobilienfonds verständlicherweise. Doch ein Pauschalurteil über diese Anlageform ist – ebenso wie bei Direktinvestments in Mietshäuser und Eigentumswohnungen oder bei Investitionen in offene Immobilienfonds – nicht möglich. Die pauschale Aussage, geschlossene Fonds seien fragwürdige Investments des »grauen Kapitalmarktes«, ist ebenso unzutreffend wie die von Vertretern der Fondsbranche verbreiteten pauschalen Aussagen über die Wertbeständigkeit und Stabilität dieser Assetklasse. So wie es gute und weniger gute Investmentfonds gibt, so gibt es auch bei den geschlossenen Fonds ganz hervorragende Investitionsmöglichkeiten neben solchen, von denen dringend abzuraten ist.

Gerade bei Beteiligungen an geschlossenen Fonds ist es wichtig, sich eingehend sowohl mit dem Investitionsangebot als auch mit dem Anbieter zu befassen. Die Prospekte geschlossener Fonds stellen ausführlich alle

Chancen und Risiken eines Investments dar. Leider machen sich viele Anleger nicht die Mühe, die oft über 100 Seiten starken Prospekte zu lesen. Zumindest den Teil über Risiken sollte jedoch kein Anleger überblättern. In den Prospekten müssen sämtliche Risiken klar und verständlich dargestellt werden, und zwar nicht im »Kleingedruckten«, sondern im vorderen Prospektteil.

Zudem sollte sich jeder Anleger die Frage stellen, welche Erfahrungen andere Anleger mit Fonds des Anbieters gesammelt haben. Hierüber gibt die sogenannte Leistungsbilanz Auskunft, die zwar nicht verpflichtend ist, aber von einigen guten Anbietern geschlossener Fonds veröffentlicht wird. Sie zeigt, welche Ergebnisse die in der Vergangenheit von dem Anbieter aufgelegten Fonds erzielt haben. Dabei spricht es keineswegs grundsätzlich gegen einen Anbieter von Fondsprodukten, wenn einzelne Fonds in der Vergangenheit nicht das gehalten haben, was in den Prospekten in Aussicht gestellt wurde. Entscheidend sind vielmehr das Gesamtbild und der Umgang des Anbieters mit auftretenden Problemen.

Wenn Sie in einen geschlossenen Fonds investieren, dann lassen Sie sich nicht durch die Argumente blenden, die gerne von den Initiatoren und Verkäufern ins Feld geführt werden. Das sind vor allem Beteuerungen wie: »Die Immobilie hat eine hervorragende Lage, deshalb ist sie sicher.« Oder: »Die Immobilie ist an einen bonitätsstarken Mieter vermietet, der Mietvertrag läuft zehn Jahre.« Beides sind beliebte Argumente, mit denen Sicherheit suggeriert werden soll, die jedoch nicht unbedingt Sicherheit gewährleisten. Profis meiden eher Büroobjekte, die an nur einen einzigen Mieter vermietet sind, egal wie bonitätsstark dieser ist. Denn dieser ist beim Auslaufen des Mietvertrags oft in einer viel stärkeren Position als der Vermieter. Bei Büroobjekten ist es meist sinnvoller, wenn sie von mehreren Mietern genutzt werden, denn dann ist das Risiko diversifiziert und, was noch wichtiger ist, es ergeben sich Chancen, bei der Neuvermietung den Wert der Immobilie zu steigern.

Oft zitiert wird die angebliche Immobilienweisheit »Lage, Lage, Lage«. Damit ist gemeint, dass die Lage ein entscheidendes Kriterium für eine Immobilieninvestition ist. Dem wird niemand widersprechen. Wie auch bei »Qualitätsaktien« besteht jedoch die Gefahr, dass Sie genau deshalb viel zu viel für eine Immobilie bezahlen. Können Sie sich eine bessere Lage in Berlin für ein Hotel vorstellen als direkt am Brandenburger Tor? Die Anleger, die in den Fonds mit dem Hotel Adlon investiert haben, wurden dennoch enttäuscht. Die im Prospekt in Aussicht gestellten Ausschüttungen haben die Anleger über viele Jahre nicht erhalten, und ihr Fondsanteil ist heute deutlich weniger wert als bei Fondszeichnung. Zuletzt wurden die Fondsanteile des Adlon-Fonds an der Fondsbörse *zweitmarkt.de* für nur ein Drittel des Nominalbetrages gehandelt. Die Gründe dafür sind vielfältig, aber das Beispiel zeigt auf jeden Fall, dass allein das Argument der »guten Lage« nicht überzeugend ist.

Ich selbst habe allerdings in der Vergangenheit mit geschlossenen Fonds ausschließlich positive Erfahrungen gemacht. Vor allem habe ich in geschlossene US-Immobilienfonds von Anbietern investiert, die sich als Spezialisten seit Jahrzehnten ausschließlich auf den US-Markt fokussiert haben. Mit diesen Fonds erzielte ich Renditen zwischen 9 und über 20 Prozent, die zudem wegen der Vorteile der sogenannten Doppelbesteuerungsabkommen mit einem im Vergleich zu Deutschland deutlich niedrigeren Steuersatz versteuert werden mussten. Ich habe bei diesen Fonds lediglich bereut, dass ich nicht mehr Geld in sie investiert habe. Auch solche positiven Erfahrungen mit geschlossenen Fonds sind also möglich, aber leider eher die Ausnahme als die Regel.

Eine dritte Möglichkeit, indirekt in Immobilien zu investieren, sind Immobilien-Aktien. In vielen anderen Ländern – etwa in den USA – ist das die übliche und am meisten verbreitete Form der indirekten Immobilienanlage. In Deutschland hat sich dieses Segment wegen der starken Konkurrenz durch offene und geschlossene Immobilienfonds nicht so entwickelt wie in anderen Ländern. Erst in den vergangenen Jahren sind große börsennotierte Immobilien-AGs entstanden, die eine Marktbedeutung haben. Überwiegend investieren sie in Wohnimmobilien. Deutsche private und institutionelle Anleger meiden Immobilien-Aktien, zu Unrecht, wie ich meine. Die meisten Aktien von deutschen Immobilien-AGs werden von ausländischen Investoren gehalten.

Anders als bei offenen Immobilienfonds erfolgt die Bewertung einer Immobilien-AG, wie bei jeder anderen Aktie, täglich an der Börse. Dadurch ist die (sichtbare) Volatilität natürlich höher als etwa bei einem Mietshaus, bei dem der Eigentümer die Wertschwankungen meistens gar nicht wahrnimmt, weil eben keine fortlaufende Wertermittlung erfolgt. Die höhere Volatilität eröffnet jedoch auch die Möglichkeit, Aktien in schlechten Börsenzeiten weit unter dem sogenannten »Net Asset Value« (das ist der Immobilienwert abzüglich der Schulden) zu erwerben.

Eine in Deutschland leider viel zu wenig beachtete Form der indirekten Immobilien(aktien)anlage sind Investmentfonds, die in solche Aktien investieren. Gerade für Investitionen in ausländische Immobilienmärkte sind solche Fonds ein attraktives Vehikel. Unverständlich ist für mich, warum nicht mehr Anleger in solche Fonds investieren. Denn sie verbinden die Vorteile eines Immobilieninvestments mit den Vorteilen einer Aktienanlage, und man kann sich – wie früher bei offenen Immobilienfonds – täglich von seinem Fondsanteil trennen. Wer beispielsweise die Chancen der asiatischen Immobilienmärkte für sich nutzen möchte, kann Fonds erwerben, die in REITs (Real Estate Investment Trusts) investieren. Diese REITs sind oft hochprofessionelle und spezialisierte Immobilienunternehmen, die sich auf bestimmte Immobilien-Typen (beispielsweise Shoppingcenter) fokussiert haben.

Werden Sie mit Immobilien reich? Das ist natürlich – wie überall – am ehesten dann möglich, wenn Sie gerade nicht breit diversifizieren, sondern in ausgewählte Direktanlagen oder geschlossene Fonds investieren. Die Beispiele meiner direkten Immobilieninvestments am Berliner Immobilienmarkt oder der indirekten Investments in geschlossene US-Immobilienfonds zeigen diese Chancen. Die zweistelligen Renditen, die ich mit diesen Investitionen erzielt habe, wären bei der Anlage in einen breit gestreuten Fonds kaum möglich gewesen.

Ist das Risiko bei solchen Investitionen höher als bei einer diversifizierten Anlage, etwa in einen offenen Immobilienfonds? Auf jeden Fall ist das Risiko sehr hoch, wenn Sie sich nicht eingehend mit dem Investment beschäftigen. Aber die Chancen sind natürlich auch erheblich höher.

Zusammengefasst: Um reich zu werden, sind Direktinvestments – etwa in Mehrfamilienhäuser – oder auch in Einzelfällen geschlossene Fonds oder Immobilien-Aktien sehr sinnvoll. Um dann das Vermögen zu erhalten, liegt es nahe, gute offene Immobilienfonds oder Fonds, die in Immobilien-Aktien investieren, zu kaufen. Aber in allen diesen Fällen gilt, dass es wohl mehr schlechte als gute Investitionsmöglichkeiten gibt. Bei indirekten Immobilienanlagen – egal, ob es offene und geschlossene Immobilienfonds oder Immobilien-Aktien sind – kommt es vor allem auf die Kompetenz des Asset-Managers an. Und natürlich darauf, dass man zum richtigen Zeitpunkt in die richtigen Märkte investiert.

Hier gilt, was für alle Investitionen zutrifft: Wer Anlage-Moden folgt und dort investiert, wo alle anderen es auch tun, glaubt zwar, dies sei besonders sicher, aber in Wahrheit geht er damit ein hohes Risiko ein und wird selten Geld verdienen. Wer den Mut hat, auch gegen den Strom zu schwimmen, und bestimmte Entwicklungen an einem Immobilienmarkt besser vorhersieht als andere Investoren und deshalb günstiger einkauft, der kann in diesem Segment erhebliche Gewinne erzielen.

Kapitel 14

Welche Anlagen brauchen Sie noch – und welche nicht?

Im Mittelpunkt Ihrer Anlagestrategie sollten also Aktien und Immobilien stehen. Gibt es weitere Anlagen, die Sie ergänzend berücksichtigen sollten? Es gibt eine fast unüberschaubare Fülle von Kapitalanlage-Angeboten. Wenn Sie unsinnige Anlagen ausscheiden, dann ist schon sehr viel gewonnen. Im Folgenden möchte ich auf zehn Anlagemöglichkeiten eingehen und das Pro und Contra dazu kurz erläutern.

- Staatsanleihen
- Unternehmensanleihen
- Rohstoffe
- Gold und Silber
- Beteiligungsmodelle (geschlossene Fonds)
- Hedgefonds
- Private Equity-Fonds
- Zertifikate
- Devisen
- Bankeinlagen und Bargeld

Staatsanleihen

Bei Staatsanleihen kommt es auf die Bonität des Staates an, der sie ausgibt. Diese wird von Rating-Agenturen mit Buchstaben bewertet, wobei das beste Rating – das beispielsweise die Bundesrepublik Deutschland hat – AAA ist. Bei Anleihen verspricht der Emittent, den Nominalbetrag am Ende der Laufzeit in voller Höhe zurückzuzahlen. Die Höhe der Zinsen, die ein Staat zahlen muss, richtet sich danach, wie hoch die Investoren das Ausfallrisiko einschätzen. Je höher das Risiko, desto höher die Zinsen.

Bei Staaten, an deren Bonität die Anleger erhebliche Zweifel hegen – in den vergangenen Jahrzehnten waren das beispielsweise die Ukraine, Argentinien oder Griechenland –, können die Renditen im hohen zweistelligen Bereich liegen.

Wenn die Zinsen allgemein steigen, fallen die Kurse von Anleihen, wenn die Zinsen sinken, steigen die Kurse. Deshalb konnte man in den vergangenen Jahren hohe Gewinne mit Staatsanleihen bonitätsstarker Länder (wie etwa der Bundesrepublik Deutschland) erzielen. Der Ertrag, den Sie mit Anleihen generieren können, setzt sich aus zwei Komponenten zusammen, dem Zinsanteil und den Kursgewinnen.

Berechnungen zeigen, dass der annualisierte Ertrag von Bundesanleihen zwischen 1967 und 2014 6,7 Prozent betrug. Davon entfielen 6,1 Prozent auf Zinszahlungen und 0,6 Prozentpunkte auf Kursänderungen. In den vergangenen Jahren spielten jedoch Kursgewinne die entscheidende Rolle und nicht die laufenden Zinszahlungen. In den Jahren 2011 bis 2014 lag der REX-Performanceindex bei 3,9 Prozent, jedoch entfielen davon nur 1,8 Prozent auf den Zinsanteil und 2,1 Prozent auf Kursgewinne.[210]

Die Umlaufrendite deutscher Staatsanleihen sank fast kontinuierlich von 11,2 Prozent im August 1981 bis auf 0,14 Prozent im April 2015. Das ist der Grund, warum man in den vergangenen Jahren und Jahrzehnten mit Anleihen hervorragend verdienen konnte. Im Jahr 2014 konnte man mit deutschen Bundesanleihen sogar fast 13 Prozent verdienen – das war mehr als doppelt so viel wie mit Immobilien! Fast der gesamte Ertrag resultierte jedoch aus Kursgewinnen, während bei Immobilien, bei denen die Gesamtrendite 6 Prozent betrug, nur 0,7 Prozent aus Wertsteigerungen resultierte.

Der Zinsertrag von deutschen Bundesanleihen lag bei Abschluss des Manuskriptes dieses Buches – je nach Laufzeit – knapp über bzw. knapp unter null Prozent und kann damit kaum noch sinken. Im Februar 2015 lagen die Renditen zweijähriger Bundesanleihen bei minus 0,23 Prozent, bei fünfjährigen Anleihen fiel die Verzinsung auf minus 0,07 Prozent. Nach Berechnungen der britischen Bank RBS warfen europäische Staatsanleihen mit einem Volumen von 2,5 Billionen Euro Minuszinsen ab. Das entspricht mehr als einem Drittel aller vorhandenen Staatsanleihen.[211]

Dieses Beispiel zeigt einmal mehr, dass eine rückwärts gerichtete Betrachtung der Performance von Kapitalanlagen keine Folgerungen für die in der Zukunft zu erzielenden Renditen erlaubt. Wer die in der Vergangenheit mit Bundesanleihen erzielten Renditen auf die Zukunft überträgt, übersieht, dass die Gründe dafür, warum in der Vergangenheit gute Renditen erzielt wurden, nicht mehr gegeben sind und es daher ausgeschlossen ist, dass sich diese Entwicklung fortsetzt.

Manche Autoren empfehlen auch heute noch, man solle unbedingt Geld in Bundesanleihen anlegen[212] – dem möchte ich widersprechen. Ich stimme hingegen Eckhard Sauren zu, wenn er schreibt: »Das aktuelle Niveau der deutschen Umlaufrendite hat die Ausgangssituation für eine Fortsetzung des nachhaltigen Zinsrückgangs und damit für zukünftige weitere Kursgewinne wesentlich verschlechtert. Insgesamt bieten deutsche Staatsanleihen somit kein attraktives Rendite-Risiko-Profil mehr.«[213]

Auch ich habe in den vergangenen Jahren sehr gut mit Bundesanleihen verdient, halte es jedoch für sehr unwahrscheinlich, dass das in den nächsten Jahren möglich sein wird. Woher soll die Rendite auch kommen? Die Zinsen sind so niedrig, dass sie kaum mehr sinken können. Im Gegenteil besteht die Gefahr, dass bei steigenden Zinsen die Kurse der Anleihen fallen.

Die Meinung, Staatsanleihen seien »sicher«, ist in dieser Allgemeinheit so nicht richtig. Vergleichsweise »sicher« sind sie allenfalls, wenn man dies – bei Staaten mit einem hervorragenden Rating – darauf bezieht, dass am Ende der Laufzeit der Nominalbetrag zurückbezahlt wird. Bis dahin kann es jedoch zu erheblichen Kursverlusten kommen, wenn die Zinsen steigen. Beispielsweise stieg die Umlaufrendite von Ende März 1978 bis Ende August 1981 von 5,2 Prozent auf 11,2 Prozent und gleichzeitig fiel der REX-Kursindex um 21,7 Prozent.

Auch wenn derzeit ein Inflationsrisiko und ein Zinsanstieg nicht in Sicht sind, so birgt doch die Politik der Zentralbanken, die seit Jahren die Gelddruckmaschinen angeworfen haben, langfristig erhebliche Risiken. Leider schauen viele Anleger nur auf den Nominalwert einer Anlage, der bei Staatsanleihen bonitätsstarker Länder als sicher gelten kann. Sollte es jedoch zu einer höheren Geldentwertung kommen, dann stellen Anleihen in Wahrheit das höchste Risiko dar.

Eine Ausnahme sind inflationsindexierte Anleihen, die es seit 2006 auch in Deutschland gibt. Diese Anleihen sind niedriger verzinst, bieten aber einen Inflationsschutz. Wer befürchtet, dass sich die Staaten künftig durch eine gezielte Inflationspolitik ihrer Schulden entledigen könnten, sollte solche Anleihen kaufen. Solange die Marktteilnehmer keine Inflation erwarten, sind diese Anleihen sehr günstig zu haben.

Ein Beispiel: Anfang Februar 2015 bot die in etwa fünf Jahren fällige deutsche, an den europäischen Verbraucherpreisindex gekoppelte Anleihe eine Verzinsung – ohne Inflationsausgleich – von minus 0,6 Prozent. Die vergleichbare herkömmliche, in fünf Jahren fällige Bundesanleihe rentierte bei minus 0,05 Prozent.[214] Ich würde dennoch eher die inflationsindexierte Anleihe kaufen, da diese einen wirksamen Inflationsschutz bietet. Sobald die Inflation höher als 0,55 Prozent ausfällt, steht der Anleger mit der inflationsgeschützten Anleihe besser da als derjenige, der auf eine klassische Bundesanleihe ohne Inflationsschutz gesetzt hat. Und falls es tatsächlich eine Deflation gibt, wird bei der inflationsindexierten Anleihe nichts vom Zinskupon abgezogen.

Staatsanleihen europäischer Staaten galten bis zur »Eurokrise« als völlig risikolose Papiere. Diese Einschätzung hat sich geändert. Denn nur durch die – im Maastrichter Vertrag eigentlich verbotene – Stützung von Ländern wie Spanien, Irland und Portugal konnte vermieden werden, dass diese Staaten ihre Anleihen nicht mehr bedienen. Und im Falle Griechenlands mussten Anleger erhebliche Verluste hinnehmen.

Ganz generell sind heute die Anleiherenditen durch das politisch motivierte Programm der Europäischen Zentralbank zum Kauf von Staatsanleihen verzerrt und spiegeln das tatsächliche Risiko oft nicht mehr wider. So sank beispielsweise die Rendite zehnjähriger spanischer Staatsanleihen Ende November 2014 auf unter 2 Prozent (!) und war damit so niedrig wie nie zuvor in der Geschichte. Ohne die Garantie der EZB, Staatsanleihen unbegrenzt aufzukaufen, wäre die Rendite niemals so niedrig, und sie spiegelt aus meiner Sicht nicht einmal annähernd das Risiko einer Investition in spanische Anleihen wider.

Eigenartigerweise wird jedoch in den Medien immer wieder über eine Aktien- und über eine Immobilienblase diskutiert, viel seltener jedoch über eine Anleihenblase. Ich halte jedenfalls aus heutiger Sicht das Risiko beim Erwerb von Staatsanleihen für sehr viel höher als die Chancen.

Rächen wird sich die verfehlte Anlagepolitik von Lebensversicherungsgesellschaften in Deutschland, die meist weit über 80 Prozent der Versichertengelder in Anleihen investiert haben, einen erheblichen Teil davon in Staatsanleihen. Die Versicherungen dürften zwar aufgrund der gesetzlichen Vorgaben sehr viel mehr Gelder in Aktien und Immobilien investieren, doch die meisten Gesellschaften haben zusammengenommen weniger als 10 Prozent der Anlegergelder in diese Sachwerte angelegt.

Unternehmensanleihen

Wegen der nur noch niedrigen Verzinsung von Staatsanleihen kamen in den vergangenen Jahren Unternehmensanleihen in Mode. Diese funktionieren – mit einigen Unterschieden – ähnlich wie Staatsanleihen. Der Schuldner ist nicht der Staat, sondern ein Unternehmen. Für die Anleihen, die von großen Unternehmen begeben werden, liegen ebenfalls Ratings vor. Die Erfahrung zeigt jedoch, dass in wirklichen Krisenfällen die Ratings kein rechtzeitiges Warnsignal für Anleger sind. Die

Rating-Agenturen stufen ein Unternehmen oft erst herab, nachdem jeder Zeitungsleser bereits erfahren konnte, dass es um dessen Finanzlage schlecht bestellt ist. Einen Extremfall konnte man im Fall der Bank Lehman Brothers erleben, die im September 2008 ihren Konkurs bekannt gab und zu diesem Zeitpunkt von der Rating-Agentur Standard & Poor's noch mit A+ geratet wurde.[215]

Die Renditen für bonitätsstarke Unternehmen sind in den vergangenen Jahren im Gleichklang mit denen von Staaten sehr stark gesunken. Das Renditeniveau von europäischen Unternehmensanleihen lag Ende 2014 mehr als 4 Prozent unter der durchschnittlichen Gesamtrendite in den vergangenen 15 Jahren.[216] Im Schnitt lagen die auf Euro lautenden Anleihen solider Konzerne im Februar 2015 nur noch bei knapp unter einem Prozent. Bei einigen kurz laufenden Unternehmensanleihen, so etwa des Schweizer Lebensmittelkonzerns Nestlé oder des britischen Ölkonzerns Shell, lagen die Renditen sogar, ähnlich wie bei kurz laufenden Staatsanleihen, knapp unter null Prozent.[217]

Da private und institutionelle Anleger nach höheren Renditen suchten, wichen sie verstärkt auf schlechter oder gar nicht geratete Unternehmen aus. Mit diesen Hochzinsanleihen konnte man eine Zeit lang hervorragend verdienen, aber die Risiken sind keineswegs nur theoretischer Natur. 2009, im Jahr nach der Finanzkrise, fiel jede zehnte Hochzinsanleihe aus.[218]

In Deutschland entstand das Segment der Mittelstandsanleihen, bei dem jedoch die Verzinsung der Anleihe oft in keinem angemessenen Verhältnis zum Risiko stand. Zahlreiche Mittelstandsanleihen sind bereits ausgefallen, allein im Jahr 2014 gab es zehn Pleiten in diesem Bereich.

Ein generelles Problem bei Unternehmensanleihen ist, dass sie – anders als Staatsanleihen – oft mit Kündigungsklauseln versehen sind, die es dem Unternehmen erlauben, die Anleihen nach einer bestimmten Zeit zu einem im Voraus bestimmten Preis zurückzukaufen. Unternehmen üben diese Option häufig gerade dann aus, wenn es für sie vorteilhaft und für den Anleger von Nachteil ist, wenn nämlich die Zinsen gefallen sind oder sich die Bonität des Unternehmens verbessert hat.

Unternehmensanleihen stellen ökonomisch gesehen eine Kombination aus dem Zinsänderungsrisiko und (abgemildertem) Aktienrisiko des emittierenden Unternehmens dar. Je niedriger das Rating einer Unternehmensanleihe, desto ähnlicher wird sie der dazugehörigen Aktie.[219] Anleihen mit einem sehr guten Rating (AAA) bieten nur wenige Chancen zu steigen, denn naturgemäß kann das Rating nur noch abnehmen, aber nicht mehr besser werden. Aktien haben dagegen das Potenzial, ihren Wert zu verdoppeln oder zu verdreifachen. »Wenn ein Anleger Aktienrisiko bis zu einer bestimmten Höhe tragen will, geht das präziser über eine Kombination aus den entsprechenden Aktien und Staatsanleihen statt über eine Kombination von Aktienrisiko und Zinsänderungsrisiko in ein- und demselben Wertpapier (Unternehmensanleihe).«[220]

Rohstoffe

Rohstoffe sind seit Anfang der 2000er-Jahre in Mode gekommen, und wer – so wie beispielsweise der Investor und Rohstoff-Experte Jim Rogers – rechtzeitig auf diesen Trend gesetzt hat, konnte hervorragend damit verdienen. Rogers hatte rechtzeitig auf Rohstoffe gesetzt, als nur ganz wenige Investoren deren Chancen erkannten. Langfristige Untersuchungen zeigen jedoch, dass die realen Renditen mit Rohstoff-Investments unterhalb von Aktien- oder Anleiherenditen lagen.[221]

Die populäre Vorstellung von den endlichen Ressourcen, die zwingend zu erheblich steigenden Rohstoffpreisen führen müssten, ist in dieser einfachen Form unzutreffend. Dies soll an folgendem Beispiel verdeutlicht werden: Immer dann, wenn die Ölpreise sehr stark stiegen, wurde dies als Beleg für die sogenannte Peak-Oil-These gewertet. Dieser Begriff wurde schon 1956 von dem Geologen Marion King Hubbert geprägt. Er prognostizierte das Maximum der konventionellen Ölförderung für das Jahr 1995, was später jedoch durch die tatsächliche Fördermenge widerlegt wurde. Als vor einigen Jahren die Ölpreise wieder stark und scheinbar unaufhaltsam stiegen, erlangte die Peak-Oil-These erneute Popularität. Das Beispiel des Rohstoffs Öl zeigt jedoch, dass der betreffende Rohstoff bei starkem Preisanstieg entweder durch andere ersetzt wird oder dass neue Produktionsverfahren entwickelt werden (bei Öl war es das »Fracking«), die den Preis wieder sinken lassen. Einen Automatismus, dass die Rohstoffpreise wegen der wachsenden Weltwirtschaft und der begrenzten natürlichen Ressourcen steigen müssen, gibt es also nicht. Historische Untersuchungen belegen jedoch, dass Rohstoffe eine gute »Versicherung« gegen politische Katastrophen und Krisen darstellen, da ihre Preise dann meist stark steigen. Zu erwähnen sind hier besonders Gold und Silber.

Gold und Silber

Der Goldpreis unterliegt sehr starken Schwankungen. Von einem Höchststand im Jahr 1980 bei 850 Dollar pro Unze fiel das Gold bis auf einen Tiefststand von 256 Dollar im Jahr 2001. Danach stieg es fast unaufhaltsam bis auf ein Hoch von 1909 Dollar im Jahr 2011.

Ich hatte schon im Jahr 2004 empfohlen, Gold zu kaufen, und empfehle auch heute, einen Teil des Geldes (bei niedrigeren Vermögen 10 Prozent, bei höheren Vermögen 5 Prozent) aus Sicherheitsgründen in Gold anzulegen. Mehr sollte es jedoch nicht sein, denn Gold hat drei entscheidende Nachteile: Es schwankt, anders als von vielen Privatanlegern vermutet, sehr stark im Wert, es wirft keine laufenden Erträge ab, und vor allem ist zu bedenken: Ein fairer Preis für das Gold ist noch schwerer zu bestimmen als beispielsweise für Aktien oder Immobilien, da Gold – im Unterschied zu diesen Anlagen – keine Zinsen abwirft. Bei Immobilien sind die Kaufpreisfaktoren ein Indiz dafür, ob ein Objekt teuer, angemessen oder günstig bewertet ist. Am Aktienmarkt gibt es ebenfalls eine Reihe von Bewertungsindikatoren, um diese Frage zu beantworten. Beispielsweise bietet das Kurs-Gewinn-Verhältnis (KGV) einen ersten Anhaltspunkt dafür, ob eine Aktie billig oder teuer ist. Da Gold jedoch keine Erträge abwirft, kann man keine analogen Bewertungsmaßstäbe anlegen, sondern ist darauf angewiesen, historische Vergleiche zu ziehen, was natürlich unbefriedigend ist.

Das zunehmende Interesse der Anleger seit der Finanzkrise an Gold rührt vor allem aus einer Skepsis gegenüber dem Papiergeldsystem. »Papiergeld gibt es zwar schon seit vielen Jahrhunderten, aber die ungedeckte beziehungsweise nur durch ebenfalls ungedeckte Devisen gedeckte Version ist ein Experiment, das nicht einmal 40 Jahre alt ist, während Gold und Silber schon seit Jahrtausenden als Tausch-, aber auch Wertaufbewahrungsmittel gelten.«[222]

Die Politik der Zentralbanken seit Ausbruch der Finanzkrise ist ohne Beispiel in der Geschichte. Wie sie ausgeht, ist von niemandem zu prognostizieren. Sollte es wirklich zu einem »Finanzcrash« kommen, wird Gold erheblich an Wert gewinnen. Im schlimmsten Fall könnten Gold oder Silber sogar vorübergehend als die einzigen Zahlungsmittel akzeptiert werden. Wer dies befürchtet, sollte – sozusagen als Versicherung gegen einen Finanzcrash – Goldbarren kaufen. Da sich diese als Zahlungsmittel nicht eignen, kann man zusätzlich auch Silbermünzen kaufen. Sie sollten jedoch dabei darauf achten, dass diese von der Mehrwertsteuer befreit sind, was bei Silber – anders als bei Gold – grundsätzlich nicht so ist.

Neben physischem Gold gibt es auch Zertifikate auf den Goldpreis oder ETCs (Exchange Traded Commodities), bei denen es sich jedoch ebenfalls um Schuldverschreibungen handelt. Diese Formen der Goldanlage sind steuerlich ungünstiger und auch unsicherer. Ich kann keinen vernünftigen Grund dafür erkennen, diese statt physisches Gold zu kaufen.

Anders verhält es sich bei ETFs, die direkt in Gold investieren und bei denen Anleger einen direkten Anspruch auf ihr physisches Gold haben. Es kann bei einem Sondervermögen auch nicht für die Begleichung von Verbindlichkeiten anderer Gläubiger herangezogen werden. Dennoch kann ich als einzigen Vorteil gegenüber dem Kauf von physischem Gold lediglich erkennen, dass man selbst keinen Aufwand mit der sicheren Verwahrung hat. Allerdings wiegt dieser Vorteil aus meiner Sicht nicht besonders hoch, denn man kann physisches Gold in einem Banksafe verwahren und diesen gegen eine Gebühr von etwa ein bis zwei Promille des Wertes versichern.

Ein Vorteil von physischem Gold ist übrigens, dass Veräußerungsgewinne nach nur einjähriger Haltefrist steuerfrei sind. Steuerlich gesehen ist Gold daher die vorteilhafteste Anlage. Bei Aktien und anderen Wertpapieren fällt dagegen eine Steuer von 26,6 Prozent an. Veräußerungsgewinne von Immobilien müssen, wenn sie nicht mindestens zehn Jahre lang gehalten werden, beim Verkauf mit dem vollen persönlichen Steuersatz versteuert werden.

Wenn Sie Gold kaufen, hängt die Wertentwicklung im Euro nicht nur von der Entwicklung des Goldpreises ab, sondern ebenso vom Dollarkurs, da Gold in Dollar gehandelt wird. Wenn also beispielsweise der Goldpreis (auf Dollarbasis) gleich bleibt, aber der Euro fällt, dann ist Ihr Gold in Euro im Wert gestiegen.

Geschlossene Fonds

Bei geschlossenen Fonds handelt es sich nicht um eine eigene Anlageklasse, sondern zunächst einmal nur um eine bestimmte Hülle oder »Verpackung« für Investitionen in Sachwerte. Rechtlich sind es Personengesellschaften, meist in Form der vermögensverwaltenden Kommanditgesellschaft, in der das Kapital von mehreren Anlegern dazu verwendet wird, eines oder mehrere Investitionsobjekte zu erwerben.

Ursprünglich dienten geschlossene Fonds vor allem einem Zweck, nämlich Steuern zu sparen. Steuerliche Verluste konnten private Anleger mit positiven Erträgen ausgleichen und dadurch ihre Steuerlast reduzieren. Diese Zeiten sind jedoch seit vielen Jahren vorbei, da die Steuergesetze mehrfach geändert wurden und es heute nicht mehr möglich ist, mit solchen Fonds durch »Verlustzuweisungen« Steuern zu sparen.

Viele Anleger haben in der Vergangenheit mit geschlossenen Fonds schlechte Erfahrungen gemacht. Oft waren die Kosten zu hoch, manchmal waren auch die Initiatoren unseriös. Hohe Steuervorteile waren beispielsweise bei Medienfonds möglich, die Anlegergelder in Filme investierten. Aber selbst dann, wenn der Film ein Erfolg wurde, kam vom Gewinn beim Anleger oft nicht sehr viel an. Und in einigen Fällen änderte das Finanzamt auch rückwirkend die Auslegung der steuerlichen Bestimmungen, sodass auch der Steuervorteil nicht oder nicht in dem erwarteten Maße eintrat.

Neben Immobilienfonds floss das meiste Geld in Schiffsbeteiligungen, vor allem Containerschiffe wurden damit finanziert. Steuerliche Vorteile, insbesondere die sogenannte Tonnagesteuer, ließen diese Investitionen sehr attraktiv erscheinen. Allerdings waren die versteckten Kosten bei vielen dieser Fonds extrem hoch. Teilweise bekamen die Vertriebe zweistellige Provisionen für den Verkauf von Schiffsfonds. Und als dann mit der Finanzkrise die Charterraten für Schiffe massiv zurückgingen, verloren viele Anleger auch mit diesen Fonds Geld.

Anders sah die Bilanz bei Fonds aus, die in US-Immobilien investierten. Hier gab und gibt es einige sehr gute Anbieter am Markt, die teilweise zweistellige Renditen für ihre Anleger erzielen konnten. Mit diesen Fonds sind nach wie vor steuerliche Vorteile verbunden. Denn nach den Regeln der sogenannten »Doppelbesteuerungsabkommen« werden die Einkünfte aus US-Immobilienfonds in den USA besteuert. Der deutsche Anleger, der dort in der Regel keine oder zumindest geringere Einkünfte erzielt als in Deutschland, profitiert von dieser Regelung, da er seine Einkünfte bis zu einem bestimmten Betrag gar nicht versteuern muss und bei darüber hinausgehenden Einkünften einer im Vergleich zu Deutschland geringeren Besteuerung unterliegt.

Es gab und gibt eine Vielzahl weiterer Fondsgattungen: Manche investieren in deutsche Immobilien, andere in Flugzeuge, wieder andere in Forstgrundstücke oder in Ackerland. Inzwischen hat sich der Markt für geschlossene Fonds bereinigt. Ehemals große Initiatoren, die Jahr für Jahr Hunderte Millionen Eigenkapital einsammelten, sind vom Markt verschwunden, wenn sie ihre Anleger enttäuscht haben. Nicht zuletzt durch neue gesetzliche Regulierungen im Rahmen der sogenannten AIFM-Richtlinie, die in Deutschland im Kapitalanlagegesetzbuch (KAGB) umgesetzt wurde, sind die Hürden für neue Anbieter deutlich höher geworden.

Wer in einen geschlossenen Fonds investieren will, sollte sich eingehend damit befassen, wie sich die von dem Anbieter in der Vergangenheit aufgelegten Fonds entwickelt haben. Zudem sollte er auch kritisch auf die Kosten schauen, die heute transparent in allen Emissionsprospekten ausgewiesen sind.

Gute geschlossene Immobilienfonds können eine Möglichkeit sein, sich an großen Gewerbeimmobilien (Büroobjekten oder Shoppingcentern) zu beteiligen, die als Direktanlage für einen Erwerber nicht infrage kommen.[223] Positiv zu bewerten ist es, wenn die Verträge von Fonds Regelungen enthalten, die eine Interessenkongruenz von Anbietern und Anlegern herstellen. Das ist beispielsweise dann der Fall, wenn der Anbieter sich bei den anfänglichen Fondskosten zurückhält, aber eine höhere Vergütung bekommt, wenn er die Immobilien am Schluss zu einem höheren Preis verkaufen kann, als dies ursprünglich im Prospekt prognostiziert wurde.

Hedgefonds

Hedgefonds sind von einem besonderen Mythos umgeben. Finanzmedien berichten oft von sensationellen Renditen, die solche Fonds für hoch vermögende Anleger erwirtschaftet haben. Es handelt sich um geringer regulierte Investmentfonds, die unterschiedlichste Anlagestrategien verfolgen und dabei eine breite Palette von Finanzinstrumenten einsetzen – oft auch Derivate. Dabei wird in der Regel sehr viel Fremdkapital eingesetzt.

Studien kommen zu dem Ergebnis, dass Hedgefonds bei korrekter Risikoadjustierung und nach Berücksichtigung aller Kosten keinen Mehrertrag gegenüber Aktienfonds liefern, die den Markt abbilden. Die Performance der Hedgefonds im Jahr 2014 lag laut einer Untersuchung von Citigroup Global Markets in den verschiedenen Fondskategorien zwischen 2,9 und 5,5 Prozent.[224] Laut einem Bericht von Bloomberg lag die Performance 2014 sogar nur bei 1,4 Prozent, womit die Hedgefonds zum sechsten Mal in Folge schlechter abschnitten als der S&P 500.[225]

Die Statistiken über die von Hedgefonds erwirtschafteten Renditen sind widersprüchlich, und Sie sollten sie mit Vorsicht genießen. Geht es einem Fonds schlecht oder geht er gar pleite, dann meldet er einfach keine Zahlen mehr und geht nicht in die Statistik ein. Ein prominentes Beispiel ist der Long Term Capital Management (LTCM)-Fonds, dessen Zusammenbruch fast das gesamte Finanzsystem der Welt ins Strudeln brachte. Die

Performance dieses Fonds vom Zeitpunkt der ersten Datenerfassung im März 1994 bis zur letzten Erfassung im Oktober 1997 lag bei 32,4 Prozent p. a. für Investoren. Im Zeitraum von Oktober 1997, als der Fonds seine Daten nicht mehr meldete, bis zum endgültigen Niedergang im Oktober 1998 beliefen sich die »Renditen« jedoch auf -91,8 Prozent. Dieser Verlust tauchte in der Statistik über die Erträge der Hedgefonds nicht auf.[226]

Dass Hedgefonds aufgeben müssen, ist keine Seltenheit. Im Krisenjahr 2009 mussten 1000 Hedgefonds kapitulieren, und auch in einem an sich guten Börsenjahr wie 2014 mussten 960 Hedgefonds aufgeben – das war jeder zehnte![227]

In Deutschland sind Hedgefonds erst seit 2004 zugelassen. Einzelne Hedgefonds dürfen in Deutschland jedoch nur an sogenannte semi-professionelle Anleger vertrieben werden. Gemeint sind damit Anleger, die über 200.000 Euro investieren und die gegenüber ihrer Bank nachweisen können, dass sie für eine solche Anlage geeignet sind. Ansonsten können private Anleger in Deutschland in Hedgefonds nur über Dachfonds investieren (also Fonds, die in andere Fonds investieren und damit über eine gewisse Risikostreuung verfügen). Der zweite Weg für Privatanleger führt über Zertifikate, also Schuldverschreibungen, die in der Regel von Finanzinstituten ausgegeben werden und bei denen die Wertentwicklung von einer Auswahl von Hedgefonds abhängt. Die Dachfonds und Zertifikate generieren jedoch zusätzliche, sehr hohe Kosten. Und durch die Diversifikation werden nicht nur die Risiken, sondern auch die Chancen dieser Anlageart wegdiversifiziert.

Private Equity-Fonds

Bei Private Equity handelt es sich um Beteiligungen an Unternehmen, die nicht an der Börse gehandelt werden. Der Hauptunterschied von Private Equity gegenüber anderen Anlageformen ist die uneingeschränkte Teilnahme an Gewinn und Verlust, der langfristige Anlagehorizont und die eingeschränkte Handelbarkeit einer solchen Beteiligung.[228] Bei Private Equity-Investitionen wird zwischen verschiedenen Anlagestilen und Finanzierungsanlässen unterschieden. Die Finanzierung junger Unternehmen mit Eigenkapital wird als Venture Capital-Finanzierung bezeichnet, aber auch reifere Unternehmen werden mit Private Equity finanziert. So wird etwa bei einem Management-Buyout (MBO) ein Unternehmen durch das bisherige Management sowie einen Private Equity-Investor übernommen.

Auch für Private Equity-Investments wird oft mit sehr hohen, in der Regel zweistelligen Renditen geworben. Privatanleger können über geschlossene Fonds in Private Equity-Fonds investieren. Meist handelt es sich um Dachfonds-Konstruktionen. Hier investiert also ein Fonds, der für Privatanleger aufgelegt wird, in mehrere Private Equity-Fonds, die eigentlich für institutionelle Investoren aufgelegt wurden.

Alle mir bekannten geschlossenen Private Equity-Dachfonds behaupten, dass sie in das »oberste Quartil« von Private Equity-Fonds investieren, also in die 25 Prozent Fonds, die am besten abschneiden. Man wundert sich, wer denn in die anderen drei Quartile investiert. In Wahrheit kann man vorher natürlich nicht sagen, welche der Zielfonds, in die der Dachfonds investiert, in Zukunft am besten abschneiden werden. Die Prognosen für die Fonds sind daher so überhöht, wie das bei einem Aktienfonds wäre, der von sich behauptete, stets nur in das beste Viertel aller DAX-Werte zu investieren. Auf diese Weise ist es keine Kunst, zweistellige Renditeprognosen im Prospekt zu veröffentlichen. Doch selbst wenn die Zielinvestments hohe zweistellige Renditen erwirtschaften, bleibt durch mehrfache Fondsstrukturen ein hoher Anteil der Erträge als Gebühren bei den Initiatoren der Ziel- und der Dachfonds hängen.

Da Private Equity-Investitionen wegen ihrer nicht vorhandenen Handelbarkeit und wegen ihrer – im Vergleich zu börsennotierten Unternehmen – geringeren Transparenz Nachteile haben, müssen die Verzinsungen natürlich höher ausfallen. Wenn diese Mehrerträge jedoch durch hohe und auf vielen Ebenen erhobene Gebühren auf dem Weg bis zum Anleger verloren gehen, dann werden die Nachteile der nicht vorhandenen Handelbarkeit und der geringeren Transparenz oft nicht mehr angemessen vergütet.

Für große, institutionelle Investoren mag Private Equity eine interessante Beimischung sein, für private Anleger, die nur über Dachfonds anlegen können, lohnen sich solche Beteiligungen jedoch oft nicht. Deshalb habe ich selbst bisher nie in Private Equity-Fonds investiert.

Zertifikate

Auch Zertifikate sind keine eigene Anlageklasse, sondern ein Sammelbegriff für eine Vielzahl von Finanzprodukten, die heute von Banken angeboten werden. Rechtlich gesehen handelt es sich bei Zertifikaten um Schuldverschreibungen, die von Banken ausgegeben werden. Die Wertentwicklung des Zertifikates hängt von der Wertentwicklung anderer Finanzprodukte ab. Zertifikate werden von Banken sehr gerne verkauft, vor allem solche mit garantierten Rückzahlungen des Nominalbetrages. Diese Anlagen brauchen Sie definitiv nicht. Erstens gibt es das Emittentenrisiko, dass nämlich die Bank selbst pleite geht – wie Lehman Brothers 2008. Damals wurde den Anlegern bewusst: Die Zertifikate waren wertlos. Zweitens können Sie alle Themen, die mit Zertifikaten abgebildet werden, viel sicherer und kostengünstiger mit Fonds darstellen. Fonds sind, anders als Zertifikate, sogenannte Sondervermögen, und damit besteht nicht die Gefahr, dass Sie Ihr Geld verlieren, wenn der Emittent insolvent wird. Drittens sind die Kosten bei solchen Zertifikaten für den Anleger oft sehr hoch und nicht transparent.

Devisen

Manchmal werden heute auch Devisen – also fremde Währungen – als eigene Assetklasse bezeichnet. Ist es für Sie als Privatanleger sinnvoll, einen Teil Ihres Geldes in Fremdwährungen anzulegen? Auch hier rate ich zunächst einmal ganz dezidiert von kurzfristigen, spekulativen Anlagen ab. Täglich werden umgerechnet rund vier Billionen Euro am Devisenmarkt gehandelt. Nur 5 Prozent aller US-Dollar werden zur Bezahlung von Waren und Dienstleistungen ausgegeben, mit 95 Prozent wird spekuliert. Schon für professionelle Devisenhändler ist es extrem herausfordernd, kurzfristige Währungsentwicklungen vorherzusagen. Für Sie als Privatanleger ist das unmöglich, Sie haben keinerlei Chance gegen professionelle Devisenhändler. Zwar können Sie, so wie ein Glücksspieler, mit kurzfristigen Währungsspekulationen zufällig richtig liegen, doch das ist natürlich kein Argument dafür, auf bestimmte Währungsentwicklungen zu spekulieren.

Als langfristig orientierter Anleger ist es jedoch sinnvoll und sogar unumgänglich, eine Meinung über die langfristige Entwicklung einer Währung zu haben. In dem Moment, in dem Sie in ausländische Aktien, Immobilien oder Anleihen investieren, unterliegen Sie ja ohnehin den damit verbundenen Währungsrisiken oder Währungschancen. Und wer Gold kauft, ist damit automatisch auch im Dollar investiert. Insofern ist es gar nicht möglich, »nicht« in Devisen zu investieren, es sei denn, Sie würden – wovon ich abrate – ausschließlich im Euroraum investieren und beispielsweise auch auf eine Anlage in Gold komplett verzichten.

Ich habe bereits im Jahr 2010 auf meinem Blog *www.zitelmanns-finanzkolumnen.de* sehr dezidiert die Meinung vertreten, dass der Euro langfristig entweder auseinanderbrechen oder zu einer – etwa im Vergleich zur D-Mark – schwachen Währung werden wird. Vor allem war ich der Meinung, dass sich der Dollar langfristig positiver entwickeln wird als der Euro. Die Gründe für diese Ansicht sind vielfältig: Die in Europa vorherrschende Kombination eines sehr ausgeprägten Wohlfahrtsstaates mit einer negativen Demografie (in den USA ist es genau umgekehrt) spricht ebenso wenig für den Euro wie das geringere innovative Potenzial in Europa. Zudem glaube ich nicht an politisch motivierte und »konstruierte« Kunstwährungen.

Ich selbst habe mich deshalb damals dazu entschlossen, etwa ein Drittel meines Geldes in US-Dollar anzulegen, vor allem in US-Immobilien. Einen sehr viel kleineren Teil meines Geldes habe ich in kurzlaufende chinesische Renminbi-Anleihen angelegt, weil ich denke, dass diese Währung langfristig an Bedeutung gewinnen wird. Beides habe ich jedoch mit einer Perspektive von fünf bis zehn Jahren gemacht. Wenn Sie wirklich langfristig denken, haben Sie als Anleger einige Chancen angesichts der Tatsache, dass an den Finanzmärkten ganz überwiegend sehr kurzfristig orientierte Händler das Geschehen bestimmen, die sich meist nicht für langfristige Entwicklungen interessieren – und selbst wenn sie es tun, oft nicht besonders gut darin sind, diese einzuschätzen.

Bankeinlagen und Bargeld

40 Prozent ihres Geldvermögens haben die Deutschen in Bankeinlagen angelegt, also auf Giro- und Tagesgeldkonten in Sparbriefen oder anderen Anlagen. Die Verzinsung dieser Anlagen liegt heute in der Nähe von null Prozent. Damit liegen sie etwa auf dem Niveau von Bundesanleihen. Ich kann jedoch niemanden verstehen, der über einen längeren Zeitraum sehr große Summen auf der Bank liegen hat. Die Verzinsung steht in keinem angemessenen Verhältnis zum Risiko – und es gibt bessere Alternativen.

Die gesetzliche Einlagensicherung, auf die die Banken gerne verweisen, geht nur bis 100.000 Euro. Größere Summen sind bei der Institutssicherung der Sparkassen und der Genossenschaftsbanken gesichert. Doch im Fall eines erneuten Ausbruchs einer Finanzkrise würde ich mich auch darauf nicht verlassen, zumal die Sparkassen zunehmend unter der Niedrigzinsphase leiden und deren Erträge massiv unter Druck stehen.

Immer wieder höre ich die Meinung, die Einlagen bei Sparkassen seien staatlich abgesichert. Das ist jedoch unrichtig. Früher gab es in der Tat die sogenannte Gewährträgerhaftung. Danach hatte jeder Kunde einer Sparkasse im Insolvenzfall einen direkten Anspruch gegen die Eigentümer – also die Kommunen oder das Bundesland. Gegen diese Regelung richtete sich jedoch eine Beihilfe-Klage der EU-Kommission vom April 2000. In den Folgejahren wurde die Gewährträgerhaftung abgeschafft, was aber offensichtlich vielen Bundesbürgern bis heute nicht bekannt ist. Heute ist ein Sparkassenkunde nur noch über die Institutssicherung der Sparkassen gesichert.

Jeder Anleger sollte stets einen Teil seines Geldes in liquiden, möglichst sicheren Geldanlagen halten. Es spricht nichts dagegen, wenn man einen gewissen Betrag auf dem Tagesgeldkonto der Sparkasse hat. In brenzligen Situationen, wie 2008 nach der Pleite der Lehman-Bank, sollte man sich aber auf keinen Fall auf die Sicherheit solcher Einlagen oder auf »Garantien« verlassen, wie sie seinerzeit von der Bundeskanzlerin Angela Merkel und dem damaligen Finanzminister Peer Steinbrück ausgesprochen wurden. Diese »Garantie« war niemals rechtlich einklagbar, sondern sollte nur der Beruhigung der Gemüter dienen, weil damals ein »Bank-Run« befürchtet worden war, bei dem Bankkunden aus Angst rasch große Summen abziehen. So etwas hat es immer wieder in der Geschichte gegeben.

Was ist die Alternative zur Bankeinlage?

Erstens können Sie liquide Mittel in kurzlaufenden Bundesanleihen anlegen, die Verzinsung ist ähnlich niedrig, die Sicherheit jedoch deutlich höher.

Zweitens können Sie überprüfen, ob die Anlage bei einer der Schweizer Kantonalbanken möglicherweise eine Alternative wäre. Die Schweiz gehört nicht zur EU, deshalb ist dort grundsätzlich eine Staatsgarantie möglich. Für die Verbindlichkeiten der meisten Kantonalbanken haftet der jeweilige Kanton.

Drittens können Sie Bargeld im Safe deponieren. Eine Bargeldreserve beruhigt – und sie ist übrigens die beste Versicherung nicht nur für den Fall extremer Turbulenzen an den Finanzmärkten und für einen Bankenkrach, sondern auch für das Szenario einer Deflation. Wenn Sie, so wie einige Experten, für die kommenden Jahre eher mit einer Deflations- als mit einer Inflationsgefahr rechnen, dann ist Bargeld eine gute Anlage.

Mit dem Horten von Bargeld tut man sich in Zeiten von höheren Zinsen bzw. höherer Inflation natürlich schwer, aber heute, wo es ohnehin eine nur geringe Geldentwertung und fast keine Zinsen gibt, ist das vielleicht eine der sichersten Anlagen für Ihr Geld. Wenn Sie auf Nummer sicher gehen wollen, sollten Sie den Inhalt des Schließfaches versichern, was jedoch meist nur bis zu bestimmten Obergrenzen möglich ist.

Wenn Sie Ihr Geld in einem Bankschließfach haben, was in der Regel sehr viel sicherer ist als in einem Safe zu Hause, müssen Sie jedoch beachten, dass bei einem Bank-Run oder einer Insolvenz von der Bundesanstalt für Finanzdienstleistungsaufsicht (BaFin) angeordnet würde, die Bankgebäude für den Kundenverkehr zu schließen. Allerdings steht dem Schließfachmieter im Falle der Insolvenz ein sogenanntes Aussonderungsrecht an den Gegenständen in seinem Safe zu. Die betroffene Bank kann bei der BaFin beantragen, die Schließfächer für ihre Kunden öffnen zu dürfen. »Dem wird die Aufsicht auch in der Regel entsprechen«, so informiert die BaFin. »Der Kunde muss sich dann mit dem Institut in Verbindung setzen, um individuell einen Termin zu vereinbaren, an dem ihm Zugang zu seinem Schließfach eingeräumt werden kann.«[229] Wer auf Nummer sicher gehen will, sollte seine Gold- bzw. Bargeldbestände auf verschiedene Banken bzw. Sparkassen verteilen.

Fassen wir zusammen: Viele Anlagen, wie etwa Staatsanleihen und Unternehmensanleihen, bringen heute zu wenig Zinsen, und die in der Vergangenheit erzielten attraktiven Renditen werden in Zukunft nicht mehr zu erzielen sein. Alternative Anlagen wie etwa Hedgefonds oder Private Equity-Fonds, die in dem Ruf stehen, hohe Renditen zu erwirtschaften, können dieses Versprechen in vielen Fällen nicht halten.

Als Anleger, der sein Vermögen erhalten und vermehren will, sind Sie am besten beraten, sich auf die zwei Säulen der Immobilien- und Aktienanlage zu verlassen. Diese bilden den Kern Ihrer Investitionsstrategie. Für den Aktienanteil an Ihrem Portfolio eignen sich am besten Fondssparpläne, beispielsweise in ETFs, die den weltweiten Aktienmarkt abdecken. Immobilien sollten Sie, gerade bei dem heutigen Zinsniveau, mit einem nicht unerheblichen Anteil an Fremdkapital erwerben, dabei jedoch die Zinsbindung möglichst lange festschreiben, um das Risiko höherer Zinsen bei der Anschlussfinanzierung weitgehend zu reduzieren. Durch die Tilgung, die nicht zu gering ausfallen sollte, verfolgen Sie damit ein Sparprogramm, das langfristig erfahrungsgemäß besonders effizient ist, um Vermögen aufzubauen.

Um indirekt in Gewerbeimmobilien zu investieren, kann es sinnvoll sein, auch in geschlossene Fonds zu investieren, jedoch müssen Sie hier besonders sorgfältig den Track-Record des Initiators, dessen Kompetenz im Asset-Management und die Kosten unter die Lupe nehmen.

Welche anderen Anlagen Sie nutzen, hängt davon ab, gegen welche Risiken Sie sich vor allem absichern wollen. Wenn Sie sich vor einer Inflation fürchten, können Sie zusätzlich in inflationsindexierte Staatsanleihen investieren, die man heute günstig kaufen kann. Und wenn Sie sich gegen die politischen Risiken, von denen im übernächsten Abschnitt die Rede sein wird, bis zu einem bestimmten Grad absichern wollen, kann die Investition in Gold ebenfalls sinnvoll sein. Wenn Sie dagegen eine Deflation fürchten, dann sind traditionelle Bundesanleihen oder Bargeld im Safe gute Anlagen.

Die von mir vorgeschlagene – und auch persönlich verfolgte – Investitionsstrategie ist sehr einfach. Sie brauchen nicht permanent irgendetwas zu tun. Im Gegenteil: Am besten beraten sind Sie, wenn Sie einige wenige, richtige Grundentscheidungen fällen, bei diesen Entscheidungen konsequent bleiben und den größten Teil Ihrer Zeit nichts tun. Der legendäre Investor Jim Rogers betont: »Tatsächlich tun die meisten erfolgreichen Investoren während des größten Teils der Zeit nichts. Verwechseln Sie Bewegung nicht mit Action. Sie müssen wissen, wann Sie einfach dasitzen und abwarten sollten.«[230]

Kapitel 15

Unterschätzte persönliche Risiken für den Reichtum

Nicht nur durch verfehlte Kapitalanlagen können Sie Geld verlieren, sondern auch deshalb, weil Risiken eintreten, die Sie möglicherweise unterschätzt haben. Diese Risiken können in der persönlichen und auch in der politischen bzw. gesellschaftlichen Sphäre gründen. Bevor ich auf die politischen Risiken zu sprechen komme, soll von drei oft unterschätzten Risiken die Rede sein, die häufig zum Vermögensverlust führen:

- Verlust des Fokus und Selbstüberschätzung
- Zu großer Optimismus
- Ehescheidung

Gefährliche Selbstüberschätzung

Bereits Ende der 80er-Jahre zeigten amerikanische Wissenschaftler auf Basis einer Befragung von 2994 Unternehmern, die ihre Geschäftstätigkeit gerade gestartet hatten, wie ausgeprägt die Selbstüberschätzung bei vielen war. Obwohl in den USA zu dieser Zeit etwa zwei Drittel der neu gegründeten Unternehmen scheiterten, sahen 81 Prozent der befragten Unternehmensgründern ihre Erfolgsaussichten bei mindestens 70 Prozent. 33 Prozent erklärten, ihr Risiko zu scheitern, sei gleich null.

Wissenschaftler teilten auch Erfindern die Ergebnisse einer sachkundigen Analyse der gewerblichen Erfolgsaussichten ihrer Idee mit. Selbst diejenigen, denen die schlechtesten Erfolgsaussichten attestiert wurden (später waren tatsächlich nur 5 dieser 411 Projekte erfolgreich), ließen sich in der Hälfte der Fälle nicht beirren. 47 Prozent der Erfinder, denen man die Aussichtslosigkeit ihres Projektes mitgeteilt hatte, setzten ihre Bemühungen dennoch unverändert fort und verdoppelten die Verluste, ehe sie dann schließlich doch aufgaben. Die Gefahr der Selbstüberschätzung sollte nicht unterschätzt werden.

Der legendäre Investor Jim Rogers, der zusammen mit George Soros den Quantum-Hedgefonds gemanagt hatte, sagte mir mehrfach in Gesprächen, der gefährlichste Zeitpunkt für einen Investor sei genau der, nachdem er eine oder gar mehrere sehr erfolgreiche Investitionen getätigt habe. Denn dann halte man sich leicht für unfehlbar und habe den unwiderstehlichen Drang, gleich die nächste Investition ins Auge zu fassen. Diesem Drang, so Rogers, müsse man unbedingt widerstehen und lieber eine Zeit lang gar nichts machen, die Märkte beobachten und auf den richtigen Moment warten. So hat er meist gehandelt und damit mehrere Hundert Millionen Dollar verdient.

Übrigens ist das aus meiner Sicht ohnehin meistens das beste Rezept: gar nichts zu machen. Ich habe erst ein einziges Mal in meinem Leben eine Immobilie verkauft (die in Neukölln, über die ich in Kapitel 13 berichtet habe), Gold habe ich noch nie verkauft und auch Anleihen und Aktien(fonds) habe ich sehr selten verkauft und stets über sehr viele Jahre gehalten.

Eine andere Gefahr liegt darin, dass Unternehmer, die in einem Bereich tätig waren, meinen, sie könnten ohne Weiteres auch in anderen, für sie fremden Branchen diesen Erfolg wiederholen. Ingvar Feodor Kamprad, der Gründer von Ikea, hat diese Erfahrung auch gemacht. Nachdem er mit seiner Möbelfirma reich geworden war, wollte er auch die Chancen in einer anderen Branche ausprobieren. Er beteiligte sich an einem Hersteller von Fernsehgeräten. Doch anders als in seinem Kerngeschäft hatte er auf diesem Gebiet keinen Erfolg. Die Verluste summierten sich so weit, dass er schließlich mehr als ein Viertel des damaligen Kapitals der Firma Ikea mit diesem Ausflug in die Fernsehbranche verlor.[231]

Es muss nicht immer falsch sein, auch neue Geschäftsideen auszuprobieren und Chancen auf Feldern wahrzunehmen, auf denen man sich bislang nicht so gut auskannte. Der Unternehmer Richard Branson ist dafür ein Beispiel. Er suchte immer wieder neue Herausforderungen, gründete eine Plattenfirma, eine Fluggesellschaft, eine Eisenbahngesellschaft, eine Modelagentur und mehrere Dutzend weitere Unternehmen, unter anderem auch eine Firma, die für Privatleute Weltraumflüge möglich machen soll. Einige seiner Firmengründungen waren sehr erfolgreich, andere nicht. Branson ist jedoch eher die Ausnahme als die Regel. Wenn Sie Ihre Fokussierung verlieren und gleichzeitig Ihre eigenen Fähigkeiten überschätzen, dann ist die Gefahr groß, dass Sie Ihr Vermögen erheblich mindern oder sogar verlieren.

Optimismus kann auch arm machen

In allen Büchern zum Thema »Reich werden« wird »positives Denken« als wesentlicher subjektiver Erfolgsgarant benannt. Das ist auch sicherlich richtig, aber genauso richtig ist, dass zu großer Optimismus eine Hauptursache für den Niedergang von Unternehmen und den Vermögensverlust von Reichen ist.

Ich habe schon sehr oft erlebt, dass Unternehmen in schwierige Situationen gerieten, beispielsweise weil sich die Marktbedingungen geändert hatten. In dieser Situation wurde den Unternehmern der Optimismus zum Verhängnis, der beim Aufbau der Firma ein wesentlicher Erfolgsgarant gewesen war. Sie redeten sich ein, »dass nicht sein kann, was nicht sein darf«, und hielten an ihrem Geschäftsmodell auch dann noch fest, als für einen Außenstehenden längst erkennbar war, dass es unter den neuen Marktbedingungen nicht mehr so weitergehen konnte.

Ich habe schon in meiner Zeit als Wirtschaftsjournalist häufig Unternehmen pleite gehen sehen, und bis zum Schluss redete sich der Unternehmer ein, es werde sich schon alles wieder zum Besseren wenden. Gerade das Selbstvertrauen, das daher kommt, dass der Unternehmer in der Vergangenheit scheinbar aussichtslose Situationen gemeistert hat, wird irgendwann zum Verhängnis. Denn die Tatsache, dass es in der Vergangenheit gelungen ist, bestärkt ihn verständlicherweise in dem Glauben, es werde ihm nun auch wieder gelingen. Leider gibt es dann Situationen, in denen das nicht der Fall ist.

Diese Situationen werden jedoch allzu häufig nicht erkannt, denn es tritt ein Phänomen auf, das Psychologen mit »selektiver Wahrnehmung« bezeichnen. Menschen neigen dazu, gerade in schwierigen Situationen nur noch solche Tatsachen wahrzunehmen, die ihre ursprünglichen Entscheidungen in einem günstigen Licht erscheinen lassen bzw. die die Chancen stärker als die Risiken betonen. Alle »negativen« Informationen werden systematisch ausgeblendet.

Warner im Umfeld des Unternehmers, die auf diese Informationen hinweisen, werden als »Schwarzmaler« oder »Negativdenker« verurteilt. In der Regel werden Personen im Umfeld des Unternehmers oder Investors, die die Risiken eines negativen Ausgangs möglicherweise objektiver wahrnehmen, ihre Meinungen dann nicht mehr oder allenfalls nur noch mit großer diplomatischer Zurückhaltung äußern. Umgekehrt werden jene Schönredner ermutigt, die den Überoptimismus teilen und den Entscheider darin bestärken, um jeden Preis »durchzuhalten«.

Gefährlich wird es, wenn beispielsweise der Hauptgesellschafter einer GmbH oder der Hauptaktionär einer AG auch in schwierigen Situationen immer wieder eigenes Geld »nachschießen« oder dem Unternehmen neue Gesellschafterdarlehen gewähren. Der Unternehmer rechtfertigt dies in der Regel mit ehrenwerten Motiven, insbesondere damit, es gehe ihm darum, die Arbeitsplätze zu retten. Oft spielen diese Motive tatsächlich eine wichtige Rolle, aber ebenso wichtig ist häufig das fatale Bestreben, unbedingt und um jeden Preis Recht behalten zu wollen.

In Deutschland ist dieses Verhalten sicher noch stärker ausgeprägt als in den USA, weil hierzulande eine Pleite von der Gesellschaft eher als Ausdruck des »Versagens« gewertet und vom Unternehmer als Schmach empfunden wird. Die Amerikaner sehen das anders. Ein geflügeltes Wort dort lautet, dass man denjenigen, der nicht auch schon einmal gestrauchelt sei, als Unternehmer nicht ernst nehmen könne.

In Büchern zum Thema »Erfolg« und »Reich werden« finden sich unzählige Geschichten von Unternehmern, die extrem schwierige Situationen zu meistern hatten und manchmal sogar am Rande des Abgrunds standen – und dennoch durchhielten und am Ende erfolgreich waren. Ich selbst habe viele solcher beeindruckenden Beispiele in meinem Buch *Setze dir größere Ziele!* zusammengetragen. Tatsache ist jedoch auch, dass in »Erfolgsbüchern« eben nur die Geschichten von denjenigen erzählt werden, die es am Schluss geschafft haben. Aber was ist mit den vielen anderen Fällen, in denen es kein Happy End gegeben hat?

Es kann jedem Unternehmer passieren, dass er irgendwann sagen muss: »Die Geschäftsidee trägt nicht mehr, das Unternehmen hat keine Zukunft.« Das ist bitter, für den Unternehmer und für die Mitarbeiter. Aber andererseits ist es ein ganz normaler Prozess im Wirtschaftsleben, der kleine ebenso wie große und scheinbar unverwundbare Unternehmen treffen kann. Deshalb ist es von entscheidender Bedeutung, dass Sie Ihr Risiko diversifizieren und nicht alles Geld ausschließlich in Ihrer Firma gebunden ist.

Es ist sicher eine der häufigsten Ursachen für erhebliche Vermögensverluste von Reichen, dass sie allzu oft fast alles Geld in ihrer eigenen Firma lassen. Es mag sein, dass es sich auf diese Weise am schnellsten vermehrt, wenn Sie stets alles reinvestieren. Aber das ist ähnlich riskant, wie wenn Sie alles Geld in einer einzigen Aktie anlegen würden. Sie müssen neben dem Firmenvermögen stets auch ein davon streng getrenntes privates Vermögen aufbauen. In den ersten Jahren, nachdem Sie eine Firma gegründet haben, geht das vielleicht nicht bzw. nur in sehr bescheidenem Maße. So war das auch, nachdem ich im Jahr 2000 meine eigene Firma gegründet hatte: In den ersten Jahren ließ ich die Gewinne in der Firma. Später jedoch war es mir möglich, jedes Jahr Ausschüttungen vorzunehmen und diese in Immobilien, Aktien, Gold und Anleihen anzulegen.

Überoptimismus, gepaart mit mangelnder Disziplin, ist auch die Ursache für eine weitere Gefahr, die zum Verlust oder zur erheblichen Minderung des Vermögens führen kann. Im sechsten Kapitel haben Sie gesehen, dass Sparsamkeit ein wesentlicher Charakterzug vieler Millionäre ist – jedoch nicht von allen. Wer sich an sprudelnde hohe Einnahmen gewöhnt hat, ob diese nun aus einem hohen Managergehalt oder aus den Ausschüttungen einer Kapitalgesellschaft kommen, steigert in der Regel auch die Ansprüche an seine private Lebenshaltung. Das ist verständlich, denn schließlich erarbeiten die meisten Menschen ihr Geld nicht nur deshalb, damit sich später die Erben darüber freuen und es verbrauchen können.

Die Gefahr besteht jedoch, dass man von einem sehr hohen Lebensstandard abhängig wird, wobei es viel schwerer ist, diesen wieder zurückzufahren als ihn zu steigern. Der Optimismus, der aus der Bestätigung durch vergangene Erfolge rührt, verführt viele Reiche dazu, anzunehmen, dass es auch künftig nur noch aufwärtsgehen könne. Sie machen sogar manchmal Konsumschulden, nur um den privaten Lebensstandard und den Schein des Reichtums nach außen aufrechtzuerhalten, auch wenn die wirtschaftliche Basis dafür eigentlich nicht mehr gegeben ist, weil die Ausgaben die Einnahmen übersteigen. Nicht nur wirtschaftliche Rahmenbedingungen, sondern auch persönliche Verhältnisse können sich jedoch – manchmal überraschend – ändern, wie anschaulich der dritte Grund zeigt, der häufig zu Vermögensverlusten führt.

425 Millionen Euro an die Ex

Im Schnitt halten deutsche Ehen 14,6 Jahre. Jährlich lassen sich etwa 180.000 Paare scheiden, am häufigsten nach rund sechs Jahren. Doch nur in jeder vierten Ehe gibt es einen Ehevertrag[232]. Natürlich schließen Vermögende häufiger einen Ehevertrag ab als Nicht-Vermögende. Besonders für Familienunternehmer sind solche Verträge unverzichtbar. Denn wenn es keinen Vertrag gibt, dann gilt die gesetzliche Regelung, nach der das Paar in der Zugewinngemeinschaft lebt. Der Vermögensgewinn, der während der Ehe eintritt, wird dann zweigeteilt. Das kann zur Existenzbedrohung für eine Firma werden oder, wenn der gestiegene Unternehmenswert hälftig ausbezahlt werden muss, zur wirtschaftlichen Bedrohung oder doch zu einer erheblichen Vermögensminderung führen.

Immer wieder wird in den Medien von spektakulären Fällen teurer Scheidungen berichtet. So wurde im November 2014 ein Urteil aus Großbritannien bekannt. Der Hedgefonds-Manager Chris Hohn musste seiner Frau Jamie Cooper-Hohn umgerechnet 425 Millionen Euro zahlen. Das Vermögen des Paares wurde auf etwa 880 Millionen Euro geschätzt. Der Hedgefonds-Manager hatte seiner Frau ein Viertel angeboten, doch das war ihr zu wenig.[233]

Was der Hedgefonds-Manager Hohn zahlen musste, nimmt sich fast schon bescheiden aus im Vergleich zu dem, was ein Gericht in Genf im Mai 2014 entschied: 4,02 Milliarden Schweizer Franken musste der russische Unternehmer Dmitri Rybolowlew seiner Ex-Frau Elena zahlen. Das Vermögen des russischen Unternehmers wurde seinerzeit auf 6,4 Milliarden Euro geschätzt.[234]

Der Deutschland-Chef der Investmentbank Goldman Sachs, Alexander Dibelius, wurde im Juli 2014 von seiner Frau geschieden. Wie viel er genau zahlen musste, ist nicht bekannt, doch es wird ein erheblicher Teil des auf 300 Millionen Euro geschätzten Vermögens sein, zumal das Paar erstens keinen Ehevertrag geschlossen hatte und zweitens seine Frau die Scheidung in London einreichte, wo übrigens auch ein deutscher Ehevertrag keine bindende Wirkung gehabt hätte.[235]

Zwar ist das Scheidungsfolgerecht in Deutschland nicht so streng wie beispielsweise in England, und hierzulande schließen die meisten Vermögenden einen Ehevertrag, um die wirtschaftlichen Folgen einer Scheidung abzumildern. Doch, und dies wird oft übersehen, ist auch ein Ehevertrag in Deutschland keine Garantie, dass eine Scheidung nicht erhebliche finanzielle Folgen haben kann.

Ab dem Jahr 2001 begannen deutsche Gerichte vermehrt, Eheverträge als »sittenwidrig« einzustufen, wenn sie als einseitig und übervorteilend angesehen wurden. Immer wieder gab es vor den Gerichten Auseinandersetzungen, bei denen der Partner, der wesentlich weniger verdiente und ein wesentlich geringeres Vermögen hatte, versuchte, einen Ehevertrag für nichtig zu erklären.

Ein in dieser Hinsicht typischer Fall kam am 11. Februar 2004 vor den Bundesgerichtshof.[236] Der Mann war als Unternehmensberater tätig und hatte »in den letzten Jahren« ein monatliches Einkommen von durchschnittlich 27.000 DM netto aus abhängiger und selbstständiger Arbeit. Die Frau betrieb einen »alternativen Spielwarenladen«, der ihr allerdings monatlich nur 1084 DM vor Steuern einbrachte. Beide Parteien hatten in einem Ehevertrag »für den Fall der Scheidung gegenseitig auf jegliche nacheheliche Unterhaltsansprüche, mit Ausnahme des Unterhaltsanspruchs der Ehefrau wegen Kindesbetreuung« verzichtet. Zudem vereinbarten sie die Gütertrennung. Solche Fälle kamen immer wieder vor Gericht, und die Frauen klagten auf Nichtigkeit des Vertrags.

Grundsätzlich bejahte der BGH zwar die Gestaltungsfreiheit der Ehegatten in einem Ehevertrag, aber er ergänzte auch, dass diese Gestaltungsfreiheit ihre Grenzen habe. Der Schutzzweck der gesetzlichen Regelungen zum Scheidungsfolgerecht dürfe, wie bereits das Bundesverfassungsgericht in einer Entscheidung im Jahre 2001[237] festgestellt hatte, durch einen Ehevertrag nicht beliebig unterlaufen werden. Das sei jedoch der Fall, wenn durch einen Ehevertrag eine allzu einseitige Lastenverteilung entstünde.

Untersucht wird in Gerichtsverfahren, ob eine nachteilige Vereinbarung – wie etwa in dem oben beschriebenen Ehevertrag – eine auf ungleicher Verhandlungsposition basierende einseitige Dominanz eines Ehegatten widerspiegelt. Anhaltspunkt für das Vorliegen einer Disparität bei Abschluss des Ehevertrages kann beispielsweise eine gravierende wirtschaftliche und »soziale Imparität« (Ungleichheit) der Ehegatten sein.[238]

Die Rechtslage hat sich zwar durch das seit dem 1. Januar 2008 in Deutschland geänderte Unterhaltsrecht entschärft, und nachehelicher Unterhalt kann jetzt nicht mehr so leicht wie früher eingefordert werden und wird in der Regel auch nicht mehr so lange gewährt, wie das früher oft üblich war. Die nacheheliche Eigenverantwortung wird nach dem neuen Recht stärker betont.

Die Rechtslage ist kompliziert und kann hier nicht im Einzelnen dargestellt werden. Der oben beschriebene Fall der Scheidung des Goldman-

Sachs-Deutschlandchefs belegt jedoch, dass Risiken nach wie vor in erheblichem Maße gegeben sind, wenn beispielsweise die Scheidung nicht in Deutschland, sondern – wie in diesem Fall – in London eingereicht wird, wo das Paar eine Immobilie besaß. »In Großbritannien oder Amerika hat ein deutscher Ehevertrag keine bindende Wirkung. Die Neigung der Gerichte in London oder Florida ist groß, in den Vertrag einzugreifen«, so erklärt Christian von Oertzen von der renommierten Kanzlei Flick Gocke Schaumburg. »Das bedeutet: Im Zweifelsfall ist die Hälfte des Gesamtvermögens weg.« Der Jurist rät daher, alles zu tun, um den Gerichtsstand in Deutschland zu halten.[239]

Ich habe immer wieder erlebt, dass ansonsten clevere Unternehmer, die bei ihren wirtschaftlichen Entscheidungen Vorsicht und Risikobewusstsein walten ließen, irgendwann doch unvorsichtig wurden und ohne Ehevertrag heirateten. Dabei war das wirtschaftliche Risiko, das sie damit eingingen, wesentlich höher als bei allen sonstigen Investitionen, die sie jemals getätigt hatten. Verständlich ist es schon, wenn jemand frisch verliebt ist, sich eine gemeinsame Zukunft erhofft und die schöne, romantische Stimmung nicht durch Gespräche über einen Ehevertrag belasten will. »Liebe macht blind«, sagt ein deutsches Sprichwort – aber manchmal eben auch arm.

Das waren nur einige der wirtschaftlichen Risiken, die in Ihrer Persönlichkeit oder Ihren privaten Verhältnissen liegen können. Ebenfalls unterschätzt werden jedoch häufig die politischen Risiken für Reiche.

Kapitel 16

Unterschätzte politische Risiken für Reiche

Die größten politischen Risiken ergeben sich heute aus einem zentralen Problem, nämlich der extremen Staatsverschuldung in allen Ländern – und aus den Optionen der Politik, dieses Problem irgendwie zu »lösen«. Die offizielle Staatsverschuldung hat in allen Ländern nie gekannte Höchststände erreicht – in Japan ebenso wie in den USA oder in Europa.

Sie ist in den vergangenen Jahren durch die Finanzkrise erheblich gestiegen. Aber die Ursachen der enormen Staatsverschuldung liegen tiefer. Die Politik hat sich in den vergangenen Jahrzehnten die Loyalität der Wähler durch immer neue sozialpolitische Wohltaten erkauft. Nach dem Zweiten Weltkrieg hat sich, zunächst in Europa, ein ausufernder Wohlfahrtsstaat entwickelt, in dem rund die Hälfte des Sozialprodukts umverteilt wird, teils durch Steuern und Abgaben, teils durch Schulden finanziert. Ständig sind Politiker auf der Suche nach vermeintlichen »sozialen Ungerechtigkeiten«. Heute werden – wie Samuel Gregg, Direktor des Acton-Institutes errechnete – etwa 58 Prozent der Sozialausgaben der ganzen Welt in Europa ausgegeben.[240]

Doch sogar in den Vereinigten Staaten, die aus deutscher bzw. europäischer Sicht immer noch als Land der angeblich »ungezügelten« Marktwirtschaft gelten, wurde der Wohlfahrtsstaat in den vergangenen Jahrzehnten erheblich ausgebaut. Im Jahr 2010 gingen in den USA bereits 70,5 Prozent der Staatsausgaben in »welfare programs« – 1962 waren es erst 28,3 Prozent und 1990 erst 48,5 Prozent. Mehr als 67 Millionen Amerikaner waren 2010 Nutznießer staatlicher Wohlfahrtsleistungen.[241]

Wie William Voegeli in seinem Buch *Amerikas Abschied vom Kapitalismus* nachgewiesen hat, ist unser Bild vom »ungezügelten Kapitalismus« in den USA falsch, denn auch hier stieg die Staatsquote über die Jahrzehnte kontinuierlich an. Selbst in den Vereinigten Staaten sind nicht etwa die Militärausgaben, sondern die enorm hohen Ausgaben für Sozialleistungen der Hauptgrund für die massive Verschuldung.

Sieben Billionen Schulden

Deutschland gilt unter den europäischen Staaten heute mit Blick auf die Staatsverschuldung als Musterland. Stolz verkündete die deutsche Bundesregierung, dass man erstmals seit 45 Jahren im Jahre 2014 ohne Nettoneuverschuldung ausgekommen sei. Das war jedoch nicht so schwierig, denn die Steuereinnahmen sprudelten so stark wie noch nie in der Geschichte der Bundesrepublik, und gleichzeitig waren die Zinsen so niedrig wie noch nie. Doch auch in Deutschland, wie in allen anderen westlichen Ländern, sind die Schulden so hoch, dass sie niemals mehr zurückgezahlt werden können.

Die 2 Billionen Euro Staatsschulden, die Deutschland offiziell angehäuft hat, sind tatsächlich nur die Spitze des Eisbergs. Der Gesetzgeber hat Leistungsgesetze für die heute in Deutschland lebenden Menschen verabschiedet, für die eine zusätzliche Deckungslücke von rund 7 Billionen Euro besteht.[242] Allein die Pensionszusagen an die heute im Dienst befindlichen Beamten summieren sich auf 942 Milliarden Euro, wobei Zahlungen an Witwen und Beihilfen für die Gesundheitsvorsorge nicht enthalten sind.[243] Bei der Rentenversicherung beträgt die Deckungslücke inzwischen eine Billion Euro.[244] Eine weitere Komponente der erschreckend hohen impliziten Staatskosten ist das Gesundheitswesen. Um die Krankenkosten im Alter für die heute lebenden Menschen auf dem bisherigen Niveau bezahlen zu können, müssten bei den Krankenkassen Rücklagen von einer weiteren Billion bestehen. Tatsächlich gibt es diese Rücklagen jedoch nicht.[245] Das allein ist schon eine erschreckende Bilanz, aber sie wird noch erschreckender, wenn man berücksichtigt, dass Deutschland vor einem – auch im Vergleich zu anderen Ländern – dramatischen Bevölkerungsrückgang steht.

Dass die enormen Staatsschulden niemals zurückgezahlt werden können, steht außer Frage. Fast alle westlichen Staaten sind an die Grenzen ihrer Verschuldungsfähigkeit gestoßen. Ein erneuter Ausbruch einer Finanzkrise würde sie vor unlösbare Probleme stellen.

Um die dramatische Verschuldung zu lindern, gibt es theoretisch folgende Lösungen:

1. Wirtschaftswachstum

2. Massive Ausgabenkürzungen im Sozialbereich

3. Verlängerte Lebensarbeitszeit

4. Steuererhöhungen, besonders für »Besserverdienende« und »Reiche«

5. Inflation

6. Finanzielle Repression

7. Staatsbankrott

Wirtschaftswachstum wäre natürlich die beste Lösung. Auf diese Weise konnten beispielsweise die USA nach dem Ende des Zweiten Weltkrieges ihre Schulden abbauen. Aber ein Wirtschaftswachstum, das groß genug wäre, um die enormen Schuldenberge abzubauen, ist unrealistisch.

Auch die Möglichkeiten für massive Ausgabensenkungen im Sozialbereich sind begrenzt. Die Erfahrung zeigt, dass Regierungen, die in diesem Bereich Einschnitte wagen, meistens abgewählt werden. In Deutschland hatte die Regierung von Gerhard Schröder einige Reformen in diese Richtung unternommen. Aber in seiner Partei gab es massiven Widerstand gegen die Reformen, und er musste ein »Misstrauensvotum« arrangieren, um Neuwahlen zu erreichen, die er jedoch verlor. Die nachfolgenden Regierungen haben seine sogenannten »Agenda 2010«-Reformen teilweise wieder zurückgenommen.

Auch die im Zuge dieser Reformen beschlossene Verlängerung der Lebensarbeitszeit wurde durch die Einführung der »Rente mit 63« teilweise wieder aufgehoben. Obwohl wir alle älter werden und die Bevölkerung Deutschlands so stark zurückgeht wie in kaum einem anderen Land der Welt, ist es offenbar nicht möglich, die an sich notwendige Verlängerung der Lebensarbeitszeit politisch durchzusetzen. Auch in anderen Ländern regt sich massiver Widerstand der Gewerkschaften, wenn die Politik Reformen in diese Richtung unternehmen will. Zwar wird sich eine Verlängerung der Lebensarbeitszeit auf Dauer nicht vermeiden lassen, aber die dafür notwendigen Reformen werden auch in Zukunft sicherlich so zögerlich angegangen, dass eine Linderung des Staatsschuldenproblems auf diesem Wege kaum erreicht werden kann.

Auf die vierte Lösung, nämlich Steuererhöhungen, vor allem für Besserverdienende und Reiche, werde ich später noch ausführlicher eingehen.

Das gefährliche Spiel der Zentralbanken

Auch die Inflation wäre theoretisch eine Lösung für das Problem Staatsverschuldung, da hierdurch die Schulden »weginflationiert« würden. Manche Anleger befürchteten eine Inflation als Folge der Geldpolitik der Zentralbanken, die die Geldmenge erheblich ausgeweitet haben. Bisher ist es dazu nicht gekommen, die Inflationsraten sind sogar rückläufig, und die Politiker in Europa und den USA fürchten eher eine Deflation.

Dennoch sollte langfristig nicht ausgeschlossen werden, dass es eine inflationäre Entwicklung gibt. Sowohl demokratische wie auch autoritäre Systeme haben in der Geschichte immer wieder die Gelddruckmaschinen angeworfen und damit Inflationen und Hyperinflationen heraufbeschworen. Diese Möglichkeit haben die Regierungen insbesondere, seit es keine Golddeckung der Währung mehr gibt. Peter Bernholz hat in seiner Studie »Monetary Regimes and Inflation« gezeigt, dass es in den Jahren 1800 bis

1914, als die Geldsysteme auf dem Gold- und dem Silberstandard beruhten (mit Ausnahme der Zeit der Napoleonischen Kriege), keine Inflation gab. Auch nach dem Ersten Weltkrieg kehrten Länder wie Großbritannien und die Schweiz zum Goldstandard zurück.

Es ist nachgewiesen, dass Geldsysteme mit einem Goldstandard weit weniger inflationäre Tendenzen zeigten als reine Papiergeldsysteme ohne Golddeckung. Bernholz hat in seiner Arbeit gezeigt, dass in der Geschichte – nach einer Golddeckung – unabhängige Zentralbanken der zweitbeste Schutz vor einer Inflation waren. Staaten mit unabhängigen Zentralbanken – wie es die Deutsche Bundesbank war – hatten historisch gesehen eine deutlich niedrigere Inflationsrate als Staaten, in denen es keine unabhängige Zentralbank gab.

Das Problem heute ist, dass die Europäische Zentralbank ihre Unabhängigkeit im Verlauf der Eurokrise vollkommen verloren hat. Damit ist ein entscheidender Sicherungsmechanismus gegen eine inflationäre Entwicklung nicht mehr vorhanden.

Doch auch eine nur moderate Inflation führt wegen der extrem niedrigen Zinsen zu einer »finanziellen Repression«. Dies bedeutet, dass die Sparer schleichend enteignet werden, wenn die Zinsen noch nicht einmal die Inflationsrate ausgleichen, wie das heute der Fall ist. Vielen Sparern drohen hier massive Probleme, denn insbesondere die Lebensversicherungen haben einen Großteil ihrer Gelder in Anleihen angelegt, die sich nur noch gering verzinsen. Die Prognosen, die bei Abschluss der Versicherungsverträge über die Versicherungsleistungen am Vertragsende gemacht wurden, sind heute schon Makulatur. Ob die Politik der »finanziellen Repression« jedoch ausreichen wird, die Probleme zu lösen, ist fraglich, zumal die Inflation derzeit sehr gering ist.

Eine höhere Inflation führt oft zu massiven gesellschaftlichen Krisen. Die Gefahr bei einer bewusst herbeigeführten Inflation ist zudem, dass man sie nicht unter Kontrolle bekommt und sie sich im schlimmsten Fall sogar zu einer Hyperinflation ausweitet. In den vergangenen Jahren ist eine ganze Reihe von Büchern erschienen, die sich mit diesem Szenario auseinandersetzen, weil die Autoren befürchten, dass die extrem expansive Geldpolitik der Zentralbanken irgendwann in einer Hyperinflation münden wird. Von einer Hyperinflation spricht man bei einer monatlichen Inflationsrate von mindestens 50 Prozent. 29 Hyperinflationen gab es insgesamt in der Geschichte, 28 davon ereigneten sich im 20. Jahrhundert. Diese Zahl zeigt in der Tat eindrucksvoll den Zusammenhang zwischen dem ungedeckten Papiergeldsystem und der Inflationsgefahr.

Kommt es zu einem solch extremen Szenario, sind am schlimmsten all die Anleger betroffen, die primär auf Anleihen setzen. Für die meisten deutschen Sparer mit ihrer Vorliebe für Sparbücher, Lebensversicherungen und ähnliche Anlagen wäre dies eine Katastrophe, da ihre Einlagen wertlos würden. Dagegen wären Anleger, die – wie in diesem Buch empfohlen – auf Immobilien, Aktien und Gold setzen, etwas besser dran. Dennoch möchte ich vor der Illusion warnen, sie kämen ungeschoren davon. Goldbesitz könnte, wie schon mehrfach in der Geschichte geschehen, verboten werden. Und auch Immobilienbesitz schützt zwar gut gegen eine moderate Inflation, ist aber bei einer Hyperinflation ebenfalls gefährdet, weil der Staat es nicht zulässt, dass Immobilieneigentümer nach einer Hyperinflation besser dastehen.

Dies soll am Beispiel der Hyperinflation in Deutschland in den Jahren 1920 bis 1923 verdeutlicht werden: Die Inflationsrate erreichte in dieser Zeit bis zu 29.525 Prozent pro Monat. Im November 1923 wurde die Hyperinflation in Deutschland mit der Währungsreform beendet. Die neue Währung, die Reichsmark, ersetzte die wertlos gewordene Papiermark.

Immobilienbesitzer standen zunächst deutlich besser als andere Anleger da, weil sie ihre Immobilien behalten hatten, die Schulden dagegen infolge der Inflation weg waren. Die alten Gläubiger hingegen waren durch die Inflation faktisch enteignet worden. Der Gesetzgeber beschloss im Februar 1924, dass die wertlos gewordenen Hypothekenschulden wieder bis zu einem Viertel ihres früheren Wertes aufgewertet wurden.

Doch damit nicht genug. Hinzu kam, dass 1924 eine neue Steuer für Immobilieneigentümer, die »Hauszinssteuer«, eingeführt wurde. Faktisch beanspruchte der Staat damit einen Teil der Mieteinnahmen, wobei die Höhe der Hauszinssteuer sich an der Höhe der Inflationsgewinne orientierte.

Je höher die Immobilien vor Beginn der Hyperinflation beliehen waren, desto höher war die Hauszinssteuer, die als Ausgleich für den erzielten Inflationsgewinn gedacht war. Der Steuerhöchstsatz lag beispielsweise in Preußen bei 40 Prozent der Miete, wenn die Immobilie vor Beginn der Inflation mit über 60 Prozent beliehen war. Diese Hauszinssteuer wurde fast 20 Jahre lang, bis zum Jahr 1943, erhoben und führte dazu, dass ein Großteil der Inflationsgewinne, über die sich die Immobilieneigentümer – zu früh – gefreut hatten, vom Staat wegbesteuert wurde. Dies zeigt: Wer mit einer Inflation oder Hyperinflation rechnet und seine Immobilien deshalb sehr hoch beleiht, muss damit rechnen, dass der Staat – so wie damals in der Weimarer Republik – ihn am Ende doch zur Kasse bittet.

Trotz dieser Ausführungen gilt, dass der Besitz von Immobilien, Aktien und Gold der relativ beste Schutz vor einer Inflation ist. Bei einer moderaten Inflation profitieren diese Anlagen in der Regel sogar. Bei einer Hyperinflation bieten sie dagegen, wie gezeigt, nur bedingt Schutz.

Eine bewusst herbeigeführte Inflation, die sich im schlimmsten Fall zur Hyperinflation ausweitet, ist jedoch nur einer der »Auswege« aus der ausufernden Staatsverschuldung. Der letzte Ausweg wäre ein Staatsbankrott. Staatsbankrotte hat es sehr viel häufiger in der Geschichte gegeben, als man annimmt. Die Finanzwissenschaftler Carmen M. Reinhart und Kenneth S. Rogoff zählten seit dem Jahr 1800 mindestens 250 Staatspleiten für die Auslandsschulden und mindestens 68 Inlandspleiten, bei denen die Einlagen der eigenen Bevölkerung in Landeswährung betroffen waren. Spitzenreiter war Spanien mit 13 Pleiten, gefolgt von Venezuela mit zehn. Nur wenige große Länder, so wie die USA, Kanada, Australien, Schweden und Norwegen, waren noch nie pleite. Für Deutschland – zählt man die Einzelstaaten dazu – haben die Ökonomen seit 1618 acht Pleiten berechnet. Interessant sind auch die Zeiträume der Zahlungsunfähigkeit: Griechenland war in mehr als der Hälfte der Zeit seiner Existenz zahlungsunfähig.[246]

Millionärssteuer: 75 Prozent? 100 Prozent? 102 Prozent?

Ein Staatsbankrott wäre jedoch nur das allerletzte Mittel. Bevor es dazu käme, würden die Regierungen mit Sicherheit versuchen, die Probleme der Staatsverschuldung durch massive Steuererhöhungen und Sonderabgaben für Reiche zu lösen. Dies hat die Deutsche Bundesbank sogar im Januar 2014 offiziell in ihrem Monatsbericht empfohlen. Sie legte nahe, dass »in außergewöhnlichen nationalen Notsituationen zusätzlich zu Privatisierungen und herkömmlichen Konsolidierungsmaßnahmen ... auch vorhandenes privates Vermögen dazu beitragen kann, eine staatliche Insolvenz abzuwenden«.[247]

Bereits einige Monate zuvor hatte der Internationale Währungsfonds (IWF) die Idee einer Zwangsabgabe für Reiche ins Spiel gebracht.[248] In der Expertise »Taxing Times« äußerte der IWF die Einschätzung, dass es ein »neu belebtes Interesse« an der Idee einer Vermögensabgabe für Reiche in Höhe von 10 Prozent des Vermögens gebe. »Die Attraktivität einer solchen Steuer« liege darin, dass sie keine Verhaltensverzerrung bewirke, sofern es keine Ausweichmöglichkeiten gebe und die Abgabe einmalig sei. Zudem werde eine solche Abgabe, so der IWF, von »einigen Menschen« als »gerecht« empfunden. Die Begründung für dieses »Gedankenspiel«: Die Verschuldung in allen Ländern sei mit 110 Prozent des Bruttoinlandsproduktes auf einem historischen Höchststand und liege 35 Prozentpunkte über dem Wert vor Ausbruch der Finanzkrise.

Dass die Reichen in einer »finanziellen Notlage« als weniger schützenswert gelten, ist allgemeiner Konsens in der Politik. Als 2013 Zypern die Pleite drohte, bestanden die Euro-Länder und der IWF als Gegenleistung für ihre Milliardenhilfen auf einem eigenen Beitrag des Landes. Dieser kam dadurch zustande, dass reiche Bankkunden einen erheblichen Teil ihrer Guthaben verloren, um die Sanierung der jeweiligen Kreditinstitute zu finanzieren.

Der Euro-Gruppen-Chef Jeroen Dijsselbloem äußerte damals, das Zypern-Modell könne eine Blaupause für künftige Krisenfälle sein.[249] Obwohl Politiker sich zunächst beeilten, dies zu dementieren, wurde genau das im Zuge der Einführung der sogenannten Bankenunion in Europa umgesetzt.

Wird eine Bank insolvent, so stehen seit dem 1. Januar 2015 zunächst die Bankaktionäre für Verluste gerade. Reicht das nicht, sind die Sparer gefordert, die mit ihren Einlagen haften, sofern diese 100.000 Euro überschreiten.[250] Zwar soll ein »Abwicklungsfonds« die Bankkunden beruhigen, doch dieser wird erst in zehn Jahren mit den angepeilten 55 Milliarden Euro ausgestattet sein. Selbst wenn diese Summe in zehn Jahren vorhanden sein sollte, ist sie im Krisenfall viel zu niedrig. Denn das Eigenkapital der Euro-Banken beläuft sich schon heute auf 2.457 Milliarden Euro und ihre Bilanzsumme auf 30.727 Milliarden Euro.[251] Reiche müssen sich jedenfalls darauf einstellen, dass ihr Geld im Falle einer Bankenkrise weniger sicher ist als das eines durchschnittlichen Sparers. In Kapitel 14 habe ich deshalb Alternativen zur Bankeinlage diskutiert.

Zudem wird immer wieder die Einführung einer Vermögensabgabe für Reiche gefordert. Die Bundestagsfraktion von Bündnis90/Die Grünen brachte bereits im September 2012 einen Gesetzentwurf zur Vermögensabgabe im Deutschen Bundestag ein.[252] Danach solle es einen »einmaligen Solidarbeitrag« geben, der von allen Menschen mit einem Vermögen von mehr als 1 Million Euro geleistet werden soll. Das Vermögen solle mit einem Satz von 1,5 Prozent über einen Zeitraum von zehn Jahren besteuert werden.

Die Gewerkschaft IG Metall, das Deutsche Institut für Wirtschaftsforschung und die Partei Die Linke fordern ebenfalls eine Vermögensabgabe. Die IG Metall möchte beispielsweise, dass Vermögende mit einem Geld- und Sachvermögen von mehr als 1 Million Euro 20 Jahre lang eine Vermögensabgabe von 2 Prozent entrichten sollen.

Zusätzlich soll auch die Einkommenssteuer kräftig erhöht werden. Die Vorsitzende der Linkspartei, Katja Kipping, forderte sogar, dass alle Einkommen über 40.000 Euro im Monat mit einem Steuersatz von 100 Prozent(!) belegt werden sollen. Ihre Begründung: »Ab 40.000 Euro im Monat gibt es kein Mehr an Lebensgenuss. Wenn es dann noch Einkommenszuwächse gibt, fließen sie in die Beeinflussung von politischen Entscheidungen durch Bestechung – oder in zerstörerische Finanzspekulationen. Das ist keine Neiddebatte, sondern eine demokratietheoretische Frage.«[253]

Nun, so schlimm wird es sicher nicht kommen, aber man sollte sich andererseits nicht darauf verlassen, dass nicht auch drastische Steuererhöhungen beschlossen werden könnten. Der französische Präsident François Hollande hatte die »Reichensteuer« im Wahlkampf 2012 zu einem Herzstück seiner Kampagne gemacht. Im ersten Anlauf war er jedoch am französischen Verfassungsrat gescheitert, der die Steuer für verfassungswidrig erklärt hatte. Schließlich wurde das Gesetz zur Reichensteuer in modifizierter Form beschlossen. Unternehmen in Frankreich mussten auf die Gehaltsbestandteile von mehr als 1 Million Euro 75 Prozent Steuern und Sozialabgaben zahlen.[254] Selbst gemäßigte Sozialisten wie der heutige Wirtschaftsminister Emmanuel Macron hielten das für absurd. Er bezeichnete Frankreich wegen des konfiskatorischen Steuersatzes als »Kuba, nur ohne Sonne«. Laut einer Untersuchung des französischen Senats traf die Steuer vor allem kleinere Unternehmen mit einem Umsatz von weniger als 50 Millionen Euro. Ende 2014 wurde die Steuer dann auch wieder abgeschafft.[255]

Wer meint, mit 75 Prozent »Reichensteuer« sei das Ende der Fahnenstange erreicht, der sollte sich an das erinnern, was in Schweden in den 1970er-Jahren der Fall war. Die sozialdemokratische Regierung erhöhte die Steuern für Reiche so stark, dass sie damit Unternehmer wie den Ikea-Gründer Ingvar Feodor Kamprad aus dem Land vertrieb. Er verließ Schweden wegen der hohen Steuern 1973, ging zunächst nach Dänemark und anschließend in die Schweiz.

Die weltbekannte schwedische Schriftstellerin Astrid Lindgren protestierte gegen die exorbitanten Steuern, indem sie ein »Steuermärchen« in einer schwedischen Tageszeitung veröffentlichte. Sie rechnete darin vor, dass ihre Steuerlast bei über 100 Prozent (!) lag. Der schwedische Finanzminister beschwerte sich öffentlich und meinte, die bekannte Schriftstellerin hätte ihre Steuer falsch berechnet. Er musste allerdings kurz darauf feststellen, dass er es war, der den Überblick verloren hatte, da die Steuer im Ergebnis noch höher war als die 102 Prozent, die die weltbekannte Kinderbuchautorin beklagt hatte.[256]

Was macht ein Reicher, wenn er mit 102 Prozent oder mehr besteuert wird? Ihm bleiben letztlich nur drei Alternativen: Der Gutmütige zahlt die Differenz aus seinem Vermögen, der Unehrliche hinterzieht die Steuern und der Entnervte wandert aus.

Reiche als Sündenböcke

Bei Frankreich und Schweden handelte es sich wohlgemerkt um demokratische Staaten in Europa und nicht um zweifelhafte autoritäre Regime in Südamerika, von denen man so etwas erwartet. Vermögende sollten daher diese Risiken nicht unterschätzen. Insbesondere bei einem erneuten Ausbruch der Finanzkrise würde die Politik nach »Sündenböcken« suchen, um von ihrem eigenen Versagen abzulenken.

Auf dem Höhepunkt der Finanzkrise im Jahre 2009 entwickelte sich eine sehr aggressive Stimmung, die sich insbesondere gegen »Banker«, aber auch gegen »Manager« oder generell gegen »die Reichen« richtete. Die *Financial Times Deutschland* berichtete damals: »Es wird persönlich. In Frankreich, Großbritannien und den USA werden Manager und Banker zur Zielscheibe des Zorns: Geiselnahmen, Morddrohungen, Angriffe auf das Eigentum. Es ist keine abstrakte Wut mehr auf ›gierige Banker‹ – die Drohungen und Bedrohungen sind ganz konkret.«[257]

In Großbritannien, berichtete das *Handelsblatt* unter der Überschrift »Britische Banker in Angst«[259], wurden Anschläge gegen Autos und Privathäuser von Bankern verübt, so etwa gegen den ehemaligen Chef der Royal Bank of Scotland. Die Polizei in Großbritannien riet Bankern, sie sollten angesichts der geplanten Proteste gegen den G 20-Gipfel statt in Anzug und Krawatte in Jeans und Pullover zur Arbeit gehen. Einer der Organisatoren der Proteste, ein Professor für Anthropologie, hatte in seinem Garten in Südlondon ein Plakat mit der Aufschrift »Hängt die Banker, bis sie tot sind« aufgestellt. In Frankreich wurden in diesen Tagen Manager eines Unternehmens, in dem Arbeiter entlassen werden mussten, als Geisel genommen.

Seit Jahrtausenden kann man beobachten, dass im Krisenfall Reiche oder andere Minderheiten als Sündenbock an den Pranger gestellt werden. Da die Ursachen, die zu einer Krise geführt haben, oft sehr komplex sind und von den meisten Menschen nicht verstanden werden, stoßen solche »Sündenbock-Strategien« auf eine hohe Aufnahmebereitschaft. Manchmal werden sie auch mit kruden Verschwörungstheorien verbunden. Die Meinung, eine mächtige, weltweit agierende, anonyme Finanzelite habe einen Geheimplan zur Ausplünderung der Völker geschmiedet, wird auch heute wieder von einigen Autoren vertreten.[259]

Es wäre in der Bevölkerung sicherlich mit einer hohen Zustimmung zu rechnen, wenn der Gesetzgeber die Reichen durch eine Vermögenssteuer, Vermögensabgabe und eine massive Erhöhung der Einkommensteuer belasten würde.

Im schlimmsten Fall kann es Ihnen so gehen wie seinerzeit dem Ikea-Gründer Kamprad und Sie sind gezwungen, das Land zu verlassen. Im »Wealth Report 2013« von Knight Frank fanden sich Zahlen darüber, wie hoch der Prozentsatz der Millionäre in den verschiedenen Ländern bzw. Regionen ist, die sich mit dem Gedanken befassen, ihr Land zu verlassen. Wie nicht anders zu erwarten, war der Prozentsatz in Lateinamerika (73 Prozent) und Russland (67 Prozent) am höchsten. Doch auch in Europa beschäftigten sich 60 Prozent der Reichen mit dem Gedanken an Auswanderung. Vergleichsweise zufrieden waren dagegen die Millionäre in Amerika und Australien, von denen sich nur 33 bzw. 26 Prozent mit dem Thema Auswanderung beschäftigten.[260] Viele Reiche, die ich kenne, haben auch deshalb einen zweiten Wohnsitz im Ausland, damit sie in einer wirklichen Krisensituation nicht erst damit anfangen müssen, sich um den Kauf einer Wohnung oder eines Hauses zu kümmern.

Kurz nach dem Wahlsieg von François Hollande war ich in New York und sprach mit einem amerikanischen Immigrationsanwalt, der mir sagte, dass reiche Mandanten aus Frankreich bei ihm Schlange stehen würden, um sich zu erkundigen, wie man eine »Green Card« bekommen könne, die den unbeschränkten Aufenthalt in den Vereinigten Staaten ermöglicht. Der Nachteil bei einer »Green Card« ist jedoch, dass Sie damit verpflichtet sind, Ihr weltweites Einkommen und Vermögen in den USA zu versteuern, auch wenn Sie weiterhin in Deutschland leben und arbeiten. Durch Abkommen zur Vermeidung der Doppelbesteuerung wird diese zwar in der Regel vermieden, aber der Aufwand für die Steuererklärung ist immens, insbesondere wenn Sie Unternehmer sind oder über eine komplexe Einkommens- und Vermögensstruktur verfügen.

Eine vollkommene Absicherung gegen politische Risiken gibt es nicht. Aber sinnvoll ist es auf jeden Fall, auch über Konten oder Schließfächer mit Bargeld und Gold bei ausländischen Banken zu verfügen, etwa in den USA oder der Schweiz.

Es gibt heute Bücher von Crash-Propheten, die empfehlen, sich für das mögliche Horrorszenario eines totalen Finanzcrashs und die daraus entstehenden politischen Verwerfungen vorzubereiten. Sie empfehlen, Nahrungsmittel im Keller zu bunkern und sich auf die Abwehr marodierender Banden vorzubereiten. Das halte ich für stark übertrieben.

Aber die Sorglosigkeit jener, die erhebliche wirtschaftliche und politische Verwerfungen von vornherein ausschließen, halte ich ebenfalls für nicht angebracht. Immerhin stehen die Forderungen nach einer Vermögenssteuer und massiven Erhöhung der Einkommensteuer in den Programmen aller im Bundestag vertretenen Parteien, mit Ausnahme der CDU/CSU. Bei einem politischen Machtwechsel ist es sehr wahrscheinlich, dass diese Forderungen auch umgesetzt werden. Insbesondere bei einer erneuten Verschärfung der Finanzkrise ist es sogar als sehr wahrscheinlich zu betrachten, dass es zu einer breit angelegten Kampagne gegen »die Reichen« kommt, die als angebliche Verursacher der Krise dann massiv zur Kasse gebeten werden.

Nachwort:

Warum unsere Gesellschaft die Reichen braucht

Barack Obama hat es gelesen, Papst Franziskus hat es gelesen, die IWF-Chefin Christine Lagarde hat es auch gelesen – ebenso wie Millionen andere Menschen auf dieser Welt: den Bestseller *Das Kapital im 21. Jahrhundert* von dem französischen Wirtschaftswissenschaftler Thomas Piketty.

In einer breiten historischen Rückschau über 2000 Jahre Menschheitsgeschichte befasst sich Piketty mit Verteilungsfragen. Er entwickelt eine zentrale »Weltformel«, die besagt, dass die »durchschnittliche Kapitalrendite« dauerhaft größer sei als die Wachstumsrate der Wirtschaft. Das habe zur Folge, dass das Kapital (gemeint: das Vermögen) schneller wachse als die Wirtschaftsleistung.

Selbst Wirtschaftswissenschaftler, die dem linken Piketty politisch nahestehen, wie etwa die Wirtschaftswissenschaftler Heiner Flassbeck und Peter Bofinger, kritisieren sowohl seine Thesen als auch die Datenbasis. Bofinger teilt zwar Pikettys Kritik an der »Ungleichverteilung« von Wohlstand, aber er könne »als Wissenschaftler nicht über einen fundamentalen Widerspruch hinwegsehen, nur weil mir die Grundrichtung gefällt«.[261]

Warum wird ein Buch ein Welt-Bestseller, das wissenschaftlich so fragwürdig ist? Es trifft den Nerv der Zeit mit seiner Kapitalismus- und Reichenkritik. Piketty, der auch die französischen Sozialisten seit vielen Jahren berät und der an der Ausarbeitung der Millionärssteuer von François Hollande beteiligt gewesen sein soll[262], fordert eine radikale Umverteilung. Milliardäre sollen eine Vermögenssteuer von 5 bis 10 Prozent zahlen[263], was einer faktischen Enteignung im Lauf der Jahre gleichkommt. Piketty liefert heute den intellektuellen Überbau der populären Reichenkritik.

Reiche Müßiggänger?

Diese populäre Kritik am Kapitalismus und den Reichen wird natürlich meist nicht so gelehrt formuliert, wie dies Piketty tut. Vielmehr bedient sie einfache Vorurteile, die viele Menschen schon immer gegen »die Reichen« gehegt haben. In dem *Spiegel*-Bestseller *Die Asozialen* heißt es: »Die typischen deutschen Reichen sind Anleger und Erben.«[264] Der Autor des Buches vertritt die These: »So ist die Oberschicht nicht die Leistungselite der Wirtschaft, wie viele noch immer glauben. Die einstigen Gründer und Unternehmenslenker entwickeln sich zu reinen Anlegern, die lieber ihr Geld für sich arbeiten lassen ... Auf ihren breiten Schultern ruht nur eine leichte Steuerlast.«[265]

Wären die Reichen so, wie es dem Bild entspricht, das manchmal von ihnen gezeichnet wird, dann bräuchten wir sie nicht: Müßiggänger, die durch glückliche Erbschaften vermögend geworden sind und die nun das Geld im Konsumrausch auf den Kopf hauen. Natürlich gibt es solche Menschen. Und es gibt auch Menschen, die durch unmoralische oder sogar kriminelle Machenschaften reich geworden sind.

Aber die Mehrheit der Reichen ist ganz anders. Fast 80 Prozent von ihnen sind Unternehmer und Freiberufler. Die größte und gründlichste empirische Studie zum Thema »Vermögen in Deutschland«, aus der diese Zahl stammt, zeigt weiter, dass noch einmal 12 Prozent der Reichen als leitende Angestellte arbeiten.[266] Ohne ihre Kompetenz kann eine moderne arbeitsteilige Wirtschaft nicht existieren.

Noch nicht einmal jeder zehnte Reiche fällt nicht in die genannten Kategorien und ruht sich vielleicht auf seinem Vermögen aus. Übrigens wurde gezeigt, dass Reiche häufiger und länger arbeiten als Menschen aus der Mittelschicht. Während von den deutschen Millionären 82,4 Prozent einer Vollzeittätigkeit nachgehen, sind es in der Mittelschicht nur 73,7 Prozent.[267] Und während diejenigen, die durch Selbstständigkeit reich geworden sind, durchschnittlich 50 Stunden in der Woche arbeiten, beträgt die durchschnittliche Wochenarbeitszeit bei der Mittelschicht nur 38,7 Stunden.[268]

Das populäre Bild vom »reichen Müßiggänger« entbehrt also in Wahrheit jeder Grundlage. Auch die Superreichen sind meistens Firmengründer oder Familienmitglieder, die die von ihren Vätern gegründeten Firmen fortführen. Viele Namen kennen Sie: Bill Gates, der reichste Mann der USA, der Microsoft gegründet hat. Howard Schultz, der als Sohn eines Hilfsarbeiters geboren wurde, in einem sozialen Problemviertel aufwuchs und dadurch, dass er Starbucks groß gemacht hat, ein Vermögen von über 2 Milliarden Dollar verdiente. Oder die Google-Gründer Sergey Brin und Larry Page, die mit der Gründung der Suchmaschine eine geniale Idee hatten und die heute zu den reichsten Amerikanern gehören, ebenso wie Facebook-Gründer Mark Zuckerberg. Sie haben unser Leben und unsere Gesellschaft geprägt.

Auf der Hitliste der reichsten Deutschen finden Sie viele Personen, deren Firmen Sie kennen und deren Produkte Sie benutzen. Zu den reichsten Deutschen gehört Dieter Schwarz, der Gründer von Lidl. Bis zu ihrem Tode vor einigen Jahren führten die beiden Aldi-Gründer Karl und Theo Albrecht die Liste der reichsten Deutschen an. Sie finden auf dieser Liste auch die Namen von Hasso Plattner und Dietmar Hopp, einstmals IBM-Mitarbeiter, die den Mut hatten, sich selbstständig zu machen, und mit SAP eines der größten Softwareunternehmen der Welt gründeten. Auch sie sind heute Milliardäre. Bei Theo Müller (»Müller-Milch«), der Anfang der 1970er-Jahre den Molkereibetrieb seines Vaters mit fünf Mitarbeitern übernahm, arbeiten heute über die Grenzen Deutschlands hinaus 21.000 Menschen.[269]

Und was ist mit den Erben? Schon der amerikanische Ökonom Milton Friedman hat darauf hingewiesen, dass Reichtum durch Erbschaft weniger akzeptiert wird als Reichtum durch Arbeit: »Aus unterschiedlichen persönlichen Fähigkeiten oder aus einem verschieden großen, von der fraglichen Person erworbenen Wohlstand resultierende Ungleichheit wird für angemessen erachtet oder zumindest doch nicht für so unangemessen, wie aus unterschiedlich großem, ererbten Wohlstand resultierende Ungleichheit.«[270]

Einerseits habe auch ich Verständnis dafür, dass Reichtum, den sich jemand selbst erarbeitet hat, anders bewertet wird als ererbter Reichtum. Schließlich ist der Reichtum im ersten Fall das Ergebnis eigener Anstrengung, auf die man stolz sein kann, im zweiten Fall jedoch der glückliche Zufall – dass man nämlich in eine reiche Familie geboren wurde.

Andererseits sind auch die Gegenargumente Friedmans bedenkenswert: Er meint, dass es unlogisch sei, zu sagen, jemand habe ein Recht auf das durch seine persönlichen Fähigkeiten Erworbene oder auf das Produkt des von ihm erworbenen Wohlstands, er könne jedoch seinen Kindern nichts von diesem Wohlstand vermachen. Denn dies hieße ja: »Ein Mann kann wohl sein Einkommen für einen lasterhaften Lebenswandel verwenden, darf es aber nicht an seine Erben weitergeben.«[271]

Wer es als »ungerecht« ansieht, dass jemand Vermögen erbt, der muss es ebenso auch als »ungerecht« ansehen, dass jemand beispielsweise ein gutes Aussehen erbt. Die Soziologin Catherine Hakim, die an der London School of Economics lehrt, hat anhand zahlreicher Studien nachgewiesen, dass auch das Aussehen erhebliche Vorteile im Berufsleben bringt. Schöne Menschen verdienen im Durchschnitt mehr, attraktive Menschen werden als kompetenter und intelligenter wahrgenommen[272], und sogar vor Gericht, wenn alle anderen Bedingungen gleich sind, wird der attraktive Angeklagte mit geringerer Wahrscheinlichkeit schuldig gesprochen.[273] »Menschen, die der Vorstellung von erotischem Kapital als Persönlichkeitsattribut von echtem Wert kritisch gegenüberstehen«, so die Soziologin, »bemängeln in der Regel, dieses Merkmal sei ererbt, daher könne oder dürfe es nicht in Wertkategorien bemessen werden. Nun ist aber auch Intelligenz zum großen Teil angeboren, und doch wird ihr bereitwillig Wert zuerkannt, und man belohnt sie«.[274]

Vererbtes Vermögen bleibt ohnehin nicht dauerhaft bei den Erben, wenn sie es nicht verdienen. Es gibt unzählige Beispiele, dass Erben nicht mit dem Geld oder mit dem geerbten Unternehmen umzugehen wussten und es dadurch verloren, wenn auch möglicherweise nicht gleich in der ersten Erbengeneration. In seinem Roman *Buddenbrooks* hat Thomas Mann den langsamen Niedergang einer wohlhabenden und angesehenen Lübecker Kaufmannsfamilie eindrucksvoll beschrieben. Die »Gerechtigkeit« wird wiederhergestellt, wenn die Erben sich als unfähig erweisen. Dauerhaft bleibt das Geld nur bei dem, der es wirklich auch »verdient«.

Sicherlich spielt bei der Ablehnung der Reichen auch Neid eine Rolle. Neid, so hat der Soziologe Helmut Schoeck in seinem großen Werk *Der Neid. Eine Theorie der Gesellschaft* gezeigt, ist ein universelles Phänomen, das es in allen Ländern der Welt gibt und auch zu allen Zeiten gab. Neid zielt nicht auf Ausgleich durch eigene Besserstellung im Wettbewerb, sondern auf »Gerechtigkeit«, indem der Beneidete schlechter gestellt werden soll. Neid lasse sich, so die These des Soziologen, auch nicht durch Umverteilung bekämpfen. Im Gegenteil. Der aus dem Neid sich nährende Hunger nach Gleichheit werde umso unstillbarer, je näher eine Gesellschaft dem Gleichheitsideal komme.

Wer denen, die gegen »die Reichen« polemisieren, unterstellt, hierbei könne auch Neid mitschwingen, wird allerdings regelmäßig sofort zurechtgewiesen, und es wird eindringlich beteuert, es gehe »keineswegs um eine Neiddebatte«. Natürlich wird der Neider – im Privaten wie auch in der politischen Debatte – den Verdacht, seine Ressentiments könnten von Neid motiviert sein, stets weit von sich weisen. Der Neid ist jedoch, so Schoeck, »eine unumgängliche und tief in der biologischen und existenziellen Situation des Menschen verankerte Verhaltensweise«[275].

Bernd Ziesemer hat in seinem Buch *Die Neidfalle* die These vertreten, dass sich der Neid, damit er nicht als moralisch fragwürdig zu erkennen sei, als berechtigtes Interesse einer größeren Gruppe oder am besten der Allgemeinheit tarnen muss. »Die Forderung nach sozialer Gleichheit ist ein Mittel, um diesen Zweck zu erreichen. So edel sie sich auch anhört und so gut sie von manchen Philanthropen tatsächlich gemeint sein mag, so verbirgt sich dahinter oft doch nichts anderes als ökonomischer Neid.«[276]

Wer seinen Neid auf die Reichen also richtig »verpackt«, nämlich als Forderung nach »sozialer Gerechtigkeit«, darf sich gewiss sein, dass seine

Motive Anerkennung in der Gesellschaft finden und als ehrenwert gelten. Deshalb sind Neider auch so empfindlich, wenn man auf ihr tiefer liegendes Motiv hinweist. Je neidischer ein Mensch ist, desto entschiedener wird er dies bestreiten.

Dass Neid eine Rolle in der verteilungspolitischen Debatte spielt, sieht man beispielsweise daran, dass diejenigen, die für eine extreme Steuerprogression eintreten, meist einräumen, dass die zusätzlichen Einnahmen für den Staat sehr gering ausfallen. Es nützt jedoch nichts, wenn man diese Tatsache, wie häufig geschehen, mit Berechnungen nachweist. Es wird dann dagegen argumentiert, wichtig seien gar nicht die zusätzlichen Steuereinnahmen, sondern entscheidend sei vielmehr die »symbolische Wirkung«. Was ist damit aber anderes gemeint, als dass die Gefühle derjenigen befriedigt werden, die – ohne selbst einen Nutzen davon zu haben – eine gewisse Befriedigung darin finden, wenn man ihnen sagt, dass »den Reichen« noch mehr von ihrem Einkommen oder Vermögen abgenommen werden solle? Auch auf diesen Zusammenhang hat bereits Schoeck hingewiesen.[277]

Selbst das Erklärungsmuster einiger Reicher, ihr großer wirtschaftlicher Erfolg beruhe darauf, dass sie »Glück« gehabt hätten, dient, wie Schoeck gezeigt hat[278], oftmals – vielleicht unbewusst – vor allem dazu, »einen möglichen Neid gegen sich zu neutralisieren«. Denn Menschen gönnen anderen Menschen eher etwas, das diese durch »Glück« erreicht haben, als dass sie bereit wären, anzuerkennen, der andere verfüge über ungleich höhere Fähigkeiten als sie selbst. Es hört sich für die Mitmenschen nun einmal angenehmer, sympathischer, bescheidener und politisch korrekter an, wenn jemand sagt: »Ich habe einfach mehr Glück gehabt als ihr«, als wenn er darauf hinweisen würde, dass er vielleicht über mehr Energie, Kreativität oder Intelligenz verfüge als der Durchschnitt der Menschen.

Robert Lewandowski und Dieter Zetsche

Woran liegt es eigentlich, dass sich der Neid nicht im gleichen Maß gegen Sportler oder Popstars richtet wie gegen Unternehmer oder Spitzenmanager? Oft verdienen beispielsweise Spitzensportler viel mehr als

Unternehmer oder Manager, und dennoch werden sie bewundert und nicht angefeindet. Robert Lewandowski, der 2015 mit seinen sensationellen Toren nicht nur Bayern-Fans verzaubert hat, verdiente ein Jahresgehalt von über 20 Mio. Euro. Soviel bekam kein Vorstand eines DAX-Unternehmens. Dieter Zetsche, Vorstandschef von Daimler, erhielt 14,2 Mio. Euro (2014). Mehr bekam nur Martin Winterkorn von VW -und ob er sein Geld behalten darf, ist nach dem VW-Skandal mehr als fraglich.

Dass viele Menschen eher Lewandowski 20 Mio. gönnen als Zetsche 14 Mio., hat vielleicht auch damit zu tun, dass Menschen bei Sportlern die Leistung, mit der sie ihr Geld verdienen, eher nachvollziehen und beurteilen können als die Leistung eines Top-Managers. Als Lewandowski 2015 im Spiel gegen Wolfsburg fünf Tore in neun Minuten schoss, konnte jeder seine Leistung im Fernsehen bestaunen. In jedem Fall ist es im Sport für jedermann einfacher zu entscheiden, was »gerecht« ist: Gerecht ist, wenn das Gleiche bekommt, wer das Gleiche tut: Wer so gut Fußball spielt wie ein Lewandowski, der wird auch in dieser Einkommenskategorie vergütet.

Gewiss: Die Arbeit eines Top-Managers ist komplexer als die eines Fußballspielers und es ist schwieriger, sie in allen Feinheiten objektiv zu bewerten. Aber im Kern wird, wer das Gleiche tut wie ein Dieter Zetsche, auch in der gleichen Einkommenskategorie vergütet. Leider werden jedoch in Deutschland die Begriffe »Gerechtigkeit« und »Gleichheit« allzu oft verwechselt.

Was mit der oft beschworenen »sozialen Gerechtigkeit« gemeint ist, bleibt unklar. Der Nobelpreisträger der Wirtschaftswissenschaften Friedrich August von Hayek hat einmal bekannt: »Mehr als zehn Jahre lang habe ich mich intensiv damit befasst, den Sinn des Begriffs ›soziale Gerechtigkeit‹ herauszufinden … ich bin zu dem Schluss gelangt, dass für eine Gesellschaft freier Menschen dieses Wort überhaupt keinen Sinn hat.«[279]

Viele Menschen finden die hohen Gehälter, die Manager beziehen, einfach deshalb ungerecht, weil sie nicht verstehen, was der Maßstab für das Gehalt ist. Wäre der Maßstab für das Einkommen eines Menschen, wie sehr er sich bei seiner Arbeit anstrengt, dann dürfte freilich eine Krankenpflegerin in der Tat nicht weniger verdienen als ein Top-Manager. Und es wäre auch nicht einzusehen, warum ein Fußballspieler in der 2. Bundesliga vielleicht nur 130.000 Euro im Jahr verdient, während Philipp Lahm mit 13 Millionen Euro das Hundertfache davon bekommt. Strengt sich Lahm auf dem Fußballplatz 100-mal mehr an als der Spieler in der 2. Bundesliga? Oder sind seine fußballerischen Fähigkeiten einfach sehr viel seltener als die eines Spielers in der 2. Liga?

Friedrich A. von Hayek hat bereits darauf hingewiesen, dass die Einstellung, hohe Einkommen oder Gewinne als unnötig oder sozial unerwünscht zu bewerten, unter anderem auch »aus der Denkweise von Leuten (stammt), die gewöhnt sind, ihre Zeit für ein festes Gehalt oder feste Löhne zu verkaufen, und infolgedessen eine Entlohnung von so und so viel pro Zeiteinheit als das Normale ansehen«.[280] Der Gewinn eines Unternehmers richtet sich jedoch nicht danach, wie viel Stunden er tätig ist. Bei einem Spitzenmanager eines DAX-Konzerns besteht der größte Teil des Gehaltes in der Regel nicht aus einer fest vereinbarten Zahlung, sondern aus variablen Komponenten, die in einem Zusammenhang mit dem geschaffenen Wert stehen.

Die Vergütung richtet sich im Übrigen in keinem Unternehmen auf der Welt in erster Linie danach, wie sehr sich jemand anstrengt, sondern vor allem danach, wie selten seine Fähigkeiten sind, wie schwer er zu ersetzen ist und welche Ergebnisse er für das Unternehmen erzielt. Auch auf dem internationalen Arbeitsmarkt für Spitzenmanager gilt das Spiel von Angebot und Nachfrage und bestimmt das Gehalt des Managers.

Natürlich kann sich der Aufsichtsrat irren und einen Manager einstellen, der das Geld nicht wert war, das man ihm bezahlt hat. Den Schaden tragen in dem Fall die Eigentümer des Unternehmens, nicht die Allgemeinheit. Auch hier ist es ähnlich wie bei einem Fußballspieler, bei dem sich später vielleicht herausstellt, dass die hohe Ablösesumme nicht gerechtfertigt war, weil er die in ihn gesetzten Erwartungen nicht erfüllt. Leidtragender ist der Verein, der zu viel bezahlt hat, nicht jedoch die Allgemeinheit.

Es gibt immer wieder Vorschläge und Forderungen, wonach die maximale Spanne zwischen dem, was beispielsweise der Vorstand eines Unternehmens verdient, und dem, was der am schlechtesten bezahlte Mitarbeiter bekommt, vom Gesetzgeber festgelegt werden sollte. In der Schweiz gab es sogar eine Volksabstimmung zu dieser Forderung, doch die Schweizer waren so klug, sie abzulehnen.

Wenn wir beim Beispiel des Fußballs bleiben, ist sofort ersichtlich, wozu eine Realisierung einer solchen Forderung führen würde. Nehmen wir an, der beste Spieler beim FC Bayern München dürfte nur noch 20-mal so viel bekommen wie der Platzwart. Um wettbewerbsfähig zu bleiben, müsste entweder das Gehalt des Platzwartes so stark angehoben werden, dass es den Verein finanziell in die Knie zwingen würde. Oder aber der Verein könnte künftig nur noch dritt- oder viertklassige Spieler engagieren und damit kein einziges Europapokal-Spiel mehr gewinnen. Ähnlich wäre es, wenn man für ein Unternehmen festlegen würde, der Vorstand dürfe nur noch das 20-Fache des Pförtners verdienen.

Es ist übrigens zu bezweifeln, dass mit der Einführung einer begrenzten Spanne zwischen dem obersten und dem untersten Gehalt dem Gleichheitsstreben Genüge getan wäre. Der Soziologe Helmut Schoeck vermutet: »Die Kleinheit einer solchen Spanne löst nämlich keineswegs das Problem, wie man eine wirklich gerechte Einkommensverteilung zu gestalten hätte. Im Gegenteil: Je kleiner der Spielraum, je näher beisammen alle Einkommen liegen, desto faszinierter und neidischer blicken manche auf die noch vorhandenen Unterschiede.«[281]

Reiche, insbesondere Manager und Unternehmer, sehen sich immer wieder in der Situation, sich für ihren Reichtum rechtfertigen zu müssen. Vielleicht kommt daher die in der Bevölkerung und auch bei den Reichen selbst verbreitete Vorstellung, sie seien in der Pflicht, »der Gesellschaft etwas zurückzugeben«. Untersuchungen im Rahmen der Studie über »Vermögen in Deutschland« haben gezeigt, dass zwei Drittel der Reichen der Ansicht zustimmen: »Vermögende Personen haben eine höhere gesellschaftliche Verantwortung als nicht vermögende Personen und sollten sich daher auch stärker finanziell (z. B. philanthropisch) engagieren.«[282] 52 Prozent der Reichen spenden für soziale Zwecke, 43 Prozent für Krisen- und Katastrophenhilfe.[283] Die Milliardäre Warren Buffett und Bill Gates haben vor einigen Jahren eine Initiative »The Giving

Pledge« (»das Spenden-Versprechen«) gegründet, der sich bislang 100 Superreiche angeschlossen haben, so Oracle-Gründer Larry Ellison, der CNN-Gründer Ted Turner oder Facebook-Gründer Mark Zuckerberg. Sie alle haben sich verpflichtet, mindestens die Hälfte ihres Vermögens zu spenden.

Doch sogar diese Spenden der Reichen werden von manchen kritisiert. Es sei nicht demokratisch, wenn die Reichen entschieden, wo und wie geholfen wird. Nach Meinung der staatsgläubigen Kritiker wäre es viel besser und »gerechter«, wenn der Staat den Reichen einen Großteil ihres Vermögens abnehmen und die Politiker bestimmen würden, wie und an wen es verteilt wird.

Die Spenden der Reichen beantworten in der Tat auch nicht die Frage nach dem Nutzen, den sie für unsere Gesellschaft leisten. Ihr Nutzen liegt nicht in erster Linie in ihren wohltätigen Aktivitäten, sondern darin, dass sie Unternehmen gründen und führen, die der Anker unserer Wirtschaft sind, dass sie Produkte erfinden, die unser Leben bereichern. Die meisten Leser dieses Buches benutzen wahrscheinlich ein Textverarbeitungsprogramm von Microsoft, verwenden Google, wenn sie nach Informationen im Internet suchen, waren auch schon einmal bei Aldi oder Lidl einkaufen oder bei Starbucks einen Kaffee trinken, posten bei Facebook oder haben schon einmal einen »Joghurt mit der Ecke« von Müller Milch gegessen.

Die Menschen, die diese Unternehmen gründeten, waren nicht nur vom Streben nach Geld getrieben. Aber Geld spielte natürlich eine Rolle und war die Belohnung dafür, dass sie unsere Welt durch nützliche Produkte bereichert haben und das wirtschaftliche Risiko eingegangen sind, eine eigene Firma zu gründen.

Die meisten Menschen haben ein zwiespältiges Verhältnis zu den Reichen. Laut einer Befragung unter 5000 Deutschen billigt immerhin jeder Zweite den Reichen zu, durch harte Arbeit reich geworden zu sein.[284] Andererseits sagen 71 Prozent der Deutschen: »Reiche genießen im Leben Vorteile, die ungerechtfertigt sind.«[285] 54 bzw. 52 Prozent der Befragten vermuteten »Ungerechtigkeiten im Wirtschaftssystem« oder »Unehrlichkeit« der Menschen, die reich sind, als Ursache ihres Reichtums.[286]

Insbesondere viele Intellektuelle stehen Reichtum und Kapitalismus skeptisch gegenüber. Schon seit Jahrhunderten gibt es von Intellektuellen ersonnene Utopien einer gleichen Gesellschaft, in der es weder Arme noch Reiche gibt. In fast allen utopischen Entwürfen ist das Privateigentum an Produktionsmitteln abgeschafft und jede Differenzierung zwischen Reich und Arm aufgehoben. Gleichheit ist das oberste Ideal der Utopisten. In dem 1643 erschienenen klassischen utopischen Roman von Tommaso Campanella über den *Sonnenstaat* sind nicht nur die Unterschiede zwischen Arm und Reich eingeebnet, sondern Männer und Frauen tragen sogar die gleiche Kleidung. Und für die »Christianipolitaner« in Johann Valentin Andreaes utopischen Entwurf sind nur zwei Arten von Kleidung vorgesehen: Alle sind nach einem Muster entworfen, unterscheiden sich aber nach Geschlecht und Alter des Trägers. Es gibt sie nur in Weiß oder Aschgrau, »und niemand hat üppig Geschneidertes«. Selbst die Wohngebäude sehen in vielen Utopien einheitlich aus.[287] Auch äußerlich soll es keine Unterschiede zwischen den Menschen mehr geben.

In der marxistischen Utopie gibt es kein Privateigentum an Produktionsmitteln mehr und damit auch keine Reichen. Obwohl die marxistische Utopie heute für manche Menschen wieder attraktiv ist, muss man doch feststellen, dass sie überall und in allen Varianten stets gescheitert ist – in der Sowjetunion ebenso wie in China, in Jugoslawien ebenso wie in Nordkorea, in der DDR ebenso wie in Schweden. Die Utopien einer Gesellschaft ohne Reiche haben in der Wirklichkeit niemals zu mehr Gerechtigkeit und Wohlstand geführt. Wo sie verwirklicht wurden, waren wirtschaftlicher Niedergang und Leid die Folgen.

Abraham Lincoln, von 1861 bis 1865 Präsident der USA, hielt jenen, die die Reichen ablehnen, entgegen:

> »Ihr werdet die Schwachen nicht stärken, indem ihr die Starken schwächt. Ihr werdet den Arbeitern nicht helfen, indem ihr die ruiniert, die sie bezahlen. Ihr werdet keine Brüderlichkeit schaffen, indem ihr Klassenhass schürt. Ihr werdet den Armen nicht helfen, indem ihr die Reichen bekämpft.«

Macht Globalisierung arm?

Auch viele derjenigen, die unser Wirtschaftssystem nicht grundlegend ablehnen, kritisieren dennoch die »soziale Ungerechtigkeit«, die sich darin zeige, dass die Reichen so viel mehr besitzen als die Armen und dass sich die Kluft zwischen Reich und Arm immer mehr verstärke. Globalisierungsgegner machen die »Globalisierung« dafür verantwortlich, dass die Kluft zwischen Reich und Arm in Ländern wie den Vereinigten Staaten tiefer wird. Aber führt die Globalisierung wirklich zu mehr Ungerechtigkeit? Die Vereinten Nationen haben in einer Studie festgestellt, dass die Armut in der Welt in den vergangenen 50 Jahren stärker abgenommen hat als in den 500 Jahren davor.[288]

Ja, es gibt immer noch Hunger und Leid auf der Welt, die keinen Menschen gleichgültig lassen dürfen. Aber der viel geschmähte Kapitalismus und seine Protagonisten – »die Reichen« – sind, anders als oft behauptet, nicht die Ursache von Elend und Leid auf dieser Welt. Die Länder in Afrika, in denen Menschen Hunger leiden müssen, leiden nicht an zu viel, sondern an zu wenig Marktwirtschaft.

Der Kapitalismus insgesamt hat das Leben auf unserem Planeten so sehr verbessert wie es zuvor kein Wirtschaftssystem vermocht hat. 1820 lebten 85 Prozent der Weltbevölkerung von weniger als einem Dollar am Tag, heute sind es nur noch 20 Prozent. Die Bewohner der Entwicklungsländer werden heute durchschnittlich 65 Jahre alt, vor 100 Jahren waren es gerade einmal 30. Und die Lebenserwartung steigt in fast allen Ländern – auch der Dritten Welt – in jedem Jahr um einige Monate. »Der Kapitalismus«, schreibt Jan Fleischhauer, »kann sich zu Recht rühmen, seine Versprechen geradezu beispielhaft einzulösen. Mit dem Sozialismus verhält es sich regelmäßig umgekehrt. Er vermag nicht eines seiner Versprechen zu halten, tatsächlich ist es noch jedes Mal gründlich schiefgegangen, wenn seine Befürworter sich anschickten, die kühnen Ideen in die Tat umzusetzen.«[289]

Doch die Probleme sollten dabei nicht verschwiegen werden: Durch die Globalisierung und den technischen Fortschritt stehen die Arbeiter der westlichen Industrieländer heute viel häufiger im Wettbewerb mit den

Arbeitskräften der Schwellenländer. Das trifft besonders – aber keineswegs nur – für die gering qualifizierten und wenig gebildeten Arbeiter in den entwickelten Ländern zu. Sie sind daher, dies muss man einräumen, die Verlierer der Globalisierung, da ihre Löhne wegen des internationalen Wettbewerbs tendenziell fallen müssen. Ihre Arbeitsplätze verschwinden in manchen Bereichen, weil Menschen in Schwellenländern die Arbeit für einen geringeren Lohn durchführen können.

Doch nicht nur ungelernte Arbeiter sind von der Konkurrenz auf dem internationalen Markt betroffen, sondern zunehmend auch Teile der Mittelschicht in den entwickelten Ländern. Die Globalisierungskritik ist moralisch höchst fragwürdig. Der Wirtschaftsethiker Ulrich Chiwitt meint, diese Kritik sei »in Wahrheit nichts anderes als eine Verteidigungsstrategie jener Mittelschichten in den reichen Industrieländern, die Sorge haben, im Wettbewerb mit den Entwicklungsländern ihr Einkommen nicht mehr halten zu können«.[290]

Die Vertreter der Globalisierungskritik sind vor allem Intellektuelle, die traditionell dem Kapitalismus kritisch gegenüberstehen und für die die »Globalisierung« nur eine von vielen verwerflichen Erscheinungen des Kapitalismus ist. Und es ist ja auch wahr: Die Globalisierung führt in den entwickelten Ländern zu einer zunehmenden Spreizung zwischen Arm und Reich. Es gibt dabei Verlierer (vor allem in den entwickelten Ländern) und Gewinner (vor allem in den aufstrebenden Ländern). Vom Standpunkt eines Arbeitnehmers in Deutschland oder den USA ist es verständlich, wenn er die zunehmende Spreizung zwischen Arm und Reich beklagt. Aber wie ist es, wenn man einen globalen Standpunkt einnimmt? Die Globalisierung und die Transformation der Weltwirtschaft heben in China oder Indien vielleicht drei oder vier Menschen aus der Armut in die Mittelschicht, währenddessen gleichzeitig ein Deutscher oder ein Amerikaner aus der Mittelschicht in die Unterschicht absteigt.

Chrystia Freeland zitiert in ihrem Buch über *Die Superreichen* den Finanzvorstand einer amerikanischen Technologiefirma: »Wir fordern einen höheren Gehaltsscheck als der Rest der Welt. Wer aber ein zehnfach höheres Gehalt will, der muss auch den zehnfachen Wert schaffen. Es klingt hart, aber vielleicht sollten sich die Leute in der Mittelschicht mit einer

Gehaltskürzung abfinden.«[291] Ich denke nicht, dass sich die Menschen damit abfinden sollten. Sie sollten nach sozialem Aufstieg streben, und dieser ist nach wie vor möglich.

Wer heute noch glaubt, er sei mit einem einmal erlernten Beruf auf der »sicheren Seite« und habe ein lebenslanges »Recht« auf Arbeit, der täuscht sich. Die Politik sollte so ehrlich sein und den Menschen ohne Umschweife sagen: »Wer sich nicht weiterbildet und anstrengt, seine Qualifikation anzuheben, der wird sich schwertun, im Zeitalter der Globalisierung seinen Lebensstandard zu halten.«

Sicher, es gibt Aufstiegsbarrieren, gerade in Deutschland. Unser Bildungssystem hat zweifelsohne viele Defizite. Aber auf der anderen Seite gibt es dennoch heute, auch in unserem Land, gleichzeitig auch größere Chancen denn je – für Menschen, die sich anstrengen und ehrgeizig sind. Und es gibt mehr denn je Chancen für Menschen, sich mit ungewöhnlichen Ideen selbstständig zu machen und Unternehmer zu werden.

Viele Klischees, die über Reiche verbreitet sind, beruhen auf Vorurteilen. Die meisten Menschen kennen eben persönlich keine Multimillionäre und erst recht keine Milliardäre. Wie viele Menschen kennen Sie, die mehrere Hundert Millionen oder gar einige Milliarden Euro besitzen?

Die meisten Menschen bilden sich ihre Meinungen aufgrund von Berichten der Medien, in denen die Minderheit derjenigen gezeigt wird, die ungerechtfertigt hohe Millionenabfindungen erhalten, nachdem sie Unternehmen in den Ruin getrieben haben, oder die Steuern in Millionenhöhe hinterziehen. Solche Geschichten stärken das Klischee von den »gierigen Managern« und der Gier der Reichen.

Ich möchte noch einmal den Wirtschaftsethiker Ulrich Chiwitt zitieren: »Die Gier beschränkt sich auch keineswegs auf die Bezieher hoher Einkommen. Wir finden sie überall, beim kleinen Angestellten ebenso wie beim Vorstandschef, beim Arbeitslosen ebenso wie beim Millionär. Nicht jeder, der es im Leben nicht zu Reichtum gebracht hat, ist deswegen frei von Gier, und natürlich ist nicht jeder Wohlhabende automatisch gierig, nur weil er wohlhabend ist.«[292]

Max Weber, einer der bedeutendsten Soziologen der Geschichte, hat den »kapitalistischen Geist« auf die protestantische Ethik zurückgeführt. Geldgier und Maßlosigkeit habe es immer gegeben. »Die Habgier des chinesischen Mandarinen, des altrömischen Aristokraten, des modernen Agrariers hält jeden Vergleich aus«, so Weber.[293] Es seien gerade umgekehrt Fleiß, Mäßigkeit in der Lebensführung (auch in Gelddingen), absolute Verlässlichkeit und Redlichkeit – protestantische Tugenden – zentrale Elemente jener Ethik gewesen, die den »Geist« des Kapitalismus kennzeichne.

Auch wenn man nach den Medienberichten über »raffgierige Manager und Banker« den Eindruck gewinnen könnte, dieser Geist sei gänzlich verloren gegangen, so ist er doch in weiten Teilen der deutschen, aber auch der amerikanischen Vermögenselite erhalten geblieben, wie etwa die Studien zeigen, die im sechsten Kapitel zitiert wurden.

Was machen »die Reichen« eigentlich mit ihrem vielen Geld? Je reicher sie sind, desto höher ist in der Regel der Teil, den sie wieder investieren, beispielsweise in Aktien oder andere Unternehmensbeteiligungen. Und damit stellen sie Kapital bereit, das unsere Wirtschaft braucht. Sie tun das nicht aus altruistischen Zwecken, sondern um ihr Geld gewinnbringend anzulegen. Aber im Ergebnis nutzt dies der Gesellschaft.

George Gilder schreibt in seinem großartigen Buch über *Reichtum und Armut*, die wesentliche Aufgabe der Reichen bestehe darin, »Geld zu investieren – großzügig und unbürokratisch Kapital zur Verfügung zu stellen. Die überwiegende Mehrheit der Reichen tut das auch. Sie verbraucht nur einen kleinen Teil der Einkünfte selbst, der Rest wird in Produktionsstätten gesteckt, die Arbeit und Brot für viele Tausend Beschäftigte geben und die Verbraucher mit den benötigten Gütern versorgen. In erster Linie sind es immer noch die Reichen, die der Wirtschaft frei verfügbares Kapital bereitstellen können«.[294]

Natürlich geben Reiche auch Geld für Luxusgüter aus. Ob man die wirklich alle braucht, darüber lässt sich streiten. Andererseits: Vieles von dem, was wir heute selbstverständlich gebrauchen, war früher Luxus. Bis ins 19. Jahrhundert hinein galt beispielsweise fließendes Wasser im Haus als

Luxus. 1940 hatten 14 Prozent der Arbeiterwohnungen in Westdeutschland keinen Strom, fast ein Viertel keinen Wasseranschluss und 96 Prozent kein Bad. Heute ist all dies in Industrieländern selbstverständlich, und selbst arme Menschen können sich ein Handy oder einen Fernseher leisten.

Ich kann mich noch erinnern, als ein Airbag oder ein Bremssystem wie das ABS, die die Sicherheit der Insassen in einem Auto erhöhen, als Luxus galten. Nur Reiche konnten sich Autos mit Airbag leisten. Heute ist das selbstverständlich, das Autofahren wurde dadurch für alle sicherer. So schafft sogar ein Teil des Luxuskonsums der Reichen einen Nutzen für alle, denn es werden Dinge produziert, die am Anfang zu viel kosten, als dass jeder sie kaufen könnte. Später stehen sie durch die Massenproduktion und den technischen Fortschritt für die Allgemeinheit zur Verfügung.

»Was sich zunächst nur wenige leisten können, wird zum Statussymbol für wirklich Reiche und wirkt dadurch begehrenswert für den Rest der Bevölkerung. Dann werden die einst unerschwinglichen Luxusgüter immer billiger und geraten nun in die Reichweite all jener Mittelschichtsbürger, die bewusst oder unbewusst die Oberschicht nachahmen wollen. Die Reichen brauchen dann neue Statussymbole, denn die alten, längst demokratisierten taugen ja nicht mehr als solche. Der Kreislauf beginnt von Neuem.«[295]

Solche Überlegungen kommen jedoch im öffentlichen Diskurs über die Reichen zu kurz. Nicht selten kann man von Politikern Forderungen nach einer höheren Besteuerung der Reichen hören, die damit begründet werden, »die Besserverdienenden sollten endlich auch mal einen Beitrag leisten«. Tatsache ist, dass sie das längst in überproportionaler Weise tun. In Deutschland zahlen jene 5 Prozent der Bürger, die am besten verdienen, 41,8 Prozent der Einkommensteuer und 10 Prozent der Steuerpflichtigen zahlen 54,4 Prozent der Einkommensteuer. Dagegen tragen 50 Prozent der Steuerpflichtigen nur 7,1 Prozent zur Einkommensteuer bei.[296]

Nimmt man die einkommensschwächsten und die einkommensstärksten 20 Prozent der Bundesbürger, so beträgt bei den schwächsten 20 Prozent der Bevölkerung die Transferleistung (also Hartz IV und andere staatliche Zahlungen) 45,7 Prozent ihres Nettoeinkommens. Bei den stärksten 20 Prozent ist die Bilanz negativ, sie bekommen 17,3 Prozent ihres Einkommens abgezwackt, um damit die Sozialtransfers für die schwächsten 20 Prozent zu finanzieren.[297] Dass sich viele Reiche ärgern, wenn sie dennoch immer wieder pauschal als »gierig« und »unsozial« beschimpft werden, ist allzu verständlich.

»Ich mag die Reichen nicht«

Unsere Gesellschaft ist zu Recht sehr sensibel, wenn es um Vorurteile gegen Minderheiten geht. Der französische Präsident Hollande erklärte: »Ich mag die Reichen nicht.« Stellen Sie sich einmal vor, ein bekannter Politiker würde öffentlich verkünden: »Ich mag – diese oder jene Minderheit – nicht.« Die Aufregung wäre zu Recht groß. »Die Reichen«, »die Manager« oder auch »die Banker« sind vielleicht die einzigen Minderheiten in unserer Gesellschaft, gegenüber denen man seinen Vorurteilen freien Lauf lassen darf und statt Entrüstung dafür begeisterten Beifall in jeder Talkshow erhält.

»Hau ab, reicher Sack«, so titelte die linke französische Tageszeitung *Libération*, als der Chef des weltgrößten Luxuskonzerns LVMH und Multimilliardär, Bernard Arnault, verkündete, er wolle die belgische Staatsbürgerschaft annehmen. So wie er fühlten sich viele Reiche in Frankreich verschmäht und unwillkommen. Die Ankündigung von Hollande, eine 75-prozentige Reichensteuer zu erheben, hatte dazu geführt, dass sich viele reiche Franzosen überlegten, in andere Staaten zu gehen. Einige setzten das in die Tat um, nicht zum Nutzen der Franzosen.

»In den Reichen«, so Georg Gilder, »personifiziert – und karikiert – sich der Kapitalismus. Von ihnen bezieht er seine Impulse, sie sind der Ursprung seiner Kraft – und seine Achillesferse. Für das Wohl der kapitalistischen Gesellschaft ist entscheidend, wie die Reichen beurteilt werden und wie sich selber sehen.«[298]

Dass die Reichen vom Rest der Gesellschaft so wenig verstanden werden, ist jedoch zum Teil auch ihre eigene Schuld, weil sie sich öffentlich meist nicht engagieren, nicht an den Debatten unserer Gesellschaft teilnehmen und es bis heute nicht verstanden haben, einen eigenen Beitrag zu leisten, damit ihr Nutzen und Wert für die Gesellschaft breitere Anerkennung finden. Wenn Reiche vom Selbstzweifel geplagt werden – der sich aus meiner Sicht allein schon in der Formulierung ausdrückt, man »müsse der Gesellschaft etwas zurückgeben« –, dann dürfen sie sich nicht wundern, wenn sie von vielen Menschen in unserer Gesellschaft nicht akzeptiert und verstanden werden.

Die Formulierung, man müsse oder wolle der Gesellschaft »etwas zurückgeben«, kann so verstanden werden, als ob die Reichen der Gesellschaft zuvor etwas »weggenommen« hätten. Dahinter steckt letztlich die simple, aber völlig verkehrte Vorstellung, die Wirtschaft sei ein Nullsummenspiel und die Reichen seien nur deshalb reich, weil die Armen arm seien. Diesen Irrtum drückte schon Bertolt Brecht in seinem bekannten Gedicht aus:

»Armer Mann und reicher Mann,
standen da und sah'n sich an.
Da sagt der Arme bleich:
wär' ich nicht arm, wärst du nicht reich.«

Seit Jahrtausenden gibt es Reiche und Arme. Und es wird sie auch noch in Jahrtausenden geben. Aber heute sind die Möglichkeiten, zu Reichtum zu gelangen, größer denn je. Vor 30 Jahren wären ein Mark Zuckerberg, ein Sergey Brin oder ein Jeff Bezos, die mit Facebook, Google und Amazon in wenigen Jahren Milliardäre geworden sind, undenkbar gewesen. Das Internet und die Globalisierung haben Chancen für junge Menschen aus der ganzen Welt eröffnet.

Natürlich: Nur ganz wenigen Menschen wird es gelingen, so große und mächtige Unternehmen wie die genannten Pioniere aus Amerika aufzubauen. Das ist auch gar nicht nötig. Es gibt so viele Ideen und Möglichkeiten im Kleinen, dass man es kaum glauben kann. Die Autorin Kerstin Gernig hat in ihrem Buch *Werde, was du kannst* 21 Unternehmer vorgestellt, die aus eigener Kraft, als Aussteiger, Umsattler und »Querdenker« traditionelle Berufe vom Bestatter bis zum Parfümeur neu erfunden oder auch ganz neue Berufe geschaffen haben. Ich hätte bei keinem dieser Berufe gedacht, dass man wirklich damit Geld verdienen kann. Und doch haben offenbar viele dieser Ideen funktioniert, und viele davon sind erst durch das Internet möglich geworden.

Die Beispiele von jungen Menschen, die mit einer guten Idee im Internet Millionen machen, werden täglich durch die Medien verbreitet – und inspirieren damit andere Menschen. Während ich dieses Buch schrieb, zeigte mir meine Freundin einen Artikel aus der Frauenzeitschrift *InStyle* über die italienische Modebloggerin Chiara Ferragni. »Die Jurastudentin erkannte früh das Potenzial des Streetstyle-Phänomens – des Internethypes um die Outfits gut gekleideter, weitgehend unbekannter Menschen – und postete in ihrer vorlesungsfreien Zeit an der renommierten Mailänder Bocconi-Universität Bilder ihrer Looks auf ihrem Blog *The Blonde Salad*, den sie 2009 gestartet hatte. Schnell baute sie sich eine treue Anhängerschar, im Internetjargon Follower genannt, auf. Auch immer mehr große Modehäuser wie Louis Vuitton, Dior und Chanel wurden auf die Bella Bionda aufmerksam, luden sie zu Fashion Shows ein, statteten sie dafür aus und kooperierten mit ihr.« Heute hat sie drei Millionen Fans auf Instagram und laut dem Branchenmagazin *Women's Wear Daily* einen Jahresumsatz von 6 Millionen Euro. 30 Prozent davon nimmt Chiara Ferragni mit ihrem Blog, Werbeanzeigen und Kooperationen mit Modemarken ein, 70 Prozent mit ihrer eigenen Schuhlinie, die sie 2013 lancierte. Heute sind 30 Angestellte für sie tätig, alles Leute unter 30 Jahren.[299] Solche Erfolgsgeschichten, die Tausende andere junge Frauen inspirieren, sind erst durch das Internet möglich geworden.

Im Silicon Valley in Kalifornien ist ein kreatives Zentrum entstanden, in dem sich Erfinder, junge Gründer, Wagniskapitalgeber und Professoren aus Stanford und Berkeley treffen. Und im Kleinen wächst in Berlin, der Stadt, in der ich nun seit fast drei Jahrzehnten lebe, eine Gründerszene heran, verbinden sich auch hier Wagniskapitalgeber und junge Menschen mit tollen Ideen. Einige wenige von diesen Berliner Internet-Pionieren haben schon mehrere Hundert Millionen Euro verdient, so etwa die Gründer und Geldgeber von Zalando und Rocket Internet.[300] Von vielen dieser Unternehmen weiß man nicht, ob sie es wirklich dauerhaft schaffen werden. Aber das ist auch nicht entscheidend. Entscheidend sind der Gründergeist und die Begeisterung, mit der junge Menschen Unternehmen gründen.

Neben der Neugier, Neues zu erfinden, ist natürlich auch das Streben nach wirtschaftlichem Erfolg und persönlichem Reichtum eine wichtige Triebfeder ihres Handelns. Denn am Ende zeigt nur der wirtschaftliche Erfolg oder Misserfolg, ob eine Idee und ein Firmenkonzept richtig oder falsch waren. Wer aber entscheidet über wirtschaftlichen Erfolg oder Misserfolg – und damit auch darüber, ob ein Unternehmer reich wird oder scheitert? Es entscheidet allein der Konsument, also wir alle. Um es ganz einfach zu sagen: Ob ein Unternehmen wie Zalando dauerhaft Erfolg haben oder scheitern wird, entscheiden die Frauen, die dort ihre Schuhe oder Kleider bestellen – oder auch wieder zurückschicken.

»Die Macht des Unternehmers«, so der liberale Denker Hans F. Sennholz, »leitet sich von der souveränen Macht der Verbraucher her. Die Unterstützung erwächst ihm nicht aus überkommenen Vorrechten, Bräuchen und Traditionen, sondern ausschließlich aus seiner Fähigkeit, dem einzigen souveränen Herrscher der kapitalistischen Wirtschaft, dem Verbraucher, zu dienen. Wie gewaltig auch immer sein Reichtum und seine Macht erscheinen mögen, der Unternehmer muss auf die Launen und Wünsche der Käufer eingehen. Versäumt er das, geht er unter.«[301]

Danksagung

Ganz herzlich danken möchte ich zahlreichen Personen, die das Manuskript kritisch gelesen haben. Am wertvollsten sind mir stets die Hinweise von Dr. Thomas Löffelholz, dem ehemaligen Chefredakteur und Herausgeber der Tageszeitung *Die Welt*. Wen sonst kann man sich als kompetenten und kritischen Leser wünschen als seinen ehemaligen Chef, der übrigens Träger zahlreicher renommierter Journalistenpreise wie dem Theodor-Wolff-Preis, dem Karl-Bräuer-Preis, dem Ludwig-Erhard-Preis und dem Franz-Karl-Maier-Preis ist?

Gelesen haben das Buch auch folgende Personen, denen ich herzlich für ihre Hinweise danke: Professor Dr. Gerd Habermann, Vorsitzender der Hayek-Stiftung, Professor Dr. Alexander Gallus, die Sozialwissenschaftlerin Dr. Melanie Böwing-Schmalenbrock, Jürgen Raeke, Geschäftsführer des von der Heydt Family Office, Jürgen Michael Schick, Geschäftsführer des Unternehmens Michael Schick Immobilien und Vizepräsident des Immobilienverbandes Deutschland IVD, Alexander Betz, Vorstand von eFonds Solutions und nowcast Lightning Detected, Hans-Joachim Beck, Vorsitzender Richter am Finanzgericht Berlin-Brandenburg a. D. und Leiter der Steuerabteilung des IVD, Notar Detlef Müller, Thomas Richter, Hauptgeschäftsführer des Bundesverbands Investment und Asset-Management (BVI), Goesta Ritschewald, Geschäftsführer von DSR Deutsche Investment Kapitalanlagegesellschaft, sowie meine Mitarbeiter Dr. Wilhelm Mirow und Claudius Schmidt.

Danken möchte ich auch meiner Mitarbeiterin Katharina Loke sowie Ralf Eckschmidt, der Korrektur gelesen hat, und meinem Mitarbeiter Andreas Selk, der bei der Recherche geholfen hat. Meine Freundin Thu Trang Tran war die Erste, die das Buch gelesen hat, das ich in großen Teilen während unseres Urlaubes in Florida und New York verfasst habe. Auch ihr danke ich herzlich für alles.

Schließlich möchte ich mich bei Georg Hodolitsch, Programmleiter des FinanzBuch Verlags, bedanken. Ich hatte erfreulicherweise Angebote zahlreicher renommierter Verlage zur Veröffentlichung dieses Buches und möchte mich auch bei diesen Verlagen für ihr Engagement und für ihre Ermutigung bedanken. Für den FinanzBuch Verlag habe ich mich entschieden, weil ich die Unkompliziertheit, Zuverlässigkeit, Schnelligkeit und Marketingkraft dieses Verlags besonders schätze.

Literaturverzeichnis

Adam, Sascha; Otto, Kim, *Schön reich. Steuern zahlen die anderen. Wie eine ungerechte Politik den Vermögenden das Leben versüßt*, München 2009.

Arnold, Glen, *Die größten Investoren aller Zeiten. Investieren lernen mit Warren Buffett, George Soros, Peter Lynch und Benjamin Graham*, Kulmbach 2012.

Baader, Roland (Hrsg.), *Wider die Wohlstandsdiktatur. Zehn liberale Stimmen*, Gräfelfing 1995.

Baader, Roland, *Geldsozialismus. Die wirklichen Ursachen der neuen globalen Depression*, Gräfelfing 2010.

Bagus, Philipp, *Die Tragödie des Euro. Ein System zerstört sich selbst*, München 2011.

Beck, Hanno, *Behavioral Economics. Eine Einführung*, Wiesbaden 2014.

Bernholz, Peter, *Monetary Regimes and Inflation – History, Economics and Political Relationships*, Cheltenham 2006.

Betz, Norbert; Kirstein, Ulrich, *Börsenpsychologie*, München 2012.

Böwing-Schmalenbrock, Melanie, *Wege zum Reichtum. Die Bedeutung von Erbschaften, Erwerbstätigkeit und Persönlichkeit für die Entstehung von Reichtum*, Wiesbaden 2012.

Bookstaber, Richard, *Teufelskreis der Finanzmärkte. Märkte, Hedgefonds und die Risiken von Finanzinnovationen*, Kulmbach 2008.

Braun, Michael, *Wenn Geld stirbt. Die Ursachen, die Folgen, die Überlebensstrategien*, München 2013.

Buffett, Mary; Clark, David, *Das Tao des Warren Buffett. Lassen Sie sich von den Weisheiten der Börsenlegende leiten und feiern auch Sie Anlageerfolge!*, Kulmbach 2008.

Buffett, Mary; Clark, David, *Die Macht der Ehrlichkeit. Warren Buffets Management-Kompass*, Berlin 2011.

Capgemini/RBC Wealth Management, *World Wealth Report 2014*.

Chanel, Coco, *Die Kunst, Chanel zu sein. Coco Chanel erzählt ihr Leben*. Aufgezeichnet von Paul Morand, München 2010.

Chernow, Ron, *John D. Rockefeller. Die Karriere des Wirtschaftstitanen*, Rosenheim 2000.

Chiwitt, Ulrich, *Kapitalismus. Eine Liebeserklärung. Warum die Marktwirtschaft uns allen nützt*, Weinheim 2012.

Citi Investor Sales, *2014/15 Annual Hedge Fund Operating Metrics Survey. Focus on Margins, Profitability and Valuations*, o.O., 2015.

Colvin, Geoff, *Talent wird überschätzt. Welche Erfolgsfaktoren wirklich zählen*, München 2008.

Corley, Thomas, *Rich Habits. The Daily Success Habits of Wealthy Individuals*, Minneapolis 2010.

Cunningham, Lawrence A., *The Essays of Warren Buffett: Lessons for Corporate America*. Selected, arranged and introduced by Lawrene A. Cunningham, o.O. 2008.

Deutsches Institut für Wirtschaftsforschung (DIW), *Renditen von Immobilieninvestitionen für private Anleger. Studie im Auftrag von der Wertgrund AG*, Berlin 2014.

Druyen, Thomas; Lauterbach, Wolfgang; Grundmann, Matthias, *Reichtum und Vermögen. Zur gesellschaftlichen Bedeutung der Reichtums- und Vermögensforschung*, Wiesbaden 2009.

Dürr, Stephan, *Ursachen und Auswirkungen des Home Bias bei der Portfolioentscheidung*, Norderstedt 2007.

Duhigg, Charles, *Die Macht der Gewohnheit. Warum wir tun was wir tun*, München 2013.

Ederer, Günter, *Träum weiter, Deutschland! Politisch korrekt gegen die Wand*, München 2011.

Erker, Harv T., *Secrets of the Millionaire Mind. Mastering the Inner Game of Wealth*, New York 2005.

Ernst & Young, *Vertrauen zahlt sich aus. Eine Studie über das Vertrauen in Geschäftsbeziehungen von mittelständischen Unternehmen in der Schweiz*, Zürich 2008.

Faltin, Günter, *Kopf schlägt Kapital. Die ganz andere Art, ein Unternehmen zu gründen. Von der Lust ein Entrepreneur zu sein*, München 2012.

Feri, 27. *Feri Herbsttagung: Globaler Aufschwung: Wie stabil sind die Säulen der Weltwirtschaft*, Frankfurt/M. 2014.

Fleckenstein, William A.; Sheehan, Frederick, *Greenspan's Bubbels, The Age of Ignorance at the Federal Reserve*, New York u. a. 2008.

Fleischhauer, Jan, *Unter Linken. Von einem, der aus Versehen konservativ wurde*, Reinbek bei Hamburg 2009.

Flossbach, Bert; Vorndran, Philipp, *Die Schuldenlawine. Eine Gefahr für unsere Demokratie, unseren Wohlstand und Ihr Vermögen*, München 2012.

Folsom, Burton W., *Empire Builders. How Michigan Entrepreneurs Helped Make America Great*, Michigan 1998.

Forbes Special Edition 2014, *The Forbes 400. The Definitive Ranking of the Richest People in America.*

Fox, Justin, *The Myth of the Rational Market. A History of Risk, Reward, and Delusion on Wallstreet*, New York 2009.

Frank, Robert, *Richistan. Eine Reise durch die Welt der Megareichen*, Frankfurt/M. 2009.

Freeland, Chrystia, *Die Superreichen. Aufstieg und Herrschaft einer neuen Geldelite*, Frankfurt/M. 2013.

Fridson, Martin S., *Milliardäre und ihre Erfolgsgeschichten. Die Strategien der 14 Superreichen*, Rosenheim 2001.

Friedman, Milton, *Kapitalismus und Freiheit*, München/Zürich 2004.

Fritsch, Michael, Kritikos, Alexander S., Sorgner, Alina, Verdienen Selbstständige tatsächlich weniger als Angestellte?, in: *DIW Wochenbericht Nr. 7*/2015, S. 134–141.

Gilder, Georg, *Reichtum und Armut*, Berlin 1981.

Gernig, Kerstin, *Werde, was du kannst! Wie man ein ungewöhnlicher Unternehmer wird*, Hamburg 2014.

Gigernzer, Gerd, *Risiko. Wie man die richtigen Entscheidungen trifft*, München 2013.

Glassman, James K.; Hassett, Kevin A., *Dow Jones 36.000 – warum die Aktien weiter steigen*, München 2000.

Glatzer, Wolfgang; Nüchter, Oliver; Beck, Jens; Bieräugel, Roland; Hallein-Benze, Geraldine; Schmid, Alfons, *Reichtum im Urteil der Bevölkerung. Legitimationsprobleme und Spannungspotentiale in Deutschland*, Opladen/Farmington Hills 2009.

Gloger, Axel, *Millionäre. Vom Traum zur Wirklichkeit. Geschichten von denen, die es geschafft haben*, Wien/Frankfurt/M. 1997.

Grandt, Michael, *Der Staatsbankrott kommt! Hintergründe, die man kennen muss*, Rottenburg 2010.

Gregg, Samuel, *Becoming Europe. Economic Decline, Culture, and How America Can Avoid a European Future*, New York/London 2013.

Grimnitz, Stefanie, *Der »Home Bias« internationaler Investoren. Eine Untersuchung von Aktienportfolios*, Hamburg 2012.

Güdel, Horst; Lemke, Norman, *Private Equity für Privatanleger. Vermögensaufbau mit Unternehmensbeteiligungen*, München 2011.

Habermann, Gerd, *Freiheit oder Knechtschaft? Ein Handlexikon für liberale Streiter*, München 2011.

Hagstrom, Robert G., *Buffett, Newton, Darwin. Wieso Anleger von Physik, Biologie & Co. profitieren*, Kulmbach 2014.

Hakim, Catherine, *Erotisches Kapital. Das Geheimnis erfolgreicher Menschen*, Frankfurt/M./New York 2011.

Hank, Rainer, *Der amerikanische Virus. Wie verhindern wir den nächsten Crash?*, München 2009.

Hayek, Friedrich A. von, *Die Verfassung der Freiheit*, Tübingen 1991.

Hecher, Claus, *Anlegen wie die Profis mit ETFs*, München 2013.

Hill, Napoleon, *Denke nach und werde reich. Die 13 Gesetze des Erfolgs*, München 2009.

Hiller von Gaertringen, Christian, *Der schöne Schein. Warum Geld doch nicht schmutzig ist*, Frankfurt/M. 2011.

Horstmann, Ulrich, *Die Währungsreform kommt! Über Versuche der Politiker, den Euro zu retten, fehlgeleitete Finanzmärkte und wie Sie Ihr Vermögen trotzdem sichern*, München 2011.

Horstmann, Ulrich, *Alles, was Sie über »Das Kapital im 21. Jahrhundert« von Thomas Piketty wissen müssen*, München 2014.

Huchzermeier, Dennis, *Home Bias bei privaten und institutionellen Investoren. Eine empirische Studie*, Hamburg 2007.

Jünemann, Bernhard; Schellenberger, Dirk (Hrsg.), *Psychologie für Börsenprofis. Die Macht der Gefühle bei der Geldanlage*, Stuttgart 1997.

Just, Tobias, *Demografie und Immobilien*, München 2009.

Just, Tobias; Uttich, Steffen, *Es sind nicht nur Gebäude. Was Anleger über Immobilienmärkte wissen müssen*, Frankfurt/M. 2015.

Kaczmarek, Joel, *Die Paten des Internets. Zalando, Jamba, Groupon – wie die Samwer-Brüder das größte Internet-Imperium der Welt aufbauen*, München 2014.

Kapferer, Jean-Noel; Bastien, Vincent, *The Luxury Strategy. Break the Rules of Marketing to build Luxury Brands*, London u. a. 2014.

Kaputa, Catherine, *Die Kunst der Selbstvermarktung*, Berlin 2011.

Keppler, Michael, Risiko ist nicht gleich Volatilität, in: *Die Bank. Zeitschrift für Bankpolitik und Bankpraxis*, 11/1990, S. 610–614.

Kiyosaki, Robert T.; Lechter, Sharon L., *Forever rich. Ihr direkter Weg zu Reichtum und Unabhängigkeit*, München 1999.

Knight Frank Research, *The Wealth Report 2013*.

Knight Frank Research, *The Wealth Report 2014*.

Köhler, Wolfgang, *Wall Street in Panik*, Murnau 2008.

Kommer, Gerd, *Herleitung und Umsetzung eines passiven Investmentansatzes für Privatanleger in Deutschland. Langfristig anlegen auf wissenschaftlicher Basis* (Diss. Erfurt 2011), Frankfurt/M./New York 2012.

Krauss, Reinhard; Groß, Rudi, *Wer verdient wie viel?*, Renningen 2010.

Krysmanski, Hans-Jürgen, *0,1 Prozent. Das Imperium der Milliardäre*, Frankfurt/M. 2012.

Lauterbach, Wolfgang; Druyen, Thomas; Grundmann, Matthias (Hrsg.), *Vermögen in Deutschland. Heterogenität und Verantwortung*, Wiesbaden 2011.

Lauterbach, Wolfgang; Tarvenkorn, Alexander, Homogenität und Heterogenität von Reichen im Vergleich zur gesellschaftlichen Mitte, in: Lauterbach u. a., *Vermögen in Deutschland*, a.a.O., S. 57–94.

Lauterbach, Wolfgang; Hartmann, Michael; Ströing, Miriam (Hrsg.), *Reichtum, Philanthropie und Zivilgesellschaft*, Wiesbaden 2014.

Lauterbach, Wolfgang, Reiche Parallelwelten? Soziale Mobilität in Deutschland bei Wohlhabenden und Reichen, in: Lauterbach u. a., *Reichtum, Philanthropie und Zivilgesellschaft*, a.a.O., S. 77–98.

Leuschel, Roland; Vogt, Claus, *Das Greenspan Dossier. Wie die US-Notenbank das Weltwährungssystem gefährdet. Oder: Inflation um jeden Preis*, München 2004.

Lewis, Michael, *The Big Short. Inside the Doomsday Machine*, New York/London 2010.

Lewis, Michael, *Boomerang. Europas harte Landung*, Frankfurt/M./New York 2011.

Lynch, Peter, *Der Börse einen Schritt voraus. Wie auch Sie mit Aktien verdienen können*, Kulmbach 1997.

Maier, Michael, *Die Plünderung der Welt. Wie die Finanz-Eliten unsere Enteignung planen*, München 2014.

McClellan, Stephen T., *Im Zweifelsfall: Kaufen!*, Kulmbach 2009.

Mehlkop, Guido, *Kriminalität als rationale Wahlhandlung*, Wiesbaden 2011.

Merath, Stefan, *Der Weg zum erfolgreichen Unternehmer*, Offenbach 2008.

Müller, Dirk, *Crashkurs: Weltwirtschaftskrise oder Jahrhundertchance? Wie Sie das Beste aus Ihrem Geld machen*, München 2009.

Müller, Henrik, *Sprengsatz Inflation. Können wir dem Staat noch vertrauen?*, Frankfurt/M./New York 2010.

Murphy, Joseph, *Die Macht Ihres Unterbewusstseins. Das Buch der inneren und äußeren Entfaltung*, Kreuzlingen/München 1999.

Niquet, Bernd, *Der Crash der Theorien. Eine neue Sichtweise von Wirtschaft und Börse*, Kulmbach 1997.

Niquet, Bernd, *Das Ende des Kapitalmangels. Ein Leitfaden für die Börseneinführung junger und innovativer Unternehmen*, Kulmbach 1997.

Niquet, Bernd, *Die Generation X am Neuen Markt. Eine einzigartige Börsengeschichte*, Kulmbach 1998.

Niquet, Bernd, *Keine Angst vorm nächsten Crash. Warum Aktien als Langfristanlage unschlagbar sind*, Frankfurt/M./New York 1999.

Niquet, Bernd, *Wie ich erfolgreich die Finanzkrise verdrängte. Eine Collage*, Leipzig 2010.

Polleit, Thorsten, *Der Fluch des Papiergeldes*, München 2011.

Polleit, Thorsten; Prollius, Michael von, *Geldreform. Vom schlechten Staatsgeld zum guten Marktgeld*, Grevenbroich 2010.

Prechter, Robert R., *Besiege den Crash! Wie man eine Deflationskrise übersteht und dabei sogar gewinnt*, Kulmbach 2007.

Raeke, Jürgen; Schramm, Michael, *Optimal investieren mit geschlossenen Fonds*, München 2005.

Rickens, Christian, *Ganz oben. Wie Deutschlands Millionäre wirklich leben*, Köln 2012.

Robbins, Tony, *Money. Master the Game. 7 Simple Steps to Financial Freedom*, New York u. a. 2014.

Rogers, Jim, *Die Wall Street ist auch nur eine Straße. Lektionen eines Investment-Rebellen*, München 2013.

Rothchild, John, *Ein Narr und sein Geld. Die Odyssee eines Kleinanlegers*, Kulmbach 1998.

Salden, George, *Die Dynamische Methode. Erfolgreich in Immobilien investieren durch perfektes Timing und ganzheitliche Betrachtung*, Freiburg/München 2014.

Sauren, Eckhard, *Die Zinsfalle. Die neue Bedrohung für konservative Anleger. Gefahren für das Portfolio erkennen und vermeiden*, München 2015.

Schäfer, Bodo, *Der Weg zur finanziellen Freiheit. In sieben Jahren die erste Million*, Frankfurt/M./New York 1998.

Schmitt-Rodermund, Eva, Wer wird Unternehmer? Persönlichkeit, Erziehungsstil sowie frühe Interessen und Fähigkeiten als Vorläufer für unternehmerische Aktivität im Erwachsenenalter, in: *Wirtschaftspsychologie* 2/2005, S. 7–23.

Schoeck, Helmut, *Der Neid. Eine Theorie der Gesellschaft*, Freiburg/München 1966.

Schoeck, Helmut, *Das Recht auf Ungleichheit*, Frankfurt/M. 1988.

Schroeder, Alice, *Warren Buffett – Das Leben ist wie ein Schneeball*, München 2010.

Schwarze, Norman, *Investieren in Gold*, München 2011.

Schwarzenegger, Arnold, *Total Recall. Die wahre Geschichte meines Lebens*, Hamburg 2012.

Sehity, Tarek el; Schor-Tschudnowskaja, Anna, Vermögende in Deutschland. Die Perspektiven der Vermögenskulturforschung, in: Lauterbach u. a., *Vermögen in Deutschland*, a.a.O., S. 143–202.

Sennholz, Hans F., Über den Abbau von Armut und Ungleichheit, in: Baader, *Wider die Wohlstandsdiktatur*, a.a.O., S. 121–133.

Shiller, Robert, *Irrationaler Überschwang. Warum eine lange Baisse an der Börse unvermeidlich ist*, Frankfurt/M./New York 2000.

Skopek, Nora, Vermögen in Europa, in: Lauterbach u. a., *Reichtum, Philanthropie und Zivilgesellschaft*, a.a.O., S. 47–76.

Sommer, Rainer, *Die Subprime-Krise. Wie einige faule US-Kredite das internationale Finanzsystem erschüttern*, Hannover 2008.

Spannagel, Dorothee, *Reichtum in Deutschland. Empirische Analysen*, Wiesbaden 2013.

Stanley, Thomas J.; Danko, William D., *The Millionaire Next Door*, Atlanta 1996.

Stanley, Thomas J., *The Millionaire Mind*, London u. a. 2001.

Stanley, Thomas J., *Stop Acting Rich. And Start Living Like a Real Millionaire*, New Jersey 2009.

Staud, Wieland, *Making Money. 51 Irrtümer, die Sie vermeiden sollten*, München 2011.

Staute, Jörg, *Börsenfieber*, Frankfurt/M./New York 1998.

Ströing, Miriam; Kramer, Melanie, Reichtum und die Übernahme gesellschaftlicher Verantwortung, in: Lauterbach u. a., *Vermögen in Deutschland*, a.a.O., S. 95–142.

Swensen, David J., *Erfolgreich investieren. Strategien für Privatanleger*, Hamburg 2006.

Taylor, Frederick, *Inflation. Der Untergang des Geldes in der Weimarer Republik und die Geburt eines deutschen Traumas*, München 2013.

Taleb, Nassim Nicholas, *Der Schwarze Schwan. Die Macht höchst unwahrscheinlicher Ereignisse*, München 2008.

Templeton, Sir John, *Die Templeton Strategie. 21 Schritte für ein besseres Leben*. Aufgeschrieben von James Ellison, Kulmbach 2008.

Trump, Donald; Kiyosaki, Robert T., *Midas Touch. Why Some Entrepreneurs Get Rich – and Why Most Don't*, Scottsdale, Arizona 2011.

Velten, Robert, Die Soziologie der antiken Reichtumsphilosophie, in: Druyen u. a., *Reichtum und Vermögen*, a.a.O., S. 242–254.

Voegeli, William, *Amerikas Abschied vom Kapitalismus*, Berlin 2011.

Weber, Max, Die protestantische Ethik und der »Geist« des Kapitalismus, in ders., *Die protestantische Ethik, Eine Aufsatzsammlung*, 1. Bd., Gütersloh 2000.

Weimann, Joachim; Knabe, Andreas; Schöb, Ronnie, *Geld macht doch glücklich. Wo die ökonomische Glücksforschung irrt*, Stuttgart 2012.

Westermeier, Christian, Grabka, Markus M., Große statistische Unsicherheit beim Anteil der Top-Vermögenden in Deutschland, in: *DIW Wochenbericht* 7/2015, S. 123–133.

Wüllenweber, Walter, *Die Asozialen. Wie die Ober- und Unterschicht unser Land ruinieren – und wer davon profitiert*, München 2012.

Zeyer, René, *Armut ist Diebstahl. Warum die Armen uns ruinieren*, Frankfurt/M./New York 2013.

Ziesemer, Bernd, *Die Neidfalle. Wie Missgunst unsere Wirtschaft lähmt*, Frankfurt/M./New York 1999.

Zitelmann, Rainer, Träume vom neuen Menschen, in: Richard Saage (Hrsg.), *Hat die politische Utopie eine Zukunft?*, Darmstadt 1992, S. 27–33.

Zitelmann, Rainer, *Vermögen bilden mit Immobilien*, Freiburg u. a. 2008.

Zitelmann, Rainer (Hrsg.), *Investieren in Sachwerte*, Berlin 2011.

Zitelmann, Rainer, *Setze dir größere Ziele! Die Geheimnisse erfolgreicher Persönlichkeiten*, München 2014.

Zuckermann, Gregory, *The Greatest Trade Ever. How John Paulson Bet Against the Markets and Made $ 20 Billion*, London/New York 2009.

Anmerkungen

1 *Handelsblatt.com,* 26.1.2012, »Vom Millionen-Star zum Pleitegeier.«

2 *Focus Online,* 28.1. 2014, »Toni Braxton schuldenfrei: Toni Braxton kauft sich Luxus-Anwesen.«

3 *Handelsblatt.com,* 26.1.2012, »Vom Millionen-Star zum Pleitegeier.« Sowie *Stern,* 12.11.2014, »Wenn Promis pleite gehen.«

4 Vgl. *Stern* 12. 11. 2014, »Wenn Promis pleite gehen«, *Welt-online* 6. 7. 2014, »Warum Prominente so oft pleite gehen«, *Spiegel-online,* 30. 6. 2014, »Haftbefehl gegen Roberto Blanco«, *Handelsblatt.com,* 26. 1. 2012, »Vom Millionen-Star zum Pleitegeier«, *Das Investment.com,* 25. 6. 2009, »Deutsche Pleite-Promis. Wie Schauspieler, Entertainer und Sänger ihr Geld verloren.«

5 Staud, S. 9.

6 *Handelsblatt.com,* 26.1.2012, »Vom Millionen-Star zum Pleitegeier.«

7 *Das Investment.com,* 25.6.2009, »Deutsche Pleite-Promis. Wie Schauspieler, Entertainer und Sänger ihr Geld verloren.«

8 *Die Welt,* 6.7.2014, »Warum Prominente so oft pleite gehen.« Weitere Beispiele vgl. »Ex-Fußballprofis in Nöten. Gefallene Helden«, in: *FAZ,* 27.12.2014.

9 *Augsburger Allgemeine,* 25. 11. 2011, »Rentner Werner Lorant und sein Leben auf dem Campingplatz.«

10 Die nachfolgenden Fakten sind einem Bericht der *Welt* vom 4.12.2013 entnommen: »Lotto-Millionär stirbt einsam und arm im Hospiz.«

11 Die nachfolgenden Fakten sind einem Bericht der *Berliner Zeitung* vom 13.3.2013 entnommen: »Verzockt, verprasst, verteilt.«

12 Die nachfolgenden Fakten sind einem Bericht der *Welt* vom 4.6.2005 entnommen: »Lottomillionär wegen Diebstahlserie vor Gericht.«

13 Die nachfolgenden Fakten sind einem Interview in der Zeitung *Krone* vom 19.5.2012 entnommen.

14 Zitiert nach: Buffett/Clark, Das Tao, S. 146.

15 Zitiert nach: Velten, S. 245.

16 Nikolaus Westerhoff, »Erst teilen, dann keilen«, *Süddeutsche Zeitung,* 17.5.2010.

17 Ebenda.

18 Bei den folgenden Angaben wurden die prozentualen Ergebnisse nach dem Komma auf- bzw. abgerundet.

19 Spannagel, S. 242 f.

20 Ebenda, S. 206.

21 Ebenda, S. 210.

22 Wüllenweber, S. 93.

23 Weimann u.a., S. 14.

24 Ebenda, S. 114.

25 Ebenda, S. 123.

26 Ebenda, S. 114.

27 Chanel, S. 46.

28 Ebenda.

29 Stanley, Stop Acting Rich, S. 224 f.

30 Böwing-Schmalenbrock, S. 25.

31 Capgemini/RBC Wealth Management, 2014 World Wealth Report.

32 Zahl der Millionäre nach Capgemini/RBC Wealth Management, 2014 World Wealth Report, S. 7. Verwirrung entsteht manchmal, weil in den Wealth-Reports von 1,1 Millionen Millionären in Deutschland die Rede ist, ansonsten aber die Zahl von etwa 800.000 genannt wird. Im ersten Fall handelt es sich um Dollar-Millionäre (weil die internationalen Reports alle Zahlen zur besseren Vergleichbarkeit in Dollar angeben), im zweiten Fall um Euro-Millionäre.

33 Knight Frank Research, The Wealth Report 2014, S. 17.

34 Ebenda, S. 19.

35 Statista 2014.

36 Böwing-Schmalenbrock, S. 139.

37 Ebenda, S. 45. Mit »stabil« ist hier gemeint, dass das Vermögen eines Haushalts Einkünfte einbringt, die doppelt so hoch sind wie bei einer Person, die ein Jahreseinkommen im »Wohlstand« hat bzw. viermal so viel wie das durchschnittliche Nettoeinkommen. Die Autorin nimmt eine Verzinsung des Privatvermögens in Höhe von 4,5 Prozent an und kommt somit auf ein Vermögen von mindestens 2.414.222 Euro, das notwendig ist, um ein Jahresnettoeinkommen von 108.640 Euro zu erzielen. Die 4,5 Prozent Verzinsung stammen nach Angaben der Autorin aus einer anderen Studie (aus dem Jahr 2001), die sich wiederum ohne Quellenangabe auf Einschätzungen der Deutschen Bundesbank beziehe. Vermutlich kommt die nicht belegte Zahl also aus den 1990er-Jahren. Schon damals war das nicht realistisch, heute ist eine Nettoverzinsung von 4,5 Prozent für die meisten Anleger unrealistisch. Denn vor Abgeltungssteuer müsste man dafür ja eine Verzinsung von 6 Prozent erzielen, was nur möglich ist, wenn jemand entweder überdurchschnittliche Risiken eingeht oder über ein weit überdurchschnittliches Finanz-Know-how verfügt. Das gilt vor allem dann, wenn die Erträge so stabil sein sollen, dass man davon seine regelmäßigen Ausgaben bestreitet.

38 Ebenda, S. 187.

39 Ebenda, S. 199.

40 Lauterbach, Reiche Parallelwelten?, S. 94.

41 Ebenda, S. 91 f.

42 Böwing-Schmalenbrock, S. 203.

43 Ebenda, S. 233.

44 Ebenda, S. 230.

45 Lauterbach, Reiche Parallelwelten?, S. 92.

46 Ebenda, S. 93.

47 Böwing-Schmalenbrock, S. 219.

48 Ebenda, S. 220.

49 Ebenda, S. 223.

50 Dass der Anteil der Hochschulabsolventen so niedrig ist, liegt an der hier untersuchten Altersgruppe. Die Zahl der Abiturienten und Studenten nahm erst in den 1970er-Jahren merklich zu. Das Durchschnittsalter der Befragten für diese Studie lag jedoch bei 55,7 Jahren: Böwing-Schmalenbrock, S. 212.

51 Ebenda, S. 209.
52 Ebenda, S. 182.
53 Freeland, S. 60.
54 Vgl. ebenda, S. 60 f.
55 *Forbes*, Special Edition 2014, The Forbes 400, S. 134 f.
56 Zitiert nach Freeland, S. 218.
57 Ebenda, S. 234.
58 Ebenda, S. 237.
59 Ebenda, S. 239.
60 Böwing-Schmalenbrock, S. 174.
61 Stanley, Millionaire Mind, S. 83.
62 Ebenda, S. 31.
63 Böwing-Schmalenbrock, S. 214.
64 Ebenda, S. 230.
65 Vgl. www.towerswatson.de, Pressemitteilung vom 15. Mai 2014.
66 Statista 2014, Verteilung der Einkommensteuerpflichtigen 2010.
67 Bürgel, Wirtschaftsinformationen, 14. 8. 2014.
68 Statistisches Bundesamt, Fachserie 2, Reihe 4.1., 12/2013.
69 Fritsch u. a., DIW-Studie, S. 137.
70 Ebenda, S. 138.
71 Ebenda.
72 Stanley, Millionaire Mind, S. 155.
73 Ebenda.
74 Die folgenden Ausführungen nach: Eva Schmitt-Rodermund.
75 Quelle Statista 2011, DIHK, veröffentlicht in: http.//www.gruenderszene.de/allgemein/quantifiziert-gruender-scheitern.
76 Faltin, S. 36.
77 Ebenda, S. 14.
78 Ebenda, S. 16.
79 Ebenda, S. 42.
80 Ebenda, S. 56.
81 Ebenda, S. 140.
82 Ebenda, S. 141.
83 Kraus / Groß, S. 137.
84 Trump / Kiyosaki, S. 10.
85 Ebenda, S. 12.
86 Schwarzenegger, S. 640.
87 Kaputa, S. 240 f.
88 Glatzer u.a., S. 65.
89 *Spiegel-online*, 28.2.2012.
90 Ebenda.

91 Mehlkop, S. 119 ff.
92 *Spiegel-online*, 24.7.2014.
93 Ebenda.
94 Stanley, Millionaire Mind, S. 45.
95 Ernst & Young, Studie, S. 7.
96 Ebenda, S. 1.
97 Rockefeller, zitiert nach: Chernow, S. 161.
98 Zitiert nach: Buffett / Clark, Das Tao, S. 21.
99 Ebenda.
100 Ebenda, S. 79.
101 Ebenda.
102 Buffett, zitiert nach: Schroeder, S. 713.
103 Buffett, zitiert nach: Buffett/Clark, Die Macht der Ehrlichkeit, S. 141.
104 Stanley/Danko, S. 37.
105 Ebenda, S. 32.
106 Ebenda, S. 114.
107 Ebenda, S. 113.
108 Ebenda, S. 113 f.
109 Stanley, Stop Acting Rich, S. 181.
110 Ebenda, S. 203.
111 Ebenda, S. 153 f.
112 Ebenda, S. 157.
113 Stanley/Danko, S. 92.
114 Ebenda, S. 15.
115 Ebenda, S. 79.
116 Stanley, Stop Acting Rich, S. 17.
117 Ebenda, S. 17 ff.
118 Ebenda, S. 64.
119 Ebenda, S. 53.
120 Stanley, Millionaire Mind, S. 376.
121 Ebenda, S. 18.
122 Ebenda, S. 320.
123 Ebenda, S. 322.
124 Ebenda, S. 309.
125 Ebenda, S. 384.
126 Ebenda, S. 382.
127 Rickens, S. 192.
128 Ebenda, S.103 ff.
129 Kapferer/Bastien, S. 124.
130 Mehrfachnennungen möglich, Statista. Daten über das Verhalten der Mittelschicht in Deutschland 2010.

131 Der Einfachheit halber habe ich keine Steigerungen des Einkommens angenommen – dafür jedoch auch nicht berücksichtigt, dass die Million wegen der Geldentwertung natürlich in 38 Jahren viel weniger wert ist als heute.

132 Duhigg, S. 169.

133 Staud, S. 144f.

134 Ebenda, S. 196, Anmerkung 15.

135 Vgl. dazu die im Literaturverzeichnis genannten Bücher von Napoleon Hill, Joseph Murphy, Harv T. Erker oder Bodo Schäfer.

136 Hill, S. 28.

137 Colvin, S. 83.

138 Stanley, Millionaire Mind, S. 50.

139 *Finanzen 100* vom 20.10.2014, »Hörbücher und Zahnseide. Die Marotten der Reichen.«

140 Sehity / Schor-Tschudnowskaja, S. 160.

141 Ebenda, S. 163.

142 Ebenda, S. 161.

143 Kommer, S. 120 f.

144 Zitiert nach: Robbins, S. 21 f.

145 Kommer, S. 122 f.

146 Niquet, Keine Angst, S. 124.

147 Buffett, zitiert nach: Buffett / Clark, Das Tao, S. 101.

148 Vgl. den Aufsatz von Keppler.

149 Zitiert nach Schroeder, S. 709.

150 Huchzermeier, S. 5.

151 Dürr, S. 12.

152 Grimnitz, S. 13.

153 Huchzermeier, S. 8.

154 Feri, S. 127.

155 Huchzermeier, S. 9.

156 Ebenda, S. 13.

157 Ebenda.

158 Grimnitz, S. 13.

159 Ebenda, S. 16.

160 Ebenda, S. 28f.

161 Dürr, S. 37 f.

162 Grimnitz, S. 20.

163 Dürr, S. 12.

164 Grimnitz, S. 13.

165 Diese und die folgenden Angaben zu den Mittelzuflüssen zu Aktienfonds stammen vom BVI.

166 Staute, S. 31, S. 42.

167 *Bild-Zeitung*, 22.2.2000, »Geld-Rausch! Ein Lehrer fragt: Warum soll ich noch arbeiten?«

168 Angaben des Deutschen Aktieninstituts.

169 Statista 2014. Struktur des Geldvermögens der privaten Haushalte in Deutschland im Jahr 2013.

170 Lynch, S. 76.

171 Shiller, S. 153 f.

172 Fleckenstein/Sheehan, S. 125.

173 Greenspan, zitiert nach: Köhler, S. 61.

174 Fleckenstein/Sheehan, S. 138.

175 Zu den folgenden Ausführungen vgl.: Sommer, Kapitel 1 und 2.

176 Vgl. Case Shiller Index, Wikipedia-Eintrag, wo sich diese und andere Statistiken finden.

177 Zitiert nach Betz/Kirstein, S. 114.

178 Vgl. Kommer, S. 46 ff.

179 Ebenda, S. 48.

180 Beck, S. 61.

181 Ebenda, S. 61.

182 McClellan, S. 56.

183 Dirk Müller, S. 140.

184 Kommer, S. 21.

185 Robbins, S. 98, er zitiert hier die SPIVA Untersuchung »S&P Indices Versus Acitve Funds Scorecard.«

186 Kommer, S. 126.

187 Robbins, S. 124.

188 Kommer, S. 25.

189 Ebenda, S. 30.

190 Hecher, S. 35.

191 Ebenda, S. 36.

192 Kommer, S. 83.

193 Buffett, Brief an seine Shareholder 2013, zitiert nach: Robbins, S. 92.

194 Robbins, S. 95 sowie auch: *Handelsblatt*, 9.7. 2014, »Buffett bevorzugt es einfach und günstig.«

195 Kommer, S. 43.

196 Ebenda, S. 211.

197 Deutsche Bundesbank, Panel of household finances, 21.3.2013, Präsentation S. 18.

198 Skopek, S. 66–68.

199 Deutsche Bundesbank, Private Haushalte und ihre Finanzen, Tabellenanhang zur Pressenotiz vom 21.3.2013, Tabelle 1 A1.

200 Vgl. Zitelmann, Vermögen, S. 37–39.

201 Dr. Reiner Braun, Empirica: Vortrag zur »Bedeutung von Eigentumswohnungen für Wohnungs- und Kapitalmärkte«, 49. Königsteiner Gespräche 2014.

202 Böwing-Schmalenbrock, S. 174.

203 Ebenda, S. 178.

204 Knight Frank, Wealth Report 2014, S. 11.

205 Ebenda, S. 61.

206 Deutsches Institut für Wirtschaftsforschung, Renditen von Immobilieninvestitionen.

207 *Immobilien-Zeitung* vom 19.11.2014, »In 40 Städten drohen Preisblasen«.

208 KanAm Grund/REAG, Auflösende Immobilienfonds aus Anlegersicht. Eine Analyse des individuellen Anlageerfolgs sowie der Immobilienverkäufe, Darlehensrückführungen und Auszahlungen der auflösenden Offenen Immobilienfonds, September 2014, S. 24.

209 IPD Offene Fonds Immobilien Index (OFIX), Ergebnisse zum 31.12. 2014.

210 Sauren, S. 27 f.

211 *Die Welt kompakt*, 13.2.2015, S. 22, »Letzter Ausweg Bankschließfach?«

212 Staud, S. 34–38.

213 Sauren, S. 29.

214 *Handelsblatt*, 3.2.2015, S. 34, »Eine Wette auf die Inflation«.

215 Sauren, S. 51

216 Ebenda, S. 58.

217 *Handelsblatt*, 10.2.2015, S. 5, »Das schwarze Loch«.

218 Sauren, S. 49.

219 Kommer, S. 255.

220 Ebenda, S. 256.

221 Ebenda, S. 177ff.

222 Schwarze, S. 89.

223 Eine Übersicht zu geschlossenen Fonds geben die Beiträge in: Zitelmann, Sachwerte.

224 Citi Investor Sales, S. 4.

225 *Handelsblatt*, 3.2. 2015, S. 27, »Gepflegte Langeweile«.

226 Swensen, S. 185.

227 *Handelsblatt*, 3. 2. 2015, »Hunderte Hedgefonds müssen aufgeben. Magere Renditen drücken den Profit der Branche.«

228 Güdel / Lemke, S. 13.

229 www.bafin.de/DE/Aufsicht/BankenFinanzdienstleister/Massnahmen/Moratorium.

230 Rogers, S. 68.

231 Siehe zu Kamprad: Zitelmann, Ziele, S. 55ff.

232 *FAZ*, 30.4.2014, »Sich scheiden lassen mit kühler Vernunft.«

233 *Die Welt*, 28.11. 2014, »Hedgefondsmanager zahlt der Ex 425 Millionen Euro«.

234 *Die Welt*, 20. 5. 2014, »Das ist die teuerste Scheidung der Geschichte«.

235 *Die Welt*, 26. 7. 2014, »Star Banker Dibelius beendet Rosenkrieg«.

236 BGH XII ZR 265/02.

237 BVerfG 105,1 = *NJW* 2002, S. 1185.

238 Vgl. BGH *NJW* 2008, 3426, BGH, FamRZ 2006, 1097.

239 *Die Welt*, 26. 7. 2014, »Star Banker Dibelius beendet Rosenkrieg«.

240 Gregg, S. 159.

241 Ebenda, S. 186.

242 Ederer, S. 123.

243 Ebenda, S. 117.

244 Ebenda, S. 118.

245 Ebenda, S. 121.

246 Rogoff/Reinhart, zitiert nach: Flossbach, Vorndran, S. 19f.
247 *Die Welt*, 27.1.2014, »Bei Europas Bürgern sind 3853 Milliarden zu holen«.
248 Vgl. *Handelsblatt*, 5.11.2013, »Angriff auf die Reichen«.
249 *Die Welt*, 27.1.2014, »Bei Europas Bürgern sind 3853 Milliarden zu holen«.
250 Thorsten Polleit, »Die große Entwertung«, Ludwig von Mises Institut Deutschland, 15.10.2014.
251 Ebenda.
252 BT-DRs. 17/10770.
253 *FAZ*, 17.6.2012, »Katja Kipping im Gespräch: 40.000 Euro im Monat sind genug«.
254 *FAZ*, 6.1.2014, »Frankreichs Reichensteuer ist nun Gesetz«.
255 *FAZ*, 1.1.2015, »Die Reichensteuer ist passé«.
256 *Manager-magazin online*, 2.8.2005.
257 *Financial Times Deutschland*, 26.3.2009.
258 *Handelsblatt*, 26.3.2009, »Britische Banker in Angst«.
259 Vgl. z.B. das Buch von Michael Maier, Die Plünderung der Welt.
260 Knight Frank Research, Wealth Report 2013.
261 Horstmann, Piketty, S. 77 f.
262 Ebenda, S. 23.
263 Ebenda, S. 73.
264 Wüllenweber, S. 146.
265 Ebenda, S. 8.
266 Lauterbach/Tarvenkorn, S. 72.
267 Ebenda, S. 64.
268 Böwing-Schmalenbrock, S. 213.
269 Siehe zu Müller: Zitelmann, Ziele, S. 236 ff.
270 Friedmann, S. 195.
271 Ebenda, S. 196.
272 Hakim, S. 144.
273 Ebenda, S. 138.
274 Ebenda, S. 159.
275 Schoeck, Neid, S. 379, ähnlich S. 37, S. 253.
276 Ziesemer, S. 133.
277 Schoeck, Neid, S. 353.
278 Ebenda, S. 263.
279 Friedrich August von Hayek, zitiert nach: Habermann, S. 184.
280 Hayek, Verfassung der Freiheit, S. 403.
281 Schoeck, Das Recht, S. 73.
282 Sehity/Schor-Tschudnowskaja, S. 164.
283 Ebenda, S. 119.
284 Glatzer u.a., S. 65.
285 Ebenda, S. 77.
286 Ebenda, S. 65.

287 Vgl. Zitelmann, Träume, S. 30.
288 Chiwitt, S. 168 f.
289 Fleischhauer, S. 95.
290 Chiwitt, S. 173.
291 Freeland, S. 272.
292 Chiwitt, S. 192.
293 Weber, S. 47.
294 Gilder, S. 81 f.
295 Rickens, S. 114.
296 Statistisches Bundesamt, Veröffentlichung vom 28.7.2014, Einkommensteuerstatistik 2010.
297 Zeyer, S. 96.
298 Gilder, S. 67.
299 *InStyle,* Februar 2015, S. 137 f.
300 Siehe dazu das ausgezeichnete Buch von Joel Kaczmarek, Die Paten des Internets.
301 Sennholz, S. 124.

»Erstmals erforscht eine wissenschaftliche Arbeit, wie vermögende Menschen denken und handeln ... Vielleicht hat es einen wie Zitelmann gebraucht, um erstmals so nah an jene heranzukommen, deren Vermögen sich mindestens auf einen zwei- bis dreistelligen Millionenbetrag beläuft.«
Der Spiegel

»Es ist erstaunlich, wie wenig bislang über die sehr Reichen in Deutschland bekannt ist. Über Armut wird viel geforscht, dagegen gibt es nur eine kleine wissenschaftliche Literatur, die sich mit den Superreichen beschäftigt... Nun erlaubt eine Dissertation erstmals einen Einblick in die Werdegänge und die Psychologie einer Reihe von Superreichen... Der besondere Blickwinkel des Buches zeigt sich im Titel über die ›Psychologie der Superreichen‹. Zitelmann verbindet Unternehmer- und Reichtumsforschung mit der Frage nach psychischen Dispositionen.«
Frankfurter Allgemeine Zeitung

»Ratgeber, die mit Tipps & Tricks für den Selfmade-Millionär locken, füllen die Bestsellerlisten seit Jahren. Der Erfolg bleibt angesichts der Verkaufszahlen gelinde gesagt verhalten. Welche Rezepte tatsächlich dazu geführt haben, dass es ein Mensch binnen weniger Jahre zum Millionär oder gar Milliardär schafft, zeigt ein neues Buch von Rainer Zitelmann.«
Süddeutsche Zeitung

»Rainer Zitelmann's study of the psychology of the super rich is an ambitious project. Few could be better qualified for it than Dr Zitelmann – an historian, sociologist, journalist, businessman and investor. There has been no comparable study and it is a compelling read for all who need to understand the characteristics and motivations of rich entrepreneurs.«
Financial Times

REDLINE | VERLAG
Rainer Zitelmann
Setze dir größere ZIELE!
Die Geheimnisse erfolgreicher Persönlichkeiten

»Zitelmanns Buch ist Pflichtlektüre für Kapitalismus-Kritiker wie für Kapitalismus-Befürworter: Für die Kritiker ist es eine echte Herausforderung, denn er bringt eine Fülle von gut recherchierten Zahlen und Fakten. Kapitalismus-Befürwortern gibt Zitelmann eine Menge Argumente in die Hand, die so noch nie zusammengefasst und präsentiert wurden. Nachdenkenswert erscheinen vor allem auch seine originellen Überlegungen in dem 10. Kapitel: ›Warum Intellektuelle den Kapitalismus nicht mögen‹.«
Huffington Post

»Das Buch von Rainer Zitelmann ist ein wichtiger Beitrag im Jahr des zweihundertsten Geburtstages von Karl Marx, es rüttelt an der Architektur noch immer bestehender intellektueller Denkstrukturen ... Die Schrift wird damit zu einer Fundgrube prägnanter Argumente und für politisch Interessierte zu einem Lesevergnügen, zumal sie sprachlich brilliert ... Das Herzstück des Buches ist das Kapitel, das sich mit der Frage beschäftigt, warum viele Intellektuelle den Kapitalismus – trotz seiner offenkundigen Erfolge – nicht mögen.«
Neue Zürcher Zeitung

»Zitelmann argumentiert sorgfältig. Seine Beispiele sind gut recherchiert und mit Fakten und Anekdoten untermauert ... Sein Buch ist eine provokante Leseeinladung an jene, die die Orientierung verloren haben.«
Weltwoche

»It's a fascinating book and a much needed one.«
Madsen Pirie, Adam Smith Institute

»Die erste internationale Studie zu Vorurteilen und Neid gegenüber Reichen ... Und was er herausfand, erzählt eine Menge über die Deutschen und darüber, wie sie zum Geld stehen.«
Der Spiegel

»Im Umgang mit gesellschaftlichen Minderheiten haben sich die Deutschen in der Vergangenheit nicht gerade ausgezeichnet. Dafür werden Minderheiten heute hofiert. Aber es gibt Ausnahmen. Wie der Soziologe Rainer Zitelmann in einer bemerkenswerten Studie zeigt, fallen darunter die Reichen .... Zitelmann nimmt sich der von Soziologen bisher nur wenig untersuchten Gruppe der Reichen an – und findet dabei Erstaunliches über die deutsche Gesellschaft heraus.«
Frankfurter Allgemeine Zeitung

»Zitelmann hat eine wissenschaftlich sehr gut begründete empirische Analyse vorgelegt. Die sozialpsychologische Forschung von Stereotypen in der ökonomischen Dimension beschäftigte sich bisher lediglich mit Randgruppen der Gesellschaft, die in den unteren Schichten zu finden sind (Arme, Obdachlose). Der Soziologe fügt der Erforschung von Stereotypen eine neue Minderheit hinzu, die Reichen.«
Neue Zürcher Zeitung

»Das Buch macht Spaß, denn am Ende jedes Kapitels wird der Leser dazu aufgefordert, selbst aktiv zu werden. Es geht darum, sich zum jeweiligen Thema etwas aufzuschreiben, um so die eigene Situation besser zu erfassen. Dieses Buch ist somit nicht Ratgeber oder Sprüche-Katalog, sondern bietet einen spielerischen Weg, um die Reise zum ›Ich‹ anzutreten. Dabei geht es nicht nur um Vermögen, als Weg zu mehr Zufriedenheit, aber es könnte passsieren, dass der erwünschte Erfolg sich schneller einstellt, als erwartet.«
Wallstreet-Online

»Wer sich selbst zu einer Marke machen möchte und dabei bereit ist, keine Mühe zu scheuen und sein Leben mit Fans und Hatern zu teilen, für den hat Soziologe Zitelmann ein wunderbares Buch geschrieben.«
Frankfurter Allgemeine Sonntagszeitung

»Obwohl das Buch über 300 Seiten zählt, hat es Rainer Zitelmann geschafft, ein kurzweiliges und spannendes Werk zu präsentieren, das auch mit gut gehüteten Geheimnissen dieser Stars aufwartet. Ein Buch, das nicht nur bildet, sondern auch Spaß macht.«
Founders Magazin